新編諸子集成

太玄集注

〔漢〕揚雄撰
〔宋〕司馬光集注
劉韶軍點校

中華書局

目録

前言……一
讀玄……一
説玄……四
太玄集注序……一
太玄集注卷第一
玄首序……一
玄測序……三
中……四
周……九
礥……一一
閑……一三
少……一五
戾……一八
上……二〇
干……二三
狩……二五
羨……二七
差……二九
童……三一
增……三三
太玄集注卷第二
鋭……三六
達……三八
交……四〇

耎……四三
傒……四五
從……四七
進……四九
釋……五〇
格……五二
夷……五四
樂……五七
爭……五九
務……六一
事……六四

太玄集注卷第三

更……六七
斷……六九
毅……七一
裝……七三
衆……七五
密……七八
親……八〇
斂……八二
彊……八四
睟……八七
盛……八九
居……九一
法……九四
應……九七

太玄集注卷第四

迎……九九
遇……一〇一
竈……一〇三
大……一〇六
廓……一〇八

文……一一一
禮……一一四
逃……一一六
唐……一一九
常……一二一
度……一二四
永……一二六
昆……一二九

太玄集注卷第五

減……一三二
唫……一三五
守……一三七
翕……一三九
聚……一四二
積……一四四
飾……一四六
疑……一四九
視……一五三
沈……一五五
内……一五八
去……一六〇
晦……一六三

太玄集注卷第六

瞢……一六六
窮……一六九
割……一七〇
止……一七三
堅……一七六
成……一七九
闕……一八二
失……一八五
劇……一八八

馴……一九〇
將……一九二
難……一九五
勤……一九七
養……二〇〇

太玄集注卷第七

玄首都序正文在卷一……二〇五
玄首正文散在八十一首之首……二〇五
玄測都序正文在卷一……二〇六
玄測正文散在七百二十九贊之下……二〇六
玄衝……二〇七
玄錯……二一〇
玄攡……二一四
玄瑩……二一九

太玄集注卷第八

玄數……二三四

太玄集注卷第九

玄文……二三八
玄掜……二四二
玄圖……二四五

太玄集注卷第十

玄告……二五〇
太玄曆附漢曆……二五三

附　録

諸家題跋……二六二
述玄……〔吴〕陸績　二六三
太玄解贊序……〔晉〕范望　二六七
説玄……〔唐〕王涯　二六八

前言

揚雄（公元前五三年——公元一八年），字子雲，西漢思想家、文學家。出身於一個有貴族血統的小地主家庭，自幼好學，博覽羣書，尤好聖哲之書，爲人簡易佚蕩，個性内向沉静，好深湛之思，心有大志，淡泊名利。早年嘗從著名學者嚴遵遊，受老、莊之學，奠定「君子得時則大行，不得時則龍蛇」（自叙）的思想基礎。中年至京，晉見漢成帝，屢上辭賦，諷諭極盛則敗、位極終危、默默者存、自守者全的道理，告誡人君應該「以玄默爲神，澹泊爲德」，以圖「子子孫孫長亡極」的萬世天下，但未得信用。晚年國家無道，政治腐敗，奸佞當塗，賢哲毁棄，揚雄遂退而草玄，總結自己一生所學所思及親身體驗，撰成太玄一書。揚雄深知「大味必淡，大音必希」，「崇言閎議，幽微之塗，蓋難與覽者同也」，故不以時人的譏嘲爲意，唯「竢知音之在後也」。可知，太玄其書實乃揚雄一生好學深思的結晶，是反映其思想的主要著作。

人們通常囿於太玄的表面形式，以爲太玄祇是模仿周易的卜筮之書，以艱深文淺易，其實没有什麽深刻的道理，這種意見幾乎成了定論。其實不然，衹要認真研讀一下，就會看到，太玄的主旨是在探討整個世界（天地人）的根本性規律（玄）以及個人順應這個規律以立身處世避禍趨福的問題。將世界觀和人生哲學融會在一起，這是太玄暨揚雄思想的特色，也是中國傳統哲學的特色之一。表面上看，太玄論道談玄，距人事甚遠，其實它的意旨無一不是落脚於活生生的個人本位的人生問題上。在形式上，太玄確實模仿了周易，但它不僅是模仿，它還汲取利用了天文曆法等自然科學知識，建構出一個獨特的完整的并具有可操作性的結構體系。這種結構體系，在整個中國傳統思想文化以無可驗證的直覺爲特色、以意義含混多歧的語言爲載體的龐大灰色背景中，從某種意義上講，未始不是一個獨具價值的亮點。在思想内容上，太玄博取各種流派的學術思想因素，而以儒、道、易爲主，綜會融通爲一種新的思想學説。這種會通精神，在當時家法森嚴、門户對立的氛圍中，誠屬難能可貴。從思想發展的邏輯綫索上看，太玄不僅承前，而且啟後，思想家如桓譚、王充、張衡以及葛洪、韓愈、陳摶、邵雍、司馬光等人，學術流派如魏晉玄學等均程度不同地受到了太玄的影響。總而言之，透過太玄其書，我們可以看到揚雄其人好學深思、博覽綜會、雜而不亂、卓有創樹的學術與人格，益知太玄絶非毫無價值之書，同時也明確了太玄在中國思想史上的應有地位。

無庸諱言，太玄確實形式奇特，語言晦澀，内容龐雜，思想幽晦。正因爲如此，太玄纔成了中國歷史上素稱艱深晦澀而又毁譽懸絶的著作之一。前人站在不同的思想立場上，對太玄給予了種種褒貶毁譽，我們今天儘可不去糾纏其中。但我們既然仍要研究太玄，則對於其書的艱深晦澀就不能置之不理。因此，前人的舊注便對我們有了重要的參考價值。據現存的記載，早在揚雄親傳弟子侯芭之時，就已爲太玄作注了。自那以後，直至晚清，注家合約七八十人，然而保留至今者僅十數家而已，其餘皆已亡佚。在現存的注釋中，尤以宋代司馬光的太玄集注素爲人們推重。經過與其他注釋比較，我們覺得司馬光的集注確實深孚衆望。

司馬光（公元一〇一九年——一〇八六年），字君實，北宋著名史學家、政治家。自幼聰穎好學，手不釋卷，年二十便中進士。他在政治上穩重保守，極力反對王安石變法；思想上，始終恪守儒家正統；學術上則嚴謹審慎，勤奮過人。王安石變法時，司馬光的主張不得採納，他便退居洛陽，率領同志，費時一十九年，編成歷史巨著資治通鑑。此外，他在音韻、文字學方面，也有很深造詣，集韻和類篇二書，都是在司馬光的主持下編成的。司馬光對於揚雄及其著作推崇備至，先後耗費多年的時間，分别爲太玄和法言作成集注，流傳至今，成爲今人閲讀二書不可或缺的參考資料。

據司馬光的讀玄稱，司馬光原來也認爲揚雄仿易作玄，似有畫蛇添足之嫌，後經精心研讀，纔理解到太玄的價值，將揚雄推崇爲孔子之後第一人，「孟與荀殆不足擬，況其餘乎！」這比韓愈所謂「孟氏醇乎醇者也，荀與揚大醇而小疵」的説法更進一步，將揚雄推到了極高的位置。他認爲太玄的價值在於：若以易爲天，則玄就是昇天的階梯，若欲昇天得道，則不可廢棄玄之階梯。他又説：「大厦將傾，一木扶之，不若衆木扶之之爲固也。大道將晦，一書辨之，不若衆書辨之之爲明也。」在他看來，太玄和周易一樣，都是用來維護聖人之「大道」的工具，豈可横加貶斥而不問青紅皂白。劉歆、班固以及當時諸儒對揚雄太玄的微辭和攻擊，在司馬光看來，都是不可接受的。

司馬光爲研究太玄，確實下了很大的功夫。據他在讀玄和集注序中講，慶曆中始得太玄而讀之，「初則溟涬漫漶，略不可入，乃研精易慮，屏人事而讀之數十過，參以首尾，稍得闚其梗槩。」儘管如此，仍不敢自信已經「盡契揚子之志」，自誡必須「比老終且學焉」。此後直到元豐五年，集注始成。在「疲精勞神三十餘年」之後，仍然十分審慎，以爲「訖不能造其藩籬」。司馬光治學一貫穩重踏實，嚴謹審慎，太玄集注也充分體現了這種學風。正因爲如此，司馬光的這部集注便具備了很高的水準和突出的優點，大體説來，約有如下數端。

一般人作集注，往往缺乏自己的深刻理解和明確主見，對於各家注説不能抉擇取捨，結果祇能是不分輕重，羅列衆説，繁瑣蕪雜，漫無條理，使得讀者深陷衆説紛紜的迷霧之中，身不由己而更加糊塗。司馬光的集注則不然，他能在深入研究的基礎上，形成自己的獨特見解，然後廣泛搜集前人舊注，認真分析比較各家的優劣長短，去其荒誕不經的成分，取其有理有據的因素，融會貫通，擇善而從，重新組合，確有脱胎换骨、點石成金之妙。與舊注相比，司馬光的集注確實能够釋疑去滯，簡明扼要，玄理昭然，貼切可信。即使後來各家注釋，亦不能超過司馬光的水平。我在校注太玄的過程中，參考過現存各家注本，對於司馬光集注的上述特長深有體會。司馬光在編纂資治通鑑時，面對形形色色的蕪雜史料，廣取精華，故能鑄成不朽巨著。他的太玄集注，在規模上當然無法與通鑑相比，但在吸收繼承前人成果方面，確有異曲同工之妙。

司馬光的集注不僅注意解釋太玄的文意，而且注意從文字校勘方面整理太玄。自漢至宋，千餘年間，太玄一書産生了多種版本，這些本子之間由於流傳的源流不同，而産生了許多異文異音異義。司馬光之前，無人注意從這方面整理研究。嚴謹踏實的學風使得司馬光認識到了這个問題的重要性，如果不把各本中的文字異同搞清楚，則將會使文義的解釋産生更多的分歧。因此，司馬光根據漢宋衷、吴陸績、晉范望、唐王涯、宋陳漸、吴秘、宋惟幹七家注本，對其中的文字異同和異音異義進行了詳細校勘和記録。這份資料對於後人的整理工作，具有十分寶貴的價值。這也是集注最具特色的優點之一。

上述七家舊注，今天除了晉范望的解贊之外，都已散失，正是靠司馬光的集注，宋、陸等六家舊注的一部分或片斷，纔得以保存至今。這對於後人研究漢魏之際的思想和學術，確實是一份重要的資料。

從另一個角度看，集注不僅是研究太玄的絶好資料，同時也是我們研究和了解司馬光的思想的重要資料。揚雄的太玄，曲折地反映了封建社會中下層知識分子在政治風雲變幻無常、個人命運坎坷多艱，而他們的思想、理論和主張又得不到上層統治者的理解和重視的情況下，所產生的苦悶惆悵乃至無可奈何的情緒，和他們雖然信奉明哲保身、順時待命的處世哲學，而又不甘久居人下，盼望能有一番作爲而出人頭地的思想矛盾。司馬光因反對王安石變法而受到排斥打擊，不得已，衹好退居洛陽，以編修通鑑爲事。但他於心不甘，仍思謀進取，希望能按自己的主張整頓政務，挽救國家。此時他的心情正與太玄中的情緒暗合，不免對太玄一書倍感親切。故他在集注中常常情不自禁借注諷時，暗中發洩自己的不滿和意見。這樣，集注便在一定程度上表達了司馬光的某些思想觀點。清代學者陳本禮撰太玄闡秘，謂揚雄草玄，其秘意全在刺莽。這種意見，可以説在很大程度上是受了司馬光借注譏時的啟發。

以上述説了太玄集注的種種特長，但這并不是説集注就是十全十美了。司馬光的集注，其最大的遺憾就在於它不是太玄的完注本。不知爲了什麽緣故，司馬光祇爲太玄的前六卷即八十一首七百二十九贊測和玄首序、玄測序作了注，而留下後四卷即衝、錯、攡、瑩、掜、圖、數、文、告九篇文字不予作注。在今人看來，恰恰是這後四卷九篇文字更爲重要，所以不能不説這是一個莫大的遺憾。比司馬光稍晚的許翰，字崧老（？——公元一一三三年），仿韓康伯注繫辭合王弼注六十四卦爲周易全書注之例，爲司馬光未注之後四卷作注，題爲玄解，合司馬光集注六卷始成太玄十卷全注本。但是，許解比之集注，太過簡略，又不易曉，有狗尾續貂之感。司馬光若地下有知，必不允其附驥千載。雖然如此，以其沿用既久，不便遽删，此次校點姑存其舊。

另外，集注之中還有一些闕疑和不當之處。所謂闕疑，是指無注或缺注而明題「闕」字者。此「闕」字惟明抄本有，而道藏本、大典本、張士鎬本皆無。但據全部集注的情況看，這個「闕」字當是司馬光自題者，以示闕疑待考之義，這正是司馬光嚴謹踏實學風的一個反映，道藏等諸本删之無理。知之爲知之，不知爲不知，疑則闕之，這本是一種優點，但對後人來説，這些闕注的地方，往往正是不易理解的難點，故在客觀效果上講，這種闕注又不能不是一種遺憾。至於注中的不當或欠妥之處，那更是任何一個注家和學者都不可避免的事，我們豈可多加非難。正因爲前人存有闕疑和欠妥之處，所以纔需要後人繼續努力！再者，從所謂闡釋學的觀點看，注者表達出來的意思與作者正文所藴含的意思不能没有差距，何況又是集取舊注之文參以己意而成的集注，其中出現一些重複牴牾參差不齊的情況，更屬理所當然，這一類的問題衹能依靠讀者在認真研讀時去發現和糾正了。

關於太玄集注的版本，現存的有如下數種。

一、道藏本，在太清之部内，衹有司馬光的集注六卷，而無許解四卷。道藏刊於明正統年間（公元一四三六年——一四四九年），點校所用乃民國十四年上海涵芬樓影印本。

二、明抄本，十卷，據書尾題跋，該本抄成最遲不晚於明弘治八年（公元一四九五年），所據何本已不可詳。前人多視之爲宋抄，估計是明人據宋本影抄者。該本今藏於北京圖書館，定爲明抄。有清一代太玄集注各種版本，皆出自此本，此類版本如五柳居本、孫澍增補本、子書百家本、吴汝綸點勘本、百子全書本、袁氏貞節堂抄本、臧在東抄本等，僅列其名，不一一介紹。

三、張士鎬本，六卷，明嘉靖三年（公元一五二四年）刊，無許解，今惟北京圖書館有藏，上海圖書館收有殘本三卷。點校所用即北圖所藏。該本似據道藏出，校其文字，多與道藏本同而與明抄本異。

四、中華書局一九六〇年影印綫裝本永樂大典卷四九二四至卷四九三四録有太玄全文及宋陳仁子、胡次和、林希逸三家注。其太玄正文用晉范望注本，胡注也是一種集注，其中録有司馬光集注，而未録許解。可惜這一部分已非大典原繕寫本，而是後人的傳抄本，故其版本價值已有所降低，但不失爲一種珍貴的版本資料。胡氏集注原書今有宋本殘卷（卷六窮首至失首次七）藏於北京圖書館，雖所剩無幾，但對校勘大典中的胡注及他本司馬光集注仍有重要參考價值。胡注成書約在南宋寧宗慶元元年（公元一一九五年）前後，距司馬光集注不過百年左右，是現存時間最早的關於司馬光集注的版本資料，故其價值不可忽視。

五、明萬曆二十六年（公元一五九八年）刻本。此本著録於中國善本書總目，藏於山東省圖書館，我曾造訪該館，惜未得見原本。總目稱「太玄經集注六卷」，然又云「范注」，自相矛盾。因未見原書，故不詳究竟是何家所注。書在而不得見，憾莫大焉。

此次點校，所用版本即上述之前四種。因各本皆有訛誤衍脱倒錯，相比之下以明抄本較少，且爲全本，故以明抄本爲底本，用道藏本、大典本、張士鎬本及胡注殘卷對校前六卷。後四卷許解，無他本可校，祇好用五柳居本作爲參考，斟酌文意，進行校改。五柳居本是清嘉慶三年蘇州書坊五柳居依據明抄本翻刻的本子。據書尾五柳居主人跋稱：「行款悉照原書，復浼顧君澗蘋重校一過，遇有疑似之處，仍存其舊，蓋慎之也。」這樣説來，五柳居本對明抄本未作任何改動。但今天校來，仍有不少異文，其中有的屬明抄本顯誤，如卷七玄測都序注「晝則陽推五福以類升」，明抄本「升」作「外」，五柳居本作「升」，又如卷七玄衝「毅敢」一段注中「此周公之所以獨見於眇綿者也」句，明抄本「此」作「北」，五柳居本作「此」，此類亦據五柳居本校改。此外還利用萬玉堂范望注本（明嘉靖六年刊）、諸子褒異叢書本（明天啟、崇禎間刊，僅一卷，乃太玄節録）、太玄本旨（明葉子奇撰，明正德九年刊本）等進行對校，再參考有關資料，如許校所出他本異文、吴汝綸點勘批語、其他注説、考證及上下文意、反切等等，運用理校、本校的方法，綜合校考，此類情況都反映在校語中，不一一贅述。當然，底本顯誤，雖無其他資料對證，也可逕改，觀看校語，自然明白。

關於點校中的一些具體情況説明如下。屬於逕改不出校的有：揚雄的姓各本「揚」、「楊」不一，此統一作「揚」；「己已巳」不分，各據文意定之；八十一首首數并其晝數偶有誤者，依其順序定之；個別音切「切」作「反」者；手寫簡體字、俗體字、避諱字；明顯的手誤等。下述情况出校：底本誤脱衍錯而他本不誤脱衍錯，因據他本改補删乙者；底本、他本文異而皆可通，且他本異文有參考價值，故不改底本而出他本異文者；底本有疑然無本據以決者。不改亦不出校的有：注中引書校以原文雖有省略而不妨文意者；後世通用而揚雄特意分别之字；各本全書正文與注文「於」、「于」不一，盧文弨以爲「經文通當作于」，今難斷定故一仍其舊者。此外，如底本不誤他本誤者，一律不出校以省繁。本書各本或名太玄集注，或名集注太玄，或名集注太玄經，今以明抄本爲準，名太玄集注。各卷之題各本亦不統一，今亦一依明抄本。

司馬光曾先後有讀玄、説玄、集注序三文，明抄本僅録讀玄一篇，經與他本對校，發現温國文正司馬公文集所載者誤處最少，故據文集重録，並校以他本。惟文集題作説玄，今據他本改正。説玄則據永樂大典録入，亦校以他本。集注序據道藏本録入并校以他本。此三篇依寫作時間爲序放在全書之首。明抄本書後附有邢參、徐禎卿、錢大昕、唐仲冕等人題跋，此於了解明抄本的源流和價值很爲重要，故存而未删。許解後的太玄曆據説是由「温公手録經後」，而且温公集注亦一依此曆，故亦存之。此外由於司馬光集注中集取有漢宋衷、吴陸績、晉范望、唐王涯的注，故將陸績的述玄、范望的太玄解贊序、王涯的説玄從萬玉堂范本上轉録過來，附在書後，作爲了解宋、陸、范、王的一點資料，同時也可幫助讀者理解四家注。當然，轉録時也據他本作了校正。

點校中，雖然得到各方的大力協助，基本將有關版本搜集齊備，但由於本人學力有限，錯誤和不當之處仍難避免，敬祈專家學者指正。

劉韶軍

一九八九年六月十六日

讀玄

司馬光

余少之時聞玄之名而不獲見，獨觀雄之自序稱玄盛矣，及班固爲雄傳則曰：「劉歆嘗觀玄，謂雄曰：『空自苦！今學者有禄利，然尚不能明易，又如玄何？吾恐後人用覆醬瓿也。』雄笑而不應。諸儒或譏以爲雄非聖人而作經，猶春秋吴楚之君僭號稱王，蓋誅絶之罪也。」固存此言，則固之意雖愈於歆，亦未謂玄之善如雄所云也。余亦私怪雄不贊易而別爲玄，易之道其於天人之緼備矣，而雄豈有以加之？迺更爲一書，且不知其焉所用之，故亦不謂雄宜爲玄也。及長學易，苦其幽奧難知，以爲玄者賢人之書，校於易其義必淺，其文必易。夫登喬山者必踐於坱埤，適滄海者必沿於江漢，故願先從事於玄，以漸而進於易，庶幾乎其可跂而望也。於是求之積年，始得觀之。初則溟涬漫漶，略不可入，迺研精易慮，屏人事而讀之數十過，參以首尾，稍得闚其梗槩。然後喟然置書嘆曰：「嗚呼！揚子雲真大儒者邪！孔子既没，知聖人之道者非子雲而誰？孟與荀殆不足擬，況其餘乎？」觀玄之書，昭則極於人，幽則盡於神，大則包宇宙，小則入毛髮，合天地人之道以爲一，括其根本，示人所出，胎育萬物而兼爲之母，若地履之而不可窮也，若海挹之而不可竭也。蓋天下之道雖有善者，蔑以易此矣。考之於渾元之初而玄已生，察之於當今而玄非不行，窮之於天地之季而玄不可亡，叩之以萬物之情而不漏，測之以鬼神之狀而不違，槩之以六經之言而不悖，藉使聖人復生，視玄必釋然而笑〔一〕，以爲得己之心矣。乃知玄者所以贊易也，非別爲書以與易角逐也〔二〕，何歆、固知之之淺而過之之深也！

或曰：「易之法與玄異，雄不遵易而自爲之制，安在其贊易乎？且如與易同道，則既有易矣，何以玄爲？」曰：「夫畋者所以爲禽也，網而得之與弋而得之何異〔三〕？書者所以爲道也。易網也，玄弋也，何害不既設網而使弋者爲之助乎？子之求道亦膠矣！且揚子作法言所以準論語，作玄所以準易。子不廢法言，而欲廢玄，不亦惑乎？夫法言與論語之道庸有異乎？玄之於易亦然。大廈將傾，一木扶之，不若衆木扶之之爲固也。大道將晦，一書辨之，不若衆書辨之之爲明也。學者能專精於易誠足矣，然易，天也；玄者，所以爲之階也。子將昇天而廢其階乎？」

〔一〕「釋」，明抄本、道藏本、張士鎬本作「懌」。
〔二〕「角逐」，明抄本、道藏本、張士鎬本作「競」。
〔三〕「何異」，明抄本、道藏本、張士鎬本作「何以異哉」。

先儒爲玄解者多矣，誠已善矣。然子雲爲文既多，訓詁指趣幽邃，而玄又其難知者也。故余疑先儒之解未能盡契子雲之志，世必有能通之者，比老終且學焉。

說玄

司馬光

易與太玄大抵道同而法異，易畫有二，曰陽曰陰；玄畫有三，曰一曰二曰三。易有六位，玄有四重。

最上曰方，次曰州，次曰部，次曰家。本傳所謂「參摹而四分之，極於八十一」者也。

易以八卦相重爲六十四卦，玄以一二三錯於方、州、部、家爲八十一首〔一〕。

凡家每首輒變，三首而復初，如中、周、礥之類是也。部三首一變，九首而復初，如中、閑、上之類是也。州九首一變，二十七首而復初，如中、羨、從之類是也。方二十七首一變，八十一首而復初，如中、更、減之類是也。八十一首以上不可復加，故曰「自然之道也」。

易每卦六爻，合爲三百八十四爻，玄每首九贊，合爲七百二十九贊。

〔一〕「錯於」，大典本作「爲」，此據道藏本改。

圖曰：「玄有二道，一以三起，一以三生。以三起者，方、州、部、家也。以三生者，參分陽氣以爲三重，極爲九營，是爲同本離生，天地之經也。」本傳曰：「雄覃思渾天，參摹而四分之，極於八十一」者，謂玄首也。又曰：「旁則三摹九據，極於七百二十九贊」者，謂玄贊也。首猶卦也，贊猶爻也。又曰：「觀易者見其卦而名之，觀玄者數其畫而定之。玄首四重者，非卦也，數也。」故易卦六爻，爻皆有辭，玄首四重，而别爲九贊以繫其下。然則首與贊分道而行，不相因者也。

皆當朞之日。

易卦氣起中孚，除震、離、兑、坎四正卦二十四爻主二十四氣外〔一〕，其於六十卦，每卦六日七分，凡得三百六十五日四分日之一。中孚初九，冬至之初也。頤上九，大雪之末也，周而復始。玄八十一首，每首九贊，凡七百二十九贊，每二贊合爲一日，一贊爲晝，一贊爲夜，凡得三百六十四日半，益以踦、嬴二贊，成三百六十五日四分日之一。中初一，冬至之初也，踦、嬴二贊，大雪之末也，亦周而復始。凡玄首皆以易卦氣爲次序，而變其名稱，故中者中孚也，周者復也，礥、閑者屯也，少者謙也，戾

〔一〕「卦」，大典本無，此據道藏本補。

者睽也，餘皆倣此。故玄首曰：「八十一首，歲事咸貞。」測曰：「巡乘六甲，與斗相逢。曆以紀歲，而百穀時雍。」皆謂是也。

易有元亨利貞，玄有罔直蒙酋冥。

五者太玄之德。罔，北方也，於易爲貞。直，東方也，於易爲元。蒙，南方也，於易爲亨。酋，西方也，於易爲利。冥者未有形也。故玄文曰：「罔蒙相極，直酋相敕，出冥入冥，新故更代。」玄首起冬至，故分貞以爲罔冥。罔者冬至以後，冥者大雪以前也。

易大衍之數五十，其用四十有九，玄天地之策各十有八，合爲三十六策，地則虛三，用三十三策。易揲之以四，玄揲之以三。

太玄揲法：掛一而中分其餘，以三揲（一作搜，一作涣。）之，并餘於艻，一艻之後而數其餘，七爲一，八爲二，九爲三。

易有七八九六，謂之四象，玄有一二三，謂之三摹。

皆畫卦首之數也。

易有彖，玄有首。

彖者卦辭也，首者亦統論一首之義也。

易有爻，玄有贊。易有象，玄有測。

測所以解贊也。

易有文言，玄有文。

文解五德并中首九贊，文言之類也。

易有繫辭，玄有攡、瑩、挩、圖、告。

五者皆推贊太玄，繫辭之類也。

易有説卦，玄有數。

數者論九贊所象，説卦之類也。

易有序卦，玄有衝。

衝者序八十一首，陰陽相對而解之〔一〕，序卦之類也。

易有雜卦，玄有錯。

錯者雜八十一首而説之。

殊塗而同歸，百慮而一致，皆本於太極兩儀三才四時五行，而歸於道德仁義禮也。

〔一〕「之」，大典本無，此據道藏本補。

太玄集注序

漢五業主事宋衷始爲玄作解詁，吳鬱林太守陸績作釋失〔一〕，晉尚書郎范望作解贊，唐門下侍郎平章事王涯注經及首、測。宋興，都官郎中直昭文館宋惟幹通爲之注，秦州天水尉陳漸作演玄，司封員外郎吳秘作音義。慶曆中，光始得太玄而讀之，作讀玄。自是求訪此數書皆得之，又作説玄。疲精勞神三十餘年，訖不能造其藩籬，以其用心之久，棄之似可惜，乃依法言爲之集注，誠不知量，庶幾來者或有取焉。其直云宋者，仲子也，云小宋者，昭文郎中也。元豐五年六月丁丑，司馬光序〔二〕。

〔一〕「失」，大典本作「玄」，張士鎬本、五柳居本作「正」，道藏本作「失」，陸績述玄云：「因仍其説，其失者因釋而正之。」四部叢刊明萬玉堂翻宋本太玄經卷十末有南宋兩浙東路茶鹽司幹辦公事張寔校勘題記，云：「宋衷解詁，陸績釋失。」據此則當從道藏本作「失」。

〔二〕「司馬光」，道藏本無，此據張士鎬本補。

太玄集注卷第一

諸家皆謂之太玄經。陳曰：「史以雄非聖人而作經，猶吳楚之君僭號稱王，蓋誅絶之罪也。」按：子雲法言、解嘲等書止云「太玄」，然則「經」非子雲自稱，當時弟子侯芭之徒從而尊之耳，今從之。宋、陸依揚子舊本分玄之贊辭爲三卷，一方爲上，二方爲中，三方爲下，次列首、衝、錯、測、攡、瑩、數、文、掜、圖、告凡十一篇，范散首、測於贊辭之間，王因之。小宋依易之序，以玄首準卦辭，測準小象，文準文言，攡、瑩、掜、圖準繫辭，告、數準説卦，衝準序卦，錯準雜卦，吳因之。范本於觀覽講解差便，今從之。宋、陸又於贊辭之前列天——始始、始中、始終、中始、中中、中終、終始、終中、終終，地——下下、下中、下上、中下、中中、中上、上下、上中、上上，人——思內、思中、思外、福小、福中、福大、禍生、禍中、禍極，諸家本皆無之。

玄首序

馴乎玄，渾行無窮正象天。 宋曰：「馴，順也。」陸曰：「渾然象天周運。」光謂：揚子嘆玄

道之順〔一〕**，渾淪而行，終則復始，如天之運動無窮也。陰陽坒參，**坒，毗至切。宋曰：「坒，二也。」王曰：「坒，配合也。」光謂：一生二，二生三，配而三之，以成萬象。**以一陽乘一統，萬物資形。**一陽謂冬至也。太初上元十一月甲子朔旦冬至無餘分，後千五百三十九歲，甲辰朔旦冬至無餘分，又千五百三十九歲，甲申朔旦冬至無餘分，又千五百三十九歲，還甲子朔旦冬至無餘分。凡千五百三十九歲爲一統，三統爲一元。一統朔分盡，一元六甲盡。**方州部家，三位疏成。**范本「疏」作「疎」，王、小宋本作「統」，今從宋、陸本〔二〕。宋曰：「疏，布也。」光謂：揚子名首之四重以方州部家者，取天下之象言之，故「一玄都覆三方，方同九州，枝載庶部〔三〕，分正羣家」。玄者天子之象也，方者方伯之象也，州者州牧之象也，部者一國之象也，家者一家之象也。上以統下，寡以制衆，而綱紀定矣。三位，一二三也。以一二三錯布於方州部家而八十一首成矣。**曰陳其九九，以爲數生。**陸曰：「玄數起於三，爲方州部家，轉而相乘，以成八十一首、七百二十九贊之數也。」**贊上羣綱，乃綜乎名。**二宋、陸、王本「綱」作「剛」〔四〕，今從范本。上，時掌切，畢也。揚

〔一〕明抄本「揚子」下有「曰」字，此據大典本、道藏本删。
〔二〕明抄本「宋、陸本」下有「作疏」二字，此據全書注例及大典本、道藏本删。
〔三〕明抄本「部」作「邦」，此據本書「玄圖」篇改。
〔四〕明抄本「剛」下有「誤也」二字，此據全書注例及大典本、道藏本删。

子作玄，以七百二十九贊爲漫漶難知，故以八十一首舉上其名，區別其誼，使炳然散殊，若網在綱〔一〕，有條而不紊，故曰「贊上羣綱，乃綜乎名」也〔二〕。**八十一首，歲事咸貞。**首者，九贊之端首也〔三〕。

玄測序

盛哉日乎，炳明離章，五色淳光。陸曰：「所以於測篇首而述日者，謂行於七百二十九贊之中，爲晝夜休咎之徵也。日含五行之精以爲光明，故稱『淳光』。」光謂〔四〕：晝夜循環，寒暑運行，以生萬物，成立歲功，皆日之所爲也。故揚子嘆以爲敘測之端。炳亦明也。離，文也。淳，粹也。物之五色，非日不彰〔五〕。**夜則測陰，晝則測陽。**一日兩贊，前贊爲晝，後贊爲夜。凡日法八十一分，晝贊直前半日，夜贊直後半日〔六〕。**晝夜之測，或否或臧。**否，音鄙。宋曰：「否，不

〔一〕「若網在綱」，明抄本作「若綱在網」，此據五柳居本改。

〔二〕「綜」，明抄本誤作「摠」，此據正文及大典本、道藏本改。

〔三〕「首者」至「首也」八字，明抄本在「贊上羣綱，乃綜乎名」句注文末，此據道藏本移。

〔四〕「光」，明抄本脱，此據張士鎬本補。

〔五〕「不彰」下，明抄本有「舊本炳作丙」五字，此據全書注例及大典本、道藏本删。

〔六〕「凡日」至「後半日」十九字，明抄本在中首初一注文末，此據道藏本、張士鎬本移。

善也。」范曰：「臧，善也。」**陽推五福以類升，陰幽六極以類降。**陽爲出，陰爲入。陽爲顯，陰爲隱。陽爲善，陰爲禍。故曰「陽推五福以類升，陰幽六極以類降」，皆謂贊之陰陽也。晝爲陽，夜爲陰。**升降相關，大貞乃通。**關，交也。升降相交，然後三儀大正之道乃通，明二者不可偏廢。偏廢則正道否塞而不行也。**經則有南有北，緯則有西有東。巡乘六甲，與斗相逢。**宋曰：「日右行而斗左回，故相逢也。」光謂：巡，行也。十日行乘十二子而爲六甲。逢，迎也。**曆以紀歲，而百穀時雍。**范本「紀」作「記」，今從二宋、陸、王本。宋曰：「雍，和也。」光謂：日運行於上，而有寒暑四時，聖人治曆，所以紀一歲之氣節，然後事不失時，而百穀和熟，人得以自養也。

𝌆一方一州一部一家。**中。**陽家，水，準易中孚。中之初一〔一〕，日舍牽牛初度，冬至氣應，陽氣始生。兼準坎，所以然者，易以八卦重爲六十四卦，因爻象而定名，分坎離震兑直二十四氣，其餘六十卦，每卦直六日七分。玄以一二三錯布於方州部家，而成八十一首，每首直四日有半，起於冬至，終於大雪，準易卦氣直日之叙而命其名。或以兩首準一卦者，猶閏月之正四時也。坎離震兑在卦氣之外，故因中應釋飾附分至之位而準之。揚子本以顓頊及太初曆作太玄，故日躔宿度氣應

〔一〕「中之初一」，明抄本作「中一之初」，此據全書注例及張士鎬本改。

斗建不皆與今治曆者相應。中者，心也，物之始也。中乎者，誠發於中而信著於外也。洪範：「五事，思曰睿，睿作聖。」**陽氣潛萌於黄宮，信無不在乎中。**首者，明天地以陰陽之氣發斂萬物，而示人法則者也。黄，中之色也。中直冬至之初，陽氣潛生於地中，如人居宮室也。信無不在乎中者，揚子嘆三儀萬物變化云爲，原其造端，無不在乎中心也〔一〕。信，辭也。

初一　昆侖旁薄，幽。測曰：昆侖旁薄，思之貞也。范、小宋本「之」作「諸」，今從宋、陸、王本。昆，音魂。侖，盧昆切。范曰：「昆，渾也；侖，淪也；天之象也。旁薄，猶彭魄也，地之形也。幽，隱也。」王曰：「幽者，人之思慮幽深玄遠也。」光謂：贊者，明聖人順天之序，修身治國，而示人吉凶者也。昆侖者，天象之大也。旁薄者，地形之廣也。夫以天地之廣大而人心可以測知之，則心之爲用也神矣。一者，思之始也。君子之心可以鈎深致遠，仰窮天神，俯究地靈，天地且不能隱其情，況萬類乎！以其思而未形也，故謂之幽。法言曰：「或問『神』。曰：『心。』請問之，曰：『潛天而天，潛地而地。天地，神明而不測者也。心之潛也，猶將測之，況於人乎？況於事倫乎？』」君子思慮之初，未始不存乎正，故曰「思之貞也」〔二〕。易曰：「正其本〔三〕，萬物理。」

〔一〕「中心也」，明抄本「中」「也」二字間空白，此據大典本、道藏本、張士鎬本補。
〔二〕「貞」，明抄本作「正」，此據大典本、道藏本、張士鎬本改。
〔三〕「本」，明抄本作「始」，此據大戴禮記保傅篇及大典本改。

孔子曰：「詩三百，一言以蔽之，曰：思無邪。」

次二　神戰于玄，其陳陰陽。測曰：神戰于玄，善惡并也。陳，直刃切。神者，心之用也。「人以心腹爲玄」。陰主惡，陽主善。二在思慮之中而當夜，其心不能純正，見利則欲爲惡，顧義則欲爲善，狐疑猶豫，未知適從，故曰「神戰于玄，其陳陰陽」也。子夏出見紛華盛麗而悦，入聞夫子之道而樂，二者交戰於中。子夏戰勝，故爲大賢，不勝則爲小人矣。

次三　龍出于中，首尾信，可以爲庸。測曰：龍出于中，見其造也。宋、陸、王本作「首尾信可罔以爲庸」，范、小宋本無「罔」字，今從之。陸曰：「造，作也。」范曰：「庸，法也。」王曰：「陽氣益進，造物之功始見。」光謂：三爲成意而處思之外，君子既思之，則行之，所爲之迹見於外，人得而知，故曰「龍出于中」也。君子行己，自始至終，出處語默，不失其宜，信乎可以爲人之常法也。易曰：「見龍在田，利見大人。」

次四　庳虚無因，大受性命，否。測曰：庳虚之否，不能大受也。庳，毗至切。王曰：「四近於五，臣位極盛，當高而自庳，實而若虚，有而若無，因物之功，不自作爲，故曰『庳虚無因』。」光謂：庳，下也。「中和莫盛於五」，五者，位之隆、德之盛也。四當夜，小人也，而逼於五，不度其德，進取狂簡，謂夫性命之理造次可及也，故大受之而無辭避。夫性命，理之至精者也，非小人之所得知也，故曰「否」。論語曰：「子罕言命。」又「子貢曰：『夫子之言性與天道，不可得而聞也。』」「子曰：『亡而爲有，虚而爲盈，約而爲泰，難乎有恒矣〔一〕。』」

次五　日正于天，利用其辰作主。　測曰：日正于天，貴當位也。　范、小宋本「用」作「以」，今從宋、陸、王本。王曰：「五既居中體正，得位當晝，且爲一首之主，故象日正于天。辰，時也。利用及其明盛之時而爲物主也。」光謂：三儀之道莫盛於中正，故陽家之五，贊之中也，陰家四六，體之中也。而又當晝得正，一首之中最吉者也。故曰「日正于天」，以言陽之盛也。君子有其道，必有其時，有其時，必有其位，然後能爲民之父母。時既得矣，位既正矣，而不能以道濟天下，豈爲民父母之意哉？故曰「利用其辰作主」。

次六　月闕其摶，不如開明于西。　測曰：月闕其摶，賤始退也。　范本「摶」作「慱」，「賤」作「明」，王本「摶」作「塼」，小宋本「摶」作「慱」。陳讀「慱」作「東」，今「摶」從宋、陸，「賤」從諸家。摶、慱、塼皆與團同。王曰：「六爲盛極，物極則虧，故象月之過望而闕其摶。開明于西，象月之初一也。玄道貴進，故一象月初而吉，六象月闕而凶。」光謂：團，圓也。六以陰質而始過乎中，故曰「月闕其摶」也。夫月闕其摶，明未甚虧，比之始生於西，猶爲盛大。然玄之道貴將進，賤始退，故曰「不如開明于西」也。猶人之盛滿，心志先退，而後福禄從之也。

次七　酋酋，火魁頤，水包貞。　測曰：酋酋之包，任臣則也。　諸家本作「大魁頤」，

〔一〕「恒」，明抄本作「常」，此據論語述而篇改。

王本作「火魁頤」，今從之。陸曰：「則，法也〔一〕。任臣用典法也。」范曰：「酋，就也。」小宋曰：「頤，養也。」光謂：魁，斗之首也。任，用也。七爲消、爲敗損、爲滅天，有秋之象，又有刑罰之象。秋物成就，故曰「酋酋」。天之成物，必資於秋，君之馭臣，必資於法。子産曰：「太上以德撫民，其次莫如猛，火烈，人望而畏之，故鮮死焉。水懦弱，人狎而玩之，故多死焉。」人君之心，執法無私，如火烈烈，人不敢犯，以爲物之首，然不可失養人之道。寬而容物，如水之浮天載地，無所不包，然不可懦而失正。故曰「火魁頤，水包貞」，此人君用臣之大法也。

次八　黄不黄，覆秋常。測曰：黄不黄，失中德也。范曰：「黄，中之色也。八亦上體之中也。」光謂：八爲剥落，又爲沈天，亦秋之象也。秋者，萬物成就收功之時也。八居中位而當夜，無中之德，覆敗秋之常道，喪其成功也。

上九　顛靈氣形反。測曰：顛靈之反，時不克也。范曰：「顛，下也。死氣爲魂，其形爲魄。魂登于天，魄歸于地，故言反也。」王曰：「陽極於上，陰絶於下，靈魄以顛墜矣，則氣反於天，形歸於土。」光謂：靈者，心之主，所以營爲萬務，物之所賴以生者也。上九居中之極，遇禍之窮，有生之終者也。靈已隕矣，則氣形各反其本也。凡玄之贊辭，晝夜相間，晝辭多吉，夜辭多凶，又以所逢之首及思福禍述其休咎，此玄之大指也。九逢日之晝，而云「顛靈氣形反」，辭若凶者，何

〔一〕「則法也」，明抄本作「法則也」，此據大典本、道藏本改。

哉？夫吉凶者，非幸不幸之謂也。得君子之道，雖遇禍猶爲吉；失君子之道，雖遇福猶爲凶。故瑩曰：「天地所貴曰福，鬼神所祐曰福，人道所喜曰福。其所賤所惡皆曰禍。」文曰：「君子年高而極時者也歟！」明君子守正以順命也。洪範五福有「考終命」，孟子曰：君子「盡其道而死者，正命也」。

☵一方一州一部二家。**周。** 陰家，火，準復，入周次八，日舍婺女。周，匝也，旋也。**陽氣周神而反乎始，物繼其彙。** 宋曰：「彙，類也。」光謂：萬物隨陽出入，生長收藏，皆陽之神也。歲功既畢，神化既周，而復反乎始，萬物各繼其類而更生也。

初一　還於天心，何德之僭，否。 測曰：還心之否，中不恕也。（闕）

次二　植中樞，周無隅。 測曰：植中樞，立督慮也。督猶中也，衣之背縫謂之督。無隅猶言無方也。二思之中，又體之中也，而當日之晝，象君子立慮於中以應萬變，如樞之運，無所不周，故曰「植中樞，周無隅」。

次三　出我入我，吉凶之魁。 測曰：出我入我，不可不懼也。夫外物之來，入乎思也，言行之動，出乎思也，得其宜則吉，失其宜則凶。三居成意之地，思之隆也，而當日之夜，故戒之曰：吉凶之出亦自我，吉凶之入亦自我，爲吉凶之魁首，可不懼乎？一出一入，周之義也。

次四　帶其鉤鞶，鍾以玉環〔一〕。測曰：帶其鉤鞶，自約束也。鍾，直僞切。鉤所以綴帶爲急也。鞶，革帶也。鍾與縋義同，謂以繩有所係也。玉以象君子之德，環以象周旋無缺也。君子德義可尊，作事可法，容止可觀，進退可度，以臨其民，故曰「帶其鉤鞶，鍾以玉環」，言以禮自約束，周旋無缺也。帶與環皆周之象。

次五　土中其廬，設其金輿，厥戒渝。測曰：廬金戒渝，小人不克也。土中其廬，居得中也。設其金輿，所乘安也。夫廬非不美也，輿非不堅也，然小人必不能久居而行之，故曰「厥戒渝」。孔子曰：「中庸之爲德也，其至矣乎！民鮮能久矣。」又曰：「人皆曰予知，擇乎中庸而莫能期月守也。」土中其廬，周之象也。

次六　信周其誠，上亨于天。測曰：信周其誠，上通也。王曰：「玄經之例，以五爲陽數，又居中位，故爲陽首之主；六爲陰數，又居盛極，故爲陰首之主。」光謂：反復其信，皆出至誠，非由浮飾，故可以上通于天也。

次七　豐淫見其朋，還于蒙，不克從。測曰：豐淫見朋，不能從也。（闕）

次八　還過躬外，其禍不大。測曰：還過躬外，禍不中也。范本「過」作「遇」，今從二宋、陸、王本。（闕）

〔一〕「環」，明抄本作「鐶」，此據注文及道藏本、張士鎬本改。

上九　還于喪，或棄之行。　測曰：還于喪，其道窮也。生極則反乎死，盛極則反乎衰，治極則反乎亂。九處周之極，逢禍之窮，當日之夜，故曰「還于喪」。夫國家將興，則人歸之；將亡，則人去之，故曰「或棄之行」。

一方一州一部三家。**礥**。礥，下珍切，又音賢。陽家，木，準屯。宋曰：「礥，難也。」光謂：物之初基，必有艱難，唯君子能濟之。**陽氣微動，動而礥礥，物生之難**[一]。礥礥，難貌[二]。

初一　黃純于潛，不見其畛，藏鬱於泉。　測曰：黃純于潛，化在嘖也。畛，音真。嘖與賾同，士革切。陸曰：「嘖，隱也。」光謂：嘖，幽深難見者也。一非中位而云黃者，陽氣未見，猶在地中也。家性爲礥，一爲思始，始有拔難之心者也。陽氣潛於地中，純粹廣大，藏鬱於泉，以化育萬物，而人莫見其畛界也。猶君子有拔難之心，精純幽遠，利澤將施於天下，而人未之知者也。

次二　黃不純，屈于根。　測曰：黃不純，失中適也。小宋本「適」作「道」，今從諸家。二爲思中而當夜，故曰「黃不純」。陽氣不純，則萬物失其性，屈于根而不能生。小人妄慮，則萬事

[一] 明抄本「難」下有「也」字，此據全書首辭例及道藏本删。
[二] 「貌」，明抄本作「也」，此據大典本、道藏本改。

失其適，隳其功而不能成。

次三　赤子扶扶，元貞有終。測曰：赤子扶扶，父母詹也。范本「詹」作「瞻」，今從二宋、陸、王本。詹瞻古字通用。扶扶，扳援依慕之貌〔一〕。元，善之長也。三爲成意而當晝，象君子將行其志，拔難濟民，民皆瞻仰而歸之〔二〕，非有元貞之德，則不能成茲大功。故曰「元貞有終」。

次四　拔我不德，以力不克。測曰：拔我不德，力不堪也。小宋本作「匪德」，今從諸家。四當夜，小人也，而逢時之福，無德而以力取勝者也。終當覆敗，烏能濟衆哉？

次五　拔車山淵，宜于大人。測曰：拔車山淵，大位力也。王曰：「或山或淵〔三〕，道之險者。五爲一首之主，而又得位當晝，體正居中，有大人之德，拔車以出于險，則爲萬物之所利見，故宜于大人。」光謂：車者，民所載也。五，福之盛也，而又當晝，大人之得位者也。故可以載民於險阻矣。

次六　將其車，入于丘虛。測曰：將車入虛，道不得也。「虛」與墟同。六過中而當夜，象雖有濟民之志，而不得其道，則愈陷於難矣。過中者，失其宜適之象也。

〔一〕「貌」，明抄本作「貞」，此據大典本、張士鎬本改。
〔二〕「仰」，明抄本作「印」，此據大典本、道藏本改。
〔三〕「淵」，明抄本作「泉」，此據大典本、道藏本改。

次七　出險登丘，或牽之牛。測曰：出險登丘，莫之代也。范本「代」作「伐」，今從諸家。陸曰：「引車莫如牛，誰人能代牛者乎？」王曰：「位既當晝，難又將終，猶有八九，故且登丘陵而未復平途。」光謂：丘者，難之小者也。牛者，物之有力者也。七雖當晝，而涉於禍境，如已出大險而猶有小難者也。夫大險已出，則小難不憂乎不濟也，況或助之牛以牽車乎！如君子既能濟險，而復有賢才助之也。

次八　車不拔，骭軸折。測曰：車不拔，躬自賊也。宋、陸本「骭」作「⿰骨旱」，音義皆闕。范本作「髀」，小宋云：「『⿰車旱』當作『⿰車卓』，丑孝切，車弓也」，今從王本，下晏切。王曰：「骭，人脛也。無德而將出難，禍又至，故象以人代牛，則引車不拔而骭軸俱折矣。」光謂：八爲禍中而又當夜，小人不量其力，不能拔難，覆國喪身者也。

上九　崇崇高山，下有川波其，人有輯航，可與過其。測曰：高山大川，不輯航不克也。其，音基，語助。輯與楫同。九處難之極，遇禍之窮，故曰「崇崇高山，下有川波其」，言險之甚也。然當日之晝，其才足以濟險者也，故曰「人有輯航，可與過其」。

𝌉一方一州二部一家。閑。陰家，金，亦準屯，入閑次四一十八分二十四秒，日次玄枵，小寒氣應，斗建丑位，律中大呂。閑，閑也，防也。陽氣閑於陰，礥然物咸見閑。宋曰：「礥然者，陽欲出不能之貌也。陽主出内萬物者也，而見防遏，故萬物亦皆見閑。」

初一　蛇伏于泥，無雄有雌，終莫受施。　測曰：蛇伏于泥，君不君也。　施，式豉切。　一陽而當日之夜，君不君之象也。君德龍也，失道而見閑於臣，故曰「蛇伏于泥」也。　無雄有雌，則終莫受施。　無君有臣〔一〕，則澤不下達矣。

次二　閑其藏，固珍寶。　測曰：閑其藏，中心淵也。　藏，族浪切。　二，思中也，君子藏器於身，默而識之，待賈而沽，若閑藏固寶者也。

次三　關無鍵，舍金管。　測曰：關無鍵，盜入門也。　小宋本作「金舍管」，今從諸家。鍵，其偃切。　舍與捨同。　鍵，鎖牡也。　管，所以出鍵者也。　關無鍵，則舍金管而不用矣。　三爲成意而當日之夜，不能防閑，失其權重，故盜入門也。　易曰：「弗過防之，從或戕之，凶。」又曰：「慢藏誨盜。」

次四　拔我輗軏，小得利小征。　測曰：拔我輗軏，貴以信也。　范曰：「輗軏喻信也。論語曰：『大車無輗，小車無軏。』」（闕）

次五　礥而閑而，拔我姦而，非石如石，厲。　測曰：礥閑如石，其敵堅也。　范曰：「五處尊位，當拔除其姦，非石之固，而使如石，故危也。」光謂：五居盛位，爲物藩衛，而欲以

〔一〕「無君有臣」，明抄本作「無雄有雌」，此據大典本、道藏本、張士鎬本改。

不正拔物，故敵堅如石而身危也。

次六　閑黄垁，席金第。　測曰：閑黄垁，以德固也。小宋本「垁」作「埃」，今從諸家。范曰：「五堵爲垁。」王曰：「垁，古雉字，謂城也。第，簀也。」光謂：席猶藉也。金，至堅之物。六，福之隆也，而又當晝，君子以德自防，外患無從而危者也，故曰「閑黄垁，席金第」。

次七　跙跙，閑于遽篨，或寢之廬。　測曰：跙跙之閑，惡在舍也。范本「遽篨」作「籧除」，王、小宋本作「籧篨」，今從宋、陸本。跙，七余、莊助二切。遽，音渠。篨，音除。王曰：「跙跙，行不正貌。籧篨，傳舍。或寢之廬，閑外而失内也。七爲禍生，位且當夜，失閑之道也。」光謂：惡人已跙跙然入其室而不自知者也。秦大發兵備胡，而胡亥亡其國，故曰「惡在舍也」。

次八　赤臬播關，大君不閑，克國乘家。　測曰：赤臬播關，恐入室也。王本「不閑」作「不開」，小宋本作「不關」，今從宋、陸、范本。王曰：「赤臬者，陰陽交争，殺傷之氣也。播於遠關之外。」（闕）

上九　閑門以終，虛。　測曰：閑門以虛，終不可實也。王曰：「處閑之極，當夜之位，失閑之宜，如閑其門户，人之所以自終，必且虛而無獲。」光謂：閉門自終，不與物交，慎則慎矣，而終無所得，求之功業，不亦遠乎？易曰：「括囊，無咎無譽。」

𝌊一方一州二部二家。**少**。陽家，土，準謙，入少次五，日舍虛宿。**陽氣澹然施於淵，物謙然**

能自韯。范、王、小宋本「謙」作「溓」，今從宋、陸本。小宋本「能」作「克」，今從諸家。溓，音斂。韯與纖同。宋曰：「澹然，不動也。謂陽上見防閑，於是澹然施意於淵，不復動也。謙然者，言萬物見陽氣不動，亦謙然自約也。」光謂：萬物當發生，尚能自守其纖細，如人之謙也。

初一　冥自少，眇于謙。測曰：冥自少，不見謙也。小宋本「自」作「目」，今從諸家。一者思之微也〔一〕，當日之晝，處衆之下，内自謙抑而不求人知者也。故曰「冥自少，眇于謙」。眇，微也。

次二　自少不至，懷其卹。測曰：自少不至，謙不誠也。二爲思中，而當日之夜，小人之謙，貌恭心狠，不以其誠，故憂未免也。

次三　動韯其得，人主之式。測曰：韯其得，其謙貞也。范本作「韯其得人謙貞也」，今從諸家。（闕）

次四　貧貧，或妄之振。測曰：貧貧妄振，不能守正也。王曰：「失位當夜，妄有所求，非謙靜之時所宜然也。」光謂：家性爲少，四爲下禄，故貧也。在中之下，不自多大，自旌其貧者也，故曰「貧貧」。當日之夜，不能守正，自旌其貧，妄求振救〔二〕，斯亦鄙矣。

〔一〕「思」，明抄本作「惡」，此據大典本、道藏本、張士鎬本改。
〔二〕「救」，明抄本作「動」，此據大典本、道藏本、張士鎬本改。

次五　地自冲，下于川。測曰：地自冲，人之所聖也。王曰：「能正居中，又當晝位，如地之能自冲虚，下于川谷，川谷歸之，則爲百谷王矣。」光謂：五者福之盛也。地體卑冲，故百川就之；聖人謙損，故百禄歸之。

次六　少持滿，今盛後傾。測曰：少持滿，何足盛也。王曰：「當自少之時，居極盛之位，位既當夜，德又失謙，謙虚之時，反欲持滿，今雖盛大，後必傾危。」

次七　貧自究，利用見富。測曰：貧自究，富之聘也。七雖爲消，而當日之晝，君子也。君子之貧也，求諸己而不求人，是以人樂與之，故曰「貧自究，利用見富」。聘，問也，言富者自將問而與之，況見之乎！論語曰：「義然後取，人不厭其取。」

次八　貧不貧，人莫之振。測曰：貧不貧，何足敬也。王曰：「當少不少，當貧不貧，則人莫之振也。」光謂：八爲耗，又當夜，小人貧而强爲不貧者也。如是則人誰振之，亦衆所賤惡也。

上九　密雨溟沐，潤于枯瀆，三日射谷。測曰：密雨射谷，謙之静也。溟，音脈。射，時亦切。范曰：「雨之細者稱溟沐。」小宋曰：「溟沐，猶霢沐也。」光謂：小雨，至微也。枯瀆，至燥也。積潤不已，三日之後，乃至射谷。九處少之極，當日之晝，如君子積謙以至功名光大，非躁動而得之也。此言謙道收功之遠。

𝌋一方一州二部三家。**戾**。陰家，水，準睽。戾者，相乖反也。**陽氣孚微，物各乖離，而觸其類。**卵之始化謂之孚，屮之萌甲亦曰孚，然則孚者物之始化也。陽氣始化，其氣尚微，萬物之形粗可分別，則各以類生而相乖離矣〔一〕，戾之象也。

初一　虛既邪，心有傾。測曰：虛邪心傾，懷不正也。虛者，神之所宅也。一，思之微也，居戾之初，當日之夜，虛邪則心傾矣。

次二　正其腹，引其背，酋貞。測曰：正其腹，中心定也。范曰：「酋，就也。腹以喻內，背以喻外。」光謂：若先正其內以引其外，則不相乖戾而皆就正矣。是故君子正心以待物，修身以化人，齊家以刑國，治國以平天下。

次三　戾其腹，正其背。測曰：戾腹正背，中外爭也。小人心不正而求物之正，身不修而責人之修，舍內而求外，棄本而逐末，是以中外乖爭，而陷於敗亂也。二、三，皆思也，故以正腹戾腹言之。

次四　夫妻反道，維家之保。測曰：夫妻反道，各有守也。夫治外，妻治內，道相戾也。然而內外相成，以保其家。四爲下禄而當晝〔二〕，故有是象。

〔一〕「生」，明抄本作「至」，此據大典本、道藏本、張士鎬本改。
〔二〕「禄」，明抄本作「福」，此據玄數篇及道藏本、張士鎬本改。

次五　東南射兕，西北其矢。測曰：東南射兕，不得其首也。射，時亦切。首，舒救切。宋曰：「首，向也。」光謂：五以小人而居盛位，舉措大繆，不能服猛者也。故曰「東南射兕，西北其矢」，言失其所向也。

次六　準繩規矩，不同其施。測曰：準繩規矩，乖其道也。王本「乖」作「孤」，今從諸家。王曰：「準繩規矩，曲直方圓，雖乖戾不同，各有所施，終得其道，此亦得戾之宜也。」光謂：準平繩直規圓矩方〔一〕，所施不同，皆可爲法。君子出處語默，其迹不同，而皆合於道。六爲上禄而當晝，故有是象。

次七　女不女，其心予，覆夫諝。測曰：女不女，大可醜也。諝，須與切。予與與同。王曰：「諝，智也。」光謂：夫倡婦和，道之常也。今乃乖戾，棄同即異，女則覆夫之智，臣則敗君之功，大可醜也。

次八　殺生相午，中和其道。測曰：殺生相午，中爲界也。范本「午」作「矢」，今從諸家。午，古悟字，逆也。八爲剥落，有殺物之象，天有殺生，國有德刑，其道相逆，不可偏任，必以中和調適其間，然後陰陽正而治道通也。一曰：午，交午也，殺生往來相交午也。

上九　倉靈之雌，不同宿而離，失則歲之功乖。測曰：倉靈之雌，失作敗也。

〔一〕「規圓矩方」，明抄本作「規方矩圓」，此據大典本、道藏本改。

倉靈，木之精，歲星也。其雌，金之精，謂太白也。漢書天文志：「歲與太白合則爲白衣之會，爲水。太白在南，歲在北，名曰牝牡，年穀大熟。太白在北，歲在南，年或有或亡。」此言金木性殊，同離一宿則有變，邪正道反，同處一朝則有亂。九處戾之極，逢禍之窮，當日之夜，故有是象。

𝌌一方一州三部一家。上。上，時掌切。陽家，火，準升，入上次七〔一〕，日舍危，三十六分一十五秒，大寒氣應。陽氣育物于下，咸射地而登乎上。射，時亦切。

初一　上其純心，挫厥鏩鏩。測曰：上其純心，和以悦也。鏩，音讒。王曰：「鏩鏩，鋭進貌。」光謂：一爲思始而當晝，能以純一之心日就月將，不失和悦，以至高大，挫其鋭進躁急之志，是以求道則得道，干禄則得禄。老子曰：「挫其鋭。」

次二　上無根，思登于天，谷在于淵。測曰：上無根，不能自活也。范本「活」作「治」，今從諸家。谷，窮也。凡物有根則能生，人有德則能升。二爲思中當夜，躁於進取，其志欲登於天，而不免窮在於淵，猶木無根而上生，終不能自活也。

次三　出于幽谷，登于茂木，思其珍穀。測曰：出谷登木，知向方也。宋曰：

〔一〕「入」，明抄本無，此據全書注例及大典本、道藏本、張士鎬本補。

「方，則道也。」王曰：「珍穀，謂草木之實可食而珍美者。」光謂：珍穀喻美道也。君子棄惡就善，舍邪趣正，如鳥出幽谷而登茂木也。三爲思上，故曰「思其珍穀」。詩云：「出自幽谷，遷于喬木。」孟子謂陳相曰：「吾聞出於幽谷遷于喬木者，未聞下喬木而入於幽谷者」也。

次四　即上不貞，無根繁榮，孚虛名。測曰：即上不貞，妄升也。即，就也。榮，木華也。四爲福爲禄，故曰就上。當日之夜，故曰不正。夫以不正而得禄，猶木無根而有榮，雖其繁多，何可久也，信惟虛名而已，無益於實也。論語曰：「不義而富且貴，於我如浮雲。」二在下體，欲升而不能得者也；四居福禄，雖升而不以正者也。

次五　鳴鶴升自深澤，階天不怎。測曰：鳴鶴不怎，有諸中也。怎與怍同。階猶登也。五爲中和，又爲盛福，上之至美者也。君子之道闇然而日章，雖聲聞于天，亦無所愧。詩曰：「鶴鳴於九皋，聲聞于天。」

次六　升于堂，顛衣到裳，廷人不慶。測曰：升堂顛到，失大衆也。上曰衣，下曰裳。慶，喜也。六爲上禄，故曰「升于堂」。當日之夜，小人而居君子之位者也，故曰「顛衣到裳」。小人在上，則下皆不悦，故曰「廷人不慶」。

次七　升于顛臺，或拄之材。測曰：升臺得拄，輔拂堅也。范、小宋本「拂」作「弗」，今從宋、陸、王本。拄，陟主切。拂，古弼字。七在上體而爲敗損，故曰「升于顛臺」。然而當日之書，雖在衰危而得良輔，如將顛之臺，拄以良材，則高而不危也。

次八　升于高危，或斧之梯。測曰：升危斧梯，失士民也。王曰：「八居遷遇之地，位且當夜，而務進不已，如升高履危，而或斧去其梯，欲求復下，不可得矣。」光謂：八爲禍中而當夜，象小人驕亢於上，不恤士民，如升高斧梯，危莫之救矣。士民者，國之梯也，君賴以尊者也。

上九　棲于菑，初亡後得基。測曰：棲菑得基，後得人也。菑與災同。居物之上，故曰棲。九爲禍極，又爲殄絶，故曰「棲于菑」。然當日之晝，是得賢人而爲之助者也。豈唯救亡乃可以立國家之基也〔一〕？詩曰：「樂只君子，邦家之基。」一曰：菑當作椔，木立死曰椔。棲于枯木，孤危之甚也。

☵一方一州三部二家。干。陰家，木，準升。干者，上而有所干犯也。諫説者以言干上，故干有諫説之象。陽扶物如鑽乎堅，鈐然有穿。范、王本作「陽氣扶物而鑽乎堅」，今從二宋、陸本。鈐，音閤。宋曰：「鈐，陷聲也。」光謂：是時陰氣猶堅於上，故陽氣扶萬物，如鑽之鈐然有穿也。

初一　丸鑽，鑽于内隙，厲。測曰：丸鑽于内，轉丸非也。丸者，流轉無所不入者也。佞邪之人，研求人心，得其間隙，從而説之，以納其非，則無所不入，此國家所以危也，孔子「惡

〔一〕「唯」，明抄本作「爲」，此據大典本、道藏本、張士鎬本改。

利口之覆邦家者」，一爲思始而當夜，故有是象。班固答賓戲曰：「商鞅挾三術以鑽孝公。」

次二　以微干正，維用軌命。測曰：以微干正，維大諫微也。范、王本測無「維」字，今從二宋、陸本。宋曰：「謂大諫其事在微時。」王曰：「二位當晝，知諫諍之道，當及事之幾微而干之，則易爲功，然後以正道維持之，則能用軌法之命矣。」光謂：二爲方沮而當晝，故有是象。孔子曰：「諫有五，直諫爲下。度君而行之，吾從諷諫矣。」軌，法也。志在正君之號令，使應法度也。

次三　箝鍵挈挈〔一〕，匪貞。測曰：箝鍵挈挈，干祿回也。箝，渠淹切。宋曰：「回，邪也。」光謂：箝者，緘束使不得移。鍵者，固結使不得離。皆縱横之術説人求合者也。鬼谷子有內鍵、飛箝篇。挈挈，急切貌。干，求也。祿，福也。言小人以術説人〔二〕，急切求合，非正道也。詩云：「愷悌君子，求福不回。」

次四　干言入骨，時貞。測曰：干骨之時，直其道也。干言，直言犯上者也。入骨論深切也。夫切直之言，不得其時則自取怨咎，而無益於人，故君子貴於時正也。家性爲干，四爲福而當晝，故有是象。

〔一〕「箝」，明抄本作「⿱艹拑」，此據注文及張士鎬本改，下同。

〔二〕「説人」，明抄本無，此據大典本、道藏本、張士鎬本補。

次五　蚩蚩，干于丘飴，或錫之坏。測曰：蚩蚩之干，錫不好也。飴，與之切。坏，音醅。范曰：「飴，美食也。」王曰：「丘，聚也。」光謂：蚩蚩，愚貌。丘以喻高大。飴，錫也，以喻甘美。坏，未燒瓦，以喻惡物。五以小人而干盛位，不度其德，如見丘飴之美利，不循己分而求之，則人皆賤惡而以惡物與之矣。

次六　幹干於天，貞馴。測曰：幹干之貞，順可保也。馴，順也。六逢福而當晝，干而至於極大，如木之幹乃至于天，盛之至也。然以正順而致之則吉，以邪逆而致之則凶，故曰「貞馴」，「順可保也」。

次七　何戟解解，遘。測曰：何戟解解，不容道也。何，胡可切。解，胡買切。二宋、陸、王本「遘」作「覯」，今從范本。小宋「解解」作「鮮鮮」，今從諸家。光謂：何，擔也〔一〕。小人之性多所干犯，如何戟而行，遇物絓羅，不容於道也。

次八　赤舌燒城，吐水于缾。測曰：赤舌吐水，君子以解祟也。王本「于」作「干」，今從諸家。祟，音粹。范曰：「祟猶禍也〔二〕。」（闕）

上九　干于浮雲，從墜于天。測曰：干于浮雲，乃從天墜也。王、小宋本經無

〔一〕「擔」，明抄本作「檐」，此據大典本、道藏本、張士鎬本改。

〔二〕「祟」，明抄本無，此據范望解贊及大典本、張士鎬本補。

「從」字，今從宋、陸、范本。王曰：「處干之極，不能自反，位既當夜，窮而無之〔一〕，如干雲不止，轉而上進〔二〕，既失其道，乃墜于天，凶其宜也。」光謂：九爲禍極而當夜，故有是象。

☵一方一州三部三家。**狩。**王本「狩」作「狞」，音佇。小宋作「𤴓」，音疎。陳云：「一本作『⿰金宁』，丁呂切，一本作『𤴓』，所葅切。」吳云：「説文：『𤴓，通也，從爻，從疋，亦聲。』束、疋、守皆同声〔三〕，揚子用古字，字書多收不盡。狩、𤴓與疎音義同。」陽家，金，準臨。陸曰：「臨、狩皆進貌也。」小宋曰：「𤴓，通也。」光謂：狩，進也，大也。**陽氣彊内而弱外，物咸扶狩而進乎大。**陽進而大，故曰「彊内」。陰氣猶盛，故曰「弱外」。扶狩，布散之貌。

初一　自我匍匐，好是冥德。測曰：匍匐冥德，若無行也。范本「冥」作「宜」，今從宋、陸、王本。匍匐者，雖未能行而志於進者也。一，思之微也，故曰「冥」。君子自微賤之時，人未之知，而已好是冥德，進而大之，匍匐而前，若將無有得行之時，言汲汲於進德不能待也。

次二　熒狩狧狧，不利有攸往。測曰：熒狩狧狧，多欲往也。狧，他合切。范

〔一〕「之」，張士鎬本作「杗」。
〔二〕「而」，大典本、道藏本、張士鎬本作「求」。
〔三〕「守」，明抄本作「束」，此據大典本、道藏本、張士鎬本改。

曰：「熒者，光明小見之貌。狤狤，貪欲之意也。」王曰：「狤狤，犬食貌。」

次三　卉炎于狩，宜于丘陵。　測曰：卉炎丘陵，短臨長也。　王曰：「三位當晝，能扶陽而進，如百卉遇炎陽之氣，當狩進之時，宜其處于丘陵而下臨衆木矣。」光謂：熒，火之微，炎則稍進矣。以短卉小火而能臨物者〔一〕，以其託於邱陵，如君子之擇術也。荀子曰：「西方有木焉，名曰射干，莖長四寸，生於高山之上，而臨百仞之淵。木莖非能長也，所立者然也。」

次四　狩于酒食，肥無譽。　測曰：狩于酒食，仕無方也。　四爲下禄，小人學未優而仕，所進大者，酒食而已，故雖肥無譽也。

次五　狩有足，託堅轂。　測曰：狩有足，位正當也。　王本「轂」作「轂」，今從二宋、范、陸本。轂、轂古字通用。王曰：「五位當晝，而又居中體正，爲狩之主。車堅馬良，可以周行天下，以此而進，何往不利哉？」光謂：中和莫盛於五，五爲福中，日又當晝，君子有中和之德，而又得位膺福，如足力已强，自可進大，況託堅轂，無所不之矣。

次六　獨狩逝逝，利小不利大。　測曰：獨狩逝逝，不可大也。　小宋本「逝逝」作「晣晣」，今從諸家。（闕）

次七　白日臨辰，可以卒其所聞。　測曰：白日臨辰，老得勢也。（闕）

〔一〕「短卉小火」，明抄本作「短火小卉」，此據大典本、道藏本、張士鎬本改。

次八　蚤虱之狩，厲。測曰：蚤虱之狩，不足賴也。范曰：「家性爲狩，亦狩附於人，故以爲喻。蚤虱之性，苟尋而進，故危也。」

上九　全狩，絭其首尾，臨于淵。測曰：全狩之絭，恐遇害也。二宋、陸本作「全狩之絭絭其首尾尾臨于淵」，今從范、王本。范本「害」作「困」，今從陸、王本。絭，音券，又厥萬切。小宋曰：「絭，縛也。」光謂：九爲進大之極，進極則退，大極則消，君子欲全進大之道，非恭慎則不可，故恐懼，如以繩繫首尾臨于淵，乃免咎也。

☵一方二州一部一家。羨。羨，于線切。陰家，水〔一〕，準小過，舊準臨卦，非也。王曰：「羨者，邪曲不正之象。」光謂：周禮有璧羨〔二〕，不圓之璧也。陽氣贊幽，推包羨爽，未得正行。范曰：「羨者言萬物尚爲陰氣所包。爽，差也。」光謂：萬物在幽，陽氣贊之，爲陰所包，陽氣推之，邪曲差爽，未得挺然正行而出，故曰羨也。

初一　羨於初，其次迂塗。測曰：羨于初，後難正也。一爲思始，始初而邪，則次後難正矣，故曰「其次迂塗」。易曰：「君子作事謀始。」

〔一〕「水」，明抄本作「火」，此據全書注例及大典本、張士鎬本改。
〔二〕「璧」，明抄本作「壁」，此據周禮及大典本、道藏本改，下同。

次二　羨于微，克復可以爲儀。測曰：羨微克復，不遠定也。二爲思中，邪而未遠，所失尚微，若能自復於中，猶可以爲法也。易曰：「不遠復，無祇悔，元吉。」

次三　羨于塗，不能直如。測曰：羨于塗，不能直行也。范本作「迂塗」，今從宋、陸本。羨至于三，失道浸遠，不若直往之善也。

次四　羨權正，吉人不幸。測曰：羨權正，善反常也。君子之道未常曲也，其有曲者，遭時不得已而行之，以權正也。權者，權其輕重，所曲者小，所正者大，非不幸不可爲也。若孔子與蒲人盟而適衛，答南子之拜之類是也。善反常者，雖反常道，志在於善也。

次五　孔道夷如，蹊路微如，大輿之憂。測曰：孔道之夷，奚不遵也。宋、陸本「大」作「泰」，今從范、王、小宋本。蹊，音奚。王曰：「孔道謂空道也。蹊，邪徑也。空道坦夷，不之踐履，蹊路微狹而遵之，又乘大車，必見覆敗，憂其宜矣。」光謂：踐田成徑謂之蹊，大輿以象聖人之道，人所載也。五爲中和，故曰「孔道夷如」。然其時當夜，爲小人，故曰「蹊路微如」。孔子曰〔一〕：「攻乎異端，斯害也已。」老子曰：「大道甚夷，而民好徑。」

次六　大虛既邪，或直之，或翼之，得矢夫。測曰：虛邪矢夫，得賢臣也。大虛謂神所宅也。矢夫，直臣也。羨而過中，故曰「大虛既邪」。當日之晝，故或直之，或翼之，得賢臣

〔一〕「子」，明抄本無，此據大典本、道藏本補。

以正其邪也。齊桓公得管仲，行若狗彘，强伯諸侯。衛靈公得仲叔圉、祝佗、王孫賈，雖無道而不喪。

次七　曲其故，迂其塗，厲之訓。測曰：曲其故，爲作意也。范、王、小宋本「訓」作「馴」，今從宋、陸本。（闕）

次八　羨其足，濟于溝瀆，面貞。測曰：羨其足，避凶事也。面，向也。八爲禍中而當晝，故邪其足者以避溝瀆也。君子屈其節者，以避禍患也，其終也歸於向正而已。法言曰：「塗雖曲而通諸夏，則由諸；川雖曲而通諸海，則由諸。」又曰：「水避礙則通于海，君子避礙則通于理。」

上九　車軸折，其衡抈，四馬就括，高人吐血。測曰：軸折吐血，不可悔也。二宋、陸本「抈」作「相」，今從范、王本。抈，音月。范曰：「抈，折也。」光謂：括，結也。行邪不已，至於禍極，故軸折衡抈，四馬絓結，而車上之人被傷也。高人以喻在高位者。

𝌐一方二州一部二家。**差。**陽家，火，準小過。入差次三十三分二十二秒，日次娵訾，立春氣應，斗建寅位，律中太簇，次五日舍營室。差者，過之小者也。**陽氣蠢闢於東，帝由羣雍，物差其容。**陽氣動開於東，天道由於衆和，物容差殊，差之象也。

初一　微失自攻，端。測曰：微失自攻，人未知也。一爲思始，其差尚微，人未之見，苟能自治，不害於正也。

次二　𥨍其所好，將以致其所惡。測曰：𥨍其所好，漸以差也。王本「𥨍」作「寖」，今從宋、陸、范本。好，呼報切。惡，烏路切。𥨍，漸也。所好謂利欲也，所惡謂禍殃也。二爲思中而當夜，惑於利欲，𥨍又以差失將至禍殃也。

次三　其亡其亡，將至于暉光。測曰：其亡其亡，震自衛也。王曰：「震，懼也。」光謂：三爲思上而當晝，能知其過，常若將亡，震懼自衛，乃至暉光也。

次四　過小善善，不克。測曰：過小善，不能至大也。小人偏介，不協中庸，過於小善，不能至大也。如尾生、鮑焦、要離之類。

次五　過門折入，得彼中行。測曰：過門折入，近復還也。范本「彼」作「此」，今從宋、陸本。折，之列切。家性爲差，五爲中和，如行已過門而能折入〔一〕，不失其中行也。

次六　大跌，過其門，不入其室。測曰：大跌不入，誠可患也。六過於中，跌已大矣。過門不入，遂至失所也。孔子曰：「過而不改，是謂過矣。」

〔一〕「入」，明抄本作「之」，此據大典本、張士鎬本改。

次七　累卵業業，懼貞安。測曰：累卵業業，自危作安也。過以入禍，故曰累卵。當日之晝，故能自危。臨禍而懼，則不失正安矣。

次八　足纍纍，其步躟躍，輔銘滅麋。測曰：足纍纍，履禍不還也。范本「躟躍」作「蹉躟」，王本作「蹉褱」，今從二宋、陸本。蹉，七何切。躟，汝陽切。躍，倉回切。小宋曰：「躟躍，急行貌。」光謂：輔，頰車也。「銘」當作名，目上爲名。麋與眉同。足纍纍，其步躟躍，謂邪行不已，履禍寖深而不自知也。故陷輔及名，至於滅眉，猶易之「過涉滅頂，凶」也。

上九　過其枯城，或蘖青青。測曰：過其枯城，改過更生也。蘖，牙葛切，木斬而復生曰蘖。過而不已，至於禍極，故曰「過其枯城」。枯城者，亡國之象也。然當日之晝，君子能改過自新，興衰起廢者也，故曰「或蘖青青」也。

𝌑一方二州一部三家。**童**。陰家，木。陽氣始窺，物僮然咸未有知。范曰：「立春之節，萬物孚甲始出，枝葉未舒，故謂之童。」光謂：陽氣微見地上，故曰「始窺」。

初一　顓童不寤，會我蒙昏。測曰：顓童不寤，恐終晦也。一爲思始而當夜，顓童之人不寤於學，終亦歸於蒙昏而已。

次二　錯于靈蓍，焯于龜資，出泥入脂。測曰：錯蓍焯龜，比光道也。王本「龜資」作「元龜」，而注云：「灼于元龜，資取吉凶之兆」，蓋經誤也。焯與灼同。比，頻寐切。泥，滯泥之象。脂，所以爲明也。二爲思中而當晝，能以闇求明，如錯蓍焯龜以決其疑，出於滯泥而入於光明，故曰「比光道也」。比，近也。錯者，錯綜蓍數以筮也。

次三　東辰以明，不能以行。測曰：東辰以明，奚不逝也。小宋本「奚不逝」作「奚不可逝」，今從諸家。三爲成意，如東方已明，可以行矣，而不能以行，失時不學者也。

次四　或後前夫，先錫之光。測曰：或後前夫，先光大也。（闕）

次五　蒙柴求兕，其得不美。測曰：蒙柴求兕，得不慶也。（闕）

次六　大開帷幕，以引方客。測曰：大開帷幕，覽衆明也。帷幕，蔽明之物也。六爲上福，又爲盛多，如人君延納四方之士，無有壅蔽也。舜賓于四門，明四目，達四聰。

次七　修侏侏，比于朱儒。測曰：侏侏之修，無可爲也。侏，音株。修，長也。侏侏，長大貌。七爲七十，年已長矣，而當日之夜，雖侏侏然長大〔一〕，其智識乃比于朱儒〔二〕，不免童蒙也。以象居君子之位，行小人之道者也。

次八　或擊之，或刺之，修其玄鑒，渝。測曰：擊之刺之，過以衰也。刺，七亦

〔一〕「大」下，明抄本有「哉」字，此據大典本、道藏本、張士鎬本删。
〔二〕「于」，明抄本無，此據大典本、道藏本、張士鎬本補。

切。不學而愚，以至衰老，陷於禍中，故曰「或擊之，或刺之」。然當日之晝，若尚能從學，修其玄鑒，猶足以變禍爲福也。晉平公問於師曠曰：「吾年七十欲學，恐已暮矣。」師曠曰：「少而好學，如日出之陽；壯而好學，如日中之光；老而好學，如炳燭之明。炳燭之明，孰與昧行？」

上九　童麋觸犀，灰其首。測曰：童麋觸犀，還自累也。諸家「累」作「纍」，今從小宋本，力遂切。王曰：「處童之極，當夜之位，昏昧之甚，不能自反者也。童麋，無角之麋。」光謂：灰猶糜碎也〔一〕。九居童之極，逢禍之窮，如童麋觸犀，糜碎其首，不量其力，愚之甚也。

𝌒一方二州二部一家。**增。**陽家，金，準益。**陽氣蕃息，物則增益，日宣而殖。**宋、陸本「陽氣蕃息」作「陽氣茲蕃息」，王、小宋本作「陽茲蕃息」，今從范本。陸、范、王本「增益」作「益增」，今從二宋本。二宋、陸、王本「而」作「如」，今從范本。

初一　聞貞增默，外人不得。測曰：聞貞增默〔二〕，識內也。王本「聞」作「間」，今從

〔一〕「糜」，明抄本作「麋」，此據大典本、張士鎬本改。

〔二〕「默」，明抄本作「默」，道藏本、張士鎬本作「墨」，太玄原文當作「默」，與贊辭同。而司馬光注云：「墨當作默」，知其集注時正文作「墨」，然既知其非，仍未之改，今不詳其故。此正文從明抄本，以合太玄原文，注文仍司馬光之舊。

諸家。墨當作默〔一〕。一爲思始而當晝，君子多聞正道以益其德，默而識之〔二〕，不見於外也。

次二　不增其方，而增其光，冥。測曰：不增其方，徒飾外也。范曰：「方，道也。冥，晦也。」王曰：「不增益其道，而外自夸耀，欲增其光，反自冥也。」光謂：君子增修其道，而榮名從之，小人舍内而飾外，求光而愈晦也。

次三　木以止漸增。測曰：木止漸增，不可蓋也。范本「蓋」作「益」，今從宋、陸、王本。王曰：「蓋，掩也。」光謂：君子之學如木根止於所生之土，而枝葉寖長，君子止於所守之道，而德行日新。法言：「請問木漸。曰：『止於下而漸於上者，其木也哉！亦猶水而已矣。』」

次四　要不克，或增之戴。測曰：要不克，可敗也。四爲下禄而當夜，無德而享其禄，如要弱而增戴，必不勝任矣。

次五　澤庳其容，衆潤攸同。測曰：澤庳其容，謙虚大也。王曰：「如澤之庳下，衆潤所歸。」光謂：五，增之盛也，衆共益之，非謙虚何以能至此哉？

次六　朱車燭分，一日增我三千，君子慶，小人傷。測曰：朱車之增，小人不當也。（闕）

〔一〕「墨」，明抄本無，此據大典本、道藏本、張士鎬本補。
〔二〕「識」，明抄本作「默」，此據大典本、道藏本、張士鎬本改。

次七　增其高，刃其峭，丘貞。測曰：增高刃峭，與損皆行也。七居上體而爲禍基，可懼之地也。家性爲增，增而不已，必受其殃。七當日之晝，君子之道也，故能每自裁損以保其安。夫丘之所以傾者，以峭也。若能每增其高，輒刃其峭，使之陂陁，則終無傾矣，此丘之正道也。正考父三命茲益恭，一命而僂，再命而傴，三命而俯。

次八　兼貝以役，往益來䫾。測曰：兼貝以役，前慶後亡也。䫾，他歷切，削也。貝，富資也。役，賤事也。以富資而爲賤事，貪求不已，往雖得益，來必被削，故曰「前慶後亡」。

上九　崔嵬不崩，賴彼岟崥〔一〕。測曰：崔嵬不崩，羣士擅擅也。宋、陸本「岟崥」作「峽崥」〔二〕，今從范、王、小宋本。崔，徂回切。岟，於兩切。崥，必弭切。擅，渠良切。范曰：「岟崥，山足也。」王曰：「擅擅者，扶助之貌。」光謂：九處增之極，逢禍之窮，然而免咎者，以羣士爲之助，如高山不崩以岟崥爲之足也。

〔一〕「岟崥」，他本正文及注文或作「坱埤」，雜亂不一，蓋从山从土均可，此不一一出校。

〔二〕「岟崥」，今存萬玉堂刻范本作「峽崥」，下引范注亦作「峽崥」，此悉從司馬光集注之舊，不據萬玉堂本改之。

太玄集注卷第二

𝌓一方二州二部二家。銳。陰家，土，準漸，入銳次五三十一分一十三秒，驚蟄氣應。陽氣岑以銳，物之生也咸專一而不二。岑，鉏簪切。岑然銳貌，道尚專。

初一　蟹之郭索，後蚓黃泉。測曰：蟹之郭索，心不一也。范曰：「郭索，多足貌〔一〕。」王曰：「郭索，匡穰也。」吳曰：「匡穰，躁動貌。」光謂：荀子曰：「蚓無爪牙之利，筋骨之强，上食埃土，下飲黃泉，用心一也。蟹六跪而二敖，非蛇蟺之穴無所寄託者，用心躁也。」一爲思始而當夜，家性爲銳，故有是象也。跪，去委切〔二〕，足也。

次二　銳一無不達。測曰：銳一之達，執道必也。二爲思中而當晝，故曰「銳一無不達」。咸有一德曰：「德惟一，動罔不吉。德二三，動罔不凶。」荀子曰：「行衢道者不至，事兩君者不容，目不兩視而明，耳不兩聽而聰。螣蛇無足而飛，梧鼠五技而窮。詩曰：『鳲鳩在桑，其子

〔一〕今本范注無此句，惟有「雖有郭索多足之蟹」之語，司馬光此引范注，蓋節取范注其意。
〔二〕「去」，明抄本作「夫」，此據大典本、道藏本、張士鎬本改。

七兮。淑人君子，其儀一兮。其儀一兮，心如結兮。』故君子結於一也。」

次三　狂鋭盪。　測曰：狂鋭之盪，不能處一也。　三爲思終而當夜，狂者，進而不一之謂也。盪然無所守，則不見成功也。易曰：「晉如鼫鼠，貞厲。」

次四　鋭于時，無不利。　測曰：鋭于時，得其適也。　四爲福始而當晝，鋭得其時者也，故「無不利」。

次五　鋭其東，忘其西，見其背，不見其心。　測曰：鋭東忘西，不能迴避也。背，外也。心，内也。五爲盛福而當夜，小人知得而不知喪，見利不顧其害，貪前忘後，棄内逐外者也。

次六　鋭于醜，含于五軌萬鍾，貞。　測曰：鋭于醜，福禄不量也。　醜，衆也。六爲上福，又爲盛多，當日之晝，鋭之盛美者也。君子之進取，務合衆心而已矣，故能含容五軌萬鍾，不失其正也。古者度塗以軌，軌者，兩轍之間，其廣八尺。釜十曰鍾，鍾，六斛四斗也。五軌喻廣，萬鍾喻多。

次七　鋭于利，忝惡至。　測曰：鋭于利，辱在一方也。　范曰：「忝，辱也。」光謂：七爲禍始而當夜，小人鋭於利而蒙辱惡者也。方，嚮也。辱在一方者，言其所以取辱者，在於一嚮見利而不思義也。

次八　鋭其鋭，救其敗。　測曰：鋭其鋭，恐轉作殃也。　八爲禍中而當晝，君子見得而思義，瞻前而顧後，雖鋭其鋭，而常救其敗失〔一〕，故免於殃咎也，故曰「恐轉作殃」〔二〕。

上九　陵崢岸峭，陁。測曰：陵崢岸峭，鋭極必崩也。陁，直爾切。范曰：「陁，墮也。崢謂崢嶸也。峭，峻也。崢嶸高峻，將墮於下，故言陁也。」

☵一方二州二部三家。達。陽家，水，準泰，入達初一，日舍東壁。陽氣枝枚條出，物莫不達。宋曰：「自枝别者爲枚，自枚别者爲條。謂陽氣動出，萬物皆得其理，無有鈎纏而不達。」陸曰：「枝枚條出，言陽布施無不浹也。」

初一　中冥獨達，迥迥不屈。測曰：中冥獨達，内曉無方也。迥，徒弄切。范曰：「迥，通也〔三〕。屈，盡也。」光謂：一，思之微者也，故曰「中冥」。當日之晝，君子内明默識，通達無方者也。

次二　迷腹達目。測曰：迷腹達目，以道不明也。宋、陸本作「以不道明」，今從范本。光謂：二爲思中而當夜，内心不明，則視外物不審矣，故不明於道而恃外察無益也。以，用

〔一〕「常」，明抄本作「當」，此據大典本、道藏本、張士鎬本改。
〔二〕「故曰恐轉作殃」六字大典本、道藏本、張士鎬本無。
〔三〕「通」，明抄本作「同」，此據大典本、道藏本、張士鎬本改。

也。所以迷腹達目，由其用道不明故也。

次三　蒼木維流，厥美可以達于瓜苞。測曰：蒼木維流，内恕以量也。量，力張切。范曰：「維流，枝枚垂下也。瓜苞尋蔓於地，木不下其枝枚，則不得纍而蔓之而達於上。」光謂：苞與匏同。三爲進人，近於禄而當晝，仁者己欲立而立人〔一〕，己欲達而達人，不專其美，如木垂其枝以逮於下，故瓜苞得而纍之。詩云：「南有樛木，甘瓠纍之。」

次四　小利小達，大迷，扁扁不救。測曰：小達大迷，獨曉隅方也。扁，必沔切。陸曰：「獨曉一隅與一方，言不知四達也。」光謂：扁扁，狹小貌。四爲下禄而當夜，故爲小利。小人獨曉隅方，不達大道，所得狹小，不能救其所失也。盆成括仕於齊，孟子知其必死，曰：「其爲人也小有才，未聞君子之大道也，則足以殺其軀而已矣。」

次五　達于中衢，小大無迷。測曰：達于中衢，道四通也。五爲中和，又爲著明，當日之書，達之盛者也，故曰道四達也。

次六　大達無畛，不要止洫作，否。測曰：大達無畛，不可徧從也〔二〕。畛，之忍切。六爲極大，過中而當夜，故曰「大達無畛」。畛，田界也。洫所以明田界也。作，治也。君子之

〔一〕「者」，明抄本作「老」，此據大典本、道藏本、張士鎬本改。
〔二〕「徧」，明抄本作「偏」，此據大典本改，注同。

道，當有壇宇宮庭，譬如大田無界，若不要而止之，正其溝洫，而作治於其內，則荒穢而不修矣。不可偏從者，田既廣大，從此則失彼也。

次七　達于砭割，前亡後賴。測曰：達于砭割，終以不廢也。砭，彼驗切。王曰：「雖有砭割之損，終獲愈疾之利。賴，利也。」光謂：砭，石之刺病也。七爲刀，又爲禍始，而當晝，君子達於事變，知禍之至，割愛去惡，如砭割之去病，雖有亡，後得其利，不爲廢疾也。

次八　迷目達腹。測曰：迷目達腹，外惑其內也。二在內體，故曰「迷腹」。八在外體，故曰「迷目」。惑於外物，以撓內明，雖心知其非，而不能自克，所以終敗也。

上九　達于咎，貞終譽。測曰：達咎終譽，善以道退也。九爲禍終而當晝，君子知禍之窮，守正而退，不失令名也。

𝌕一方二州三部一家。**交。**陰家，火，準泰。**陽交於陰，陰交於陽，物登明堂，矞矞皇皇。**小宋本作「陰陽交泰，雍容無疆」〔一〕，今從諸家。矞，音聿。宋曰：「於七分息卦爲泰，升陽在三，已出地上也。」陸曰：「地下稱黃宮，故地上稱明堂。矞矞皇皇〔二〕，休美貌。」王曰：「矞矞皇皇，明盛

〔一〕「疆」，明抄本作「彊」，此據大典本改。
〔二〕「矞矞皇皇」，明抄本作「矞皇」，此據大典本、道藏本、張士鎬本改。

之貌。」

初一　冥交于神齊，不以其貞。測曰：冥交不貞，懷非含慙也。齊與齋同。范曰：「冥，暗昧也。交於鬼神，雖在冥暗，不以精誠，神弗福也。」光謂：一爲思始而當夜，故有是象。

次二　冥交有孚，明如。測曰：冥交之孚，信接神明也。二爲思中而當晝，君子能以明信交於鬼神者也。

次三　交於木石。測曰：交于木石，不能嚮人也。三爲成意，始交於外，而當日之夜，交於愚人如交木石，不能相益也。孔子曰：「無友不如己者。」

次四　往來熏熏，得亡之門。測曰：往來熏熏，與神交行也。王本「神」作「福」，今從諸家。王曰：「熏熏，衆多之貌。」（闕）

次五　交于鸎猩，不獲其榮。測曰：交于鸎猩，鳥獸同方也。鸚鵡能言，不離飛鳥；猩猩能言，不離禽獸。五居盛位而當夜，交物不以禮者也。交不以禮，而求榮耀，安可得哉？詩云：「兕觥其觩，旨酒思柔。彼交匪敖，萬福來求。」

次六　大圈閎閎，小圈交之，我有靈肴，與爾肴之。測曰：小大之交，待賢煥光也。二宋、陸、王本「閎閎」作「閣閣」，今從范本。范、王本「肴」作「殽」，今從二宋、陸本。范本「殽之」或作「散之」。圈，求晚切。王曰：「圈者，殽羞之器。待賢之道，煥然有光，交道之盛也。」光謂：圈，養畜閑也。閎閎，大貌。靈，善也。肴，骨體也。「肴之」字當作餚〔一〕。餚，啖也。大圈以喻富有之君子，小圈以喻無禄之士。六爲盛多而當晝，君子有禄，樂與賢者共之。易曰：「我有好爵，吾與爾靡之。」

次七　交于鳥鼠，費其資黍。測曰：交于鳥鼠，徒費也。七爲敗損而當夜，交非其人，徒費而已。法言曰：「頻頻之黨，甚於鸒斯，亦賊夫糧食而已矣。」

次八　戈矛往來，以其貞，不悔。測曰：戈矛往來，征不可廢也。八爲禍中，交不以好而以兵者也，故曰「戈矛往來」。然當日之晝，君子交兵，所以沮亂禁暴，不得已而用之，不違於正，故無悔也。夫鞭朴不可弛於家，刑罰不可廢於國，征伐不可偃於天下，用之有本末，行之有逆順耳。

上九　交于戰伐，不貞，覆于城，猛則噉。測曰：交于戰伐，奚可遂也。九爲禍窮而當夜，小人交戰，爭勝不以其正，覆國喪家者也。以桀攻桀，德不相殊，則以猛噉弱而已，無有優劣也。

〔一〕「字」，明抄本無，此據大典本、道藏本、張士鎬本補。

𝌖一方二州三部二家。耎〔一〕。耎與軟同。陽家，木，準需，入耎初一，日舍奎，入次九八分二十秒，日次降婁〔二〕，雨水氣應，斗建卯位，律中夾鍾。**陽氣能剛能柔，能作能休，見難而縮。**難，乃旦切。

初一　赤卉方鋭，利進以退。測曰：赤卉方鋭，退以動也。范曰：「赤卉，草木萌牙也。」光謂：萌牙之生，必先勾屈，如君子退讓而身益進也。

次二　耎其心，作疾。測曰：耎其心，中無勇也。二爲思中而當夜，家性爲耎，以無勇爲病者也。春秋傳曰：「仁而不武，無能達也。」

次三　耎其厀，守其節，雖勿肆，終無拂。測曰：耎其厀，體不可肆也。厀與膝同。拂，扶勿切。王曰：「拂，戾也。」光謂：三在下體，故曰「耎其厀」。雖不得自肆，終未違於常道也〔三〕。

次四　耎其哇，三歲不噣。測曰：耎哇不噣，時數失也。哇，於佳切。噣，竹角切，又音晝。王曰：「哇，喉也。」光謂：四爲下禄，又爲條暢，而當夜，可語而默者也。孔子曰：「言及

〔一〕「耎」，明抄本作「耎」，注文或作「恧」，此據道藏本、張士鎬本一律改作「耎」。
〔二〕「次」，明抄本作「舍」，此據大典本、道藏本、張士鎬本改。
〔三〕「違」，明抄本作「達」，此據大典本、道藏本、張士鎬本改。

之而不言謂之隱。」

次五　黃菌不誕，俟于慶雲。測曰：黃菌不誕，俟逑耦也。二宋、陸本作「救禍也」，王本作「俟执耦也」，吴曰〔一〕：「执，古仇字。」今從范本。逑，音仇〔二〕。王曰：「居中體正，爲耎之主，而又得位當晝。黃菌謂靈芝也。誕，生也。靈芝未生，將待慶雲，同表嘉瑞須待之義也。」光謂：逑，匹也。芝不生者俟慶雲，士不進者俟明君，君明臣賢，相匹偶也。

次六　縮失時，或承之菑。測曰：縮失時，坐逋後也。菑與災同。王曰：「地居過滿，而又失位遇夜，乖於處耎之宜，是縮而失時者也。」光謂：君子進退消息，與時偕行。六過中而當夜，退縮後時，則災承之矣。

次七　詘其節，執其術，共所歾。測曰：詘節共歾，内有主也。詘與屈同。歾與没同。王曰：「能執其心，則爲有主。」光謂：七爲禍始而當晝，君子屈身而伸道者也，故曰「詘其節，執其術」。君子外雖遜順，而内主正直，執是道也，與之共没其身而不變者也。

次八　竅枯木，丁衝振其枝，小人有耎，三郤鉤羅。測曰：竅木之振，小人見侮也。王、小宋本「振」作「扼」，小宋本「枝」作「柯」，今從宋、陸、范本。范本「郤」作「郄」，今從諸家。

〔一〕明抄本「吴」上有「二」字，此據大典本、道藏本、張士鎬本刪。
〔二〕「逑」，明抄本作「述」，「仇」下明抄本有「二」字，此皆據大典本、道藏本、張士鎬本改、刪。

窾，音款。

上九　悔縮，往去來復。測曰：悔縮之復，得在後也。居物之上，陷於禍極，苟能悔而自縮，猶不失道也，故往則遂去不返，來則復得其所也。

☷一方二州三部三家。徯〔一〕。陰家，金，準需。陸曰：「徯，待也。」陽氣有徯，可以進而進，物咸得其願。

初一　冥賊徯天，凶。測曰：冥賊之徯，時無吉也。一爲思始而當夜，小人包藏禍賊之心，必受其殃。

次二　冥德徯天，昌。測曰：冥德之徯，昌將日也。小宋本「昌將日」作「昌將有日」，今從諸家。王曰：「以德徯時，昌將不日而至。」光謂：二爲思中而當晝，君子積德於隱，而蒙福於顯，昌美之至，將無日也。

次三　徯後時。測曰：徯而後之，解也。王本作「徯而後時」，今從諸家。解與懈同。三爲思終，不得其中而當夜，懈慢後時者也。

〔一〕「徯」，明抄本作「傒」，此據道藏本、張士鎬本改，下同。

次四　詘其角，直其足，維以徯穀。測曰：屈角直足，不伎剌也。伎，音寘。剌，郎達切。四爲角，爲下禄而當晝。穀，禄也。伎與忮同，很也〔一〕。剌，戾也。屈其角，不與物校也。直其足，行不失正也。不爲很戾而可以待福禄也。故曰「維以徯穀」。

次五　大爵集于宫庸，小人庳徯空。測曰：宫庸之爵，不可空得也。五爲宫、爲宅，小人而逢盛福，如大爵集于宫庸。爵集于倉，可以得食；集于宫庸，何所待也？小人德庳而位高之象也〔二〕。

次六　徯福貞貞，食于金。測曰：徯福貞貞，正可服也。金者堅剛之物。六爲上福而當晝，徯之盛者也。正以待福，雖金可食，況其餘乎！正可服者，可以服行以待福也。

次七　徯禍介介，凶人之郵。測曰：徯禍介介，與禍期也。介介，僻邪之貌。郵，過也。七爲禍始而當夜，故有是理。

次八　不禍禍，徯天活我。測曰：禍不禍，非厥訧也。王本「活」作「治」，今從諸家。訧，音尤，罪也。八爲禍中而當晝，君子非罪而逢禍者也。儻審己之道，不以禍爲禍，天道福善，必將生我也。易曰：「困而不失其所，亨。」

〔一〕「很」，大典本、張士鎬本作「狠」，二字古通，不改，下同。
〔二〕「人」，明抄本無，此據大典本、張士鎬本補。

上九　徯庢庢，天撲之顙。　測曰：徯庢之撲，終不可治也。　撲，普卜切。　王曰：「庢者，疾病仰向天也。」光謂：撲，擊也。顙，額也。小人不慎其初，陷於禍極，乃始庢庢然俟天之救己〔一〕，天且益降之禍矣，故曰「天撲之顙」。

𝌘一方三州一部一家。從。陽家，水，準隨。　陽躍于淵、于澤、于田、于嶽，物企其足。宋曰：「陽氣踊躍，在淵澤田嶽者，謂其高下備矣，萬物亦企其足而隨之。」

初一　日幽嬪之，月冥隨之，基。　測曰：日嬪月隨，臣應基也。　嬪，婦也。基，始也。一爲思始，故曰幽冥。月始過朔，潛隨日行，若婦之從夫。人君有爲，始發慮於心，而同德之臣已從而應之，不謀而叶也。

次二　方出旭旭，朋從爾醜。　測曰：方出朋從，不知所之也。　旭旭，日初出之貌。醜，類也。二爲思中而當夜，小人之心雜，將形於外，如日之方出旭旭然，反復思慮，未知所之，之善則善朋從之，之惡則惡朋從之，故曰「朋從爾醜」。

次三　人不攻之，自牽從之。　測曰：人不攻之，自然證也。　三爲思終，又爲進人而

〔一〕「天」，明抄本無，此據大典本、道藏本、張士鎬本補。

當晝，君子率性自從於善，不待攻治也。「證」當作「正」。

次四　嗚從不臧，有女承其血匡，亡。　測曰：嗚從之亡，奚足朋也。王本「朋」作「明」，今從諸家。　匡與筐同。君子修德，而人自從之，嗚而求從，不足善也。施之夫婦，則喪配耦而不復獲所求矣。易曰：「女承筐，無實。士刲羊，無血。無攸利。」

次五　從水之科，滿。　測曰：從水之科，不自越也。王曰：「水之從下，自然之理。五既得位當晝，爲從之主。物之從者，如水之從科。科者坎也。滿科而已，不復過越，得中之道。」

次六　從其目，失其腹。　測曰：從目失腹，欲丕從也。王曰：「從其耳目之好，失其心腹之安，大從其欲，亡之道也。」光謂：六過中而當夜，徇外欲而亡其內德者也〔一〕。

次七　拂其惡，從其淑，雄黃食肉。　測曰：拂惡從淑，救凶也。小宋本「雄」作「䧺」，音雄，今從諸家。七爲禍始而當晝，君子去惡從善，如雄黃能去惡肉生善肉也，故曰「救凶也」。

次八　從不淑，禍飛不逐。　測曰：從不淑，禍不可訟也。小宋本作「訟不淑」，今從諸家。宋曰：「不可辯訟而解。」光謂：小人從於不善，禍發如飛，不可追治也。

上九　從徽徽，後乃升于階，終。　測曰：從徽徽，後得功也。范本「升」作「登」，今

〔一〕「亡」，明抄本作「忘」，此據大典本、道藏本、張士鎬本改。

從諸家。（闕）

☷一方三州一部二家。**進**。陰家，火，準晉。入進次六[一]，日舍婁。**陽引而進，物出溱溱，開明而前。**王本「引」作「承」，今從諸家。宋曰：「萬物隨之而出，溱溱然盛也。」

初一　冥進否，作退母。測曰：冥進否，邪作退也。王曰：「失進之道，退之本也[二]，故曰『作退母』。」光謂：一爲思始而當夜，潛進而不以其正者也。

次二　進以中刑，大人獨見。測曰：進以中刑，刑不可外也。王本無「可」字，今從諸家。（闕）

次三　狂章章，不得中行。測曰：狂章章，進不中也。王本「狂」作「往」，今從諸家。三爲思外[三]，過中而當夜，妄進者也，故曰「狂章章」。章章，失據貌。

次四　日飛懸陰，萬物融融。測曰：日飛懸陰，君道隆也。四爲福始而當晝，君德進盛，明無不燭，如日飛登天，離陰絕遠，萬物融融然，莫不昭明也。

[一]「進」，明抄本作「晉」，此據大典本改。

[二]「本」，明抄本作「序」，此據大典本、道藏本、張士鎬本改。

[三]「外」，明抄本作「中」，此據大典本、道藏本、張士鎬本改。

次五　進以欋疏，或杖之扶。測曰：進以欋疏，制于宗也。王本「欋」作「擢」，「制」作「掣」，范本「宗」作「尊」，今從二宋、陸本。宋、陸、王本「杖」作「枝」，今從范本。（闕）

次六　進以高明，受祉無疆。測曰：進以高明，其道迂也。范曰：「迂，遠也。」光謂：六爲隆福而當晝，君子進德高明，受福無疆也。

次七　進非其以，聽咎窒耳。測曰：進非其以，毁滋章也。七爲禍始而當夜，小人不以其道進升高位，衆毁滋章，塞耳而滿也。

次八　進于淵，君子用船。測曰：進淵用船，以道行也。范本測作「進淵且船」，今從諸家。淵者險難之象。八爲禍中，故曰「進于淵」。用船則淵可濟，憑道則難可涉也。

上九　逆馮山川，三歲不還。測曰：逆馮山川，終不可長也。馮，古憑字。九爲禍窮而當夜，小人進不以道，至於上極，而陷於禍，不能自返者也。

𝌚一方三州一部三家。釋。陽家，木，準解。入釋次三二十六分一十一秒，春分氣應，故兼準震。

陽氣和震，圜煦釋物，咸稅其枯，而解其甲。稅與脱同。宋曰：「震，動也。圜，陽形也。」范曰：「煦，暖也。」

初一　動而無名，酋。測曰：動而無名，不可得名也。王本作「動能無名」，今從諸家。酋，就也，謂成功也。一爲思始而當晝，君子動於微眇，化育萬物，百姓見其成功而無能名焉，故曰「動而無名，酋」。

次二　動于響景。測曰：動于響景，不足觀聽也。響應聲，景隨形，皆動不由己者也。二爲思中而當夜，小人隨人而動，如響景然，故「不足觀聽也」。

次三　風動雷興，從其高崇。測曰：風動雷興，動有爲也。二宋、陸本作「從其高宗」，王本作「從其道直高崇」，今從范本。三爲成意而當晝，君子動作之迹始見於外，如風雷之益萬物，故其功業日就高崇也。故曰「動有爲也」。

次四　動之丘陵，失澤朋。測曰：動之丘陵，失下危也。丘陵以諭高，澤以諭下。四爲福始而當夜，小人之動，務在升高，而不顧其下，則不免孤危也。

次五　和釋之脂，四國之夷。測曰：和釋之脂，民說無疆也。宋、陸本「和釋之脂」作「和釋脂民」，王、小宋本作「和釋脂」，今從范本。説與悦同。范曰：「和脂諭濡協也。夷，平也。」光謂：五以中和居盛位，當日之晝，聖人得位〔一〕，布其德澤，和協四國，莫不夷懌也。

次六　震于庭，喪其和貞。測曰：震于庭，和正俱亡也。喪，息浪切。六居二體之内而近於五，庭之象也。夫德以柔中國，刑以威四夷。以德懷近則近和，以威懾遠則遠正。今用

〔一〕「得」，明抄本作「之」，此據大典本、道藏本、張士鎬本改。

震於庭，失其所宜，故「和正俱亡也」。

次七　震震不侮，濯漱其訽。測曰：震震不侮，解耻無方也。漱，素候切。訽，呼漏切。漱，澣也。訽，耻也。震震，有威嚴之貌。七爲禍始而當晝，君子有威嚴之德，人不敢侮，故可以澣濯其耻也。

次八　震于利，顛仆死。測曰：震于利，與死偕行也。小人見利而動，以陷禍中，利死偕行而不自知也。

上九　今獄後穀，終説桎梏。測曰：今獄後穀，于彼釋殃也。宋、陸本「彼」作「皮」，今從范本。説與脱同。穀，生也。九爲禍窮，故今獄也。在釋而當晝，故後穀也。

𝌛一方三州二部一家。**格**。陰家，金，準大壯。格，拒也。**陽氣内壯，能格乎羣陰，攘而卻之。**攘，汝陽切。卻，去略切。

初一　格内善，失貞類。測曰：格内善，中不宵也。范本「宵」作「省」，今從諸家。吴曰：「宵與肖同」，引漢書「人宵天地之貌」。宋曰：「宵，類也。類，法也。」光謂：善惡之原皆由乎思。一爲思始而當夜，拒善而納惡，故失正類。二爲思中而當晝，拒惡而内善，故幽正。

次二　格内惡，幽貞。測曰：格内惡，幽貞妙也。范本作「幽貞類」，今從諸家。幽者，内潛於心之謂也。

次三　裳格鞶鉤，渝。測曰：裳格鞶鉤，無以制也。二宋、陸本「制」作「製」，王作「掣」，今從范本。范曰：「革帶曰鞶，鉤所以屬鞶也。」王曰：「鞶鉤所以束其衣裳，而反格拒之，故當渝變而失宜也。」光謂：三居下體，故曰裳。三爲下上而當夜，臣拒君命，不受約束，必有變也。

次四　畢格禽，鳥之貞。測曰：畢格禽，正法位也。范曰：「畢，罔也。」光謂：四爲下禄而當晝，君子之始得位者也。得位則可以用法正邪而禁暴矣。

次五　膠漆釋，弓不射，角木離。測曰：膠漆釋，信不結也。射，食亦切。王曰：「物相合者莫若膠漆〔一〕，角木之爲弓，格而離之，其可射乎？」光謂：五性信，又爲膠，爲漆，爲弓矢。格者，物相拒不合之象也。弓以膠漆附合角木，故可射。君以信固結臣民，故可使。五以小人而居盛位，不能以信結物，上下離心，故曰「膠漆釋，弓不射，角木離」。

次六　息金消石，往小來奕。測曰：息金消石，美日大也。范曰：「奕，大也。」王曰：「所息者金，所消者石。所失者至小，所得者光大。」光謂：息，生也。生金而消石，以美拒惡之象也。六爲上禄而當晝，君子道長而消小人者也。故曰往小來大。

次七　格其珍類，龜緺厲。測曰：格其珍類，無以自匡也。緺，古蛙切。范曰：

〔一〕「相」，明抄本作「當」，此據大典本、道藏本、張士鎬本改。

「龜爲印，緺爲綬。」光謂：君子以善類自正，故能保其福禄。七爲綬，又爲禍始而當夜，小人拒善類而不受者也。拒其善類，則拒其福禄也。棄善失禄，危孰甚焉。

次八　格彼鞶堅，君子得時，小人鬄憂，否。測曰：格彼鞶堅，誼不得行也。王本「鞶」作「磐」，今從諸家。鬄，音剔。（闕）

上九　郭其目，鱎其角，不庳其體，撲。測曰：郭目鱎角，還自傷也。鱎，音矯。撲，蒲角切。范曰：「撲，擊也。」王曰：「郭目，張目也。鱎角，高其角也。」光謂：格者用壯拒物者也。九居上之上，用壯之極，逢禍之窮，當日之夜。小人張目高角，以拒於人，不卑其體，故爲物所擊，還自傷也。

𝌜一方三州二部二家。夷。陽家，土，準豫。入夷次三，日舍胃。夷，傷也，平也。不傷於物則不能平矣。舊準大壯，非。陽氣傷鬄，陰無救瘣，物則平易。鬄，音剔。瘣，户悔切。宋曰：「鬄，去也。」陸曰：「陽氣壯，故夷傷陰而鬄除之。瘣，病也。爲陽所傷，故病也。萬物無陰害，故平易也。」光謂：鬄，鬀髮也。大人曰髡，小兒曰鬀，盡及身毛曰鬄。陽氣剗鬀羣陰，陰不能自救其病，然後物得生殖而平易矣。

初一　載幽貳，執夷内。測曰：載幽執夷，易其内也。范曰：「載，始也。」光謂：一爲思始而當晝，發慮之始，幽而未顯。貳謂義利也，二者交爭，君子能取義而捨利，執坦夷之心，養浩然之氣，自得於内，無求於外者也。子夏曰：「吾戰勝，故肥。」法言曰：「紆朱懷金之樂也外，顔氏子之樂也内。」

次二　陰夷，冒于天罔。測曰：陰夷冒罔，疏不失也。陸曰：「天罔雖疏，不失惡也。」光謂：二爲罔，又，二爲思中而當夜，小人爲隱慝，陰傷於物，自以人莫能知也，然冒于天罔，天必誅之。老子曰：「天罔恢恢，疏而不失。」

次三　柔，嬰兒于號，三日不嗄。測曰：嬰兒于號，中心和也。二宋、陸、王本「嗄」作「嚘」，今從范本。號，胡刀切。嗄，所嫁切。嚘，於求切。王曰：「嚘，氣逆也。」光謂：嗄，聲變也。三爲成意而當晝，君子含德之厚，至平以易。如嬰兒雖三日啼號而聲不變者，和柔故也。老子曰：「赤子終日號而不嗄，和之至也。」

次四　夷其牙，或飫之徒。測曰：夷其牙，食不足嘉也。飫，依倨切。王曰：「牙既平，無可以食。徒猶空也。或飫以食，徒空爾也。」光謂：四爲骨，爲齒，又爲福始而當夜，小人貪禄以自傷者也，故曰「夷其牙」。牙傷則雖有美食不能食，適足飫其徒屬而已。

次五　中夷，無不利。測曰：中夷之利，其道多也。宋、陸本「其道多」作「利其多」，今從范、王本。王曰：「中平以御於物，物所歸往，何不利之有乎？五既居中體正，得位當晝，是其中坦然平易也。」光謂：五居盛位而當晝，能平易其心以待物者也，則物無遠近皆歸之矣。易曰：「易簡而天下之理得矣。」

次六　夷于廬，其宅丘虛。　測曰：夷于廬，厥德亡也。　德者，君子之常居也。　六過中而當夜，小人始毀傷其德，喪其安居者也。

次七　幹柔幹弱，離木艾金，夷。　測曰：幹柔，柔勝彊也。　宋、陸本測「柔幹柔勝彊也」，范本「幹柔艾金弱勝彊也」，王本「幹柔弱勝彊也」〔一〕，小宋本「柔幹之離柔勝彊也」，今「幹柔」從王，「柔勝彊」從宋、陸本。　艾，魚廢切。　王曰：「雖居過滿，而得位當晝，得夷之道，是能以柔弱之物夷平於堅剛也。」光謂：　離木如汲綆之斷井幹，艾金如越砥之利刀劍〔二〕，以弱勝强，終就平夷者也。

次八　夷其角，厲。　測曰：夷其角，以威傷也。　八爲禍中而當夜，小人用威而傷，自危之道也。

上九　夷于耇，利敬病年，貞。　測曰：夷耇之貞，懸車鄉也。　陸曰：「致仕而歸於鄉黨也。」王曰：「敬其衰病與高年，貞之道也。」光謂：　九爲九十，又爲極，君子老而辭位，自處平易者也。　賢者以老病而歸，人君所當欽奉也。

〔一〕此一句八字，明抄本無，此據下文及大典本、張士鎬本補。
〔二〕「利」，大典本、張士鎬本作「厲」，此從明抄本及道藏本。

𝌝一方三州二部三家。**樂**。音洛。陰家，水，準豫。入樂次七三分一十八秒，日次大梁，穀雨氣應，斗建辰位，律中姑洗。陽始出奧，舒疊得以和淖，物咸喜樂。淖，奴教切，和也。清明之初，陽始發出幽奧，舒展疊積之物，皆得和淖而喜樂。

初一　獨樂款款，及不遠。測曰：獨樂款款，淫其内也。范曰：「款款，獨樂貌。」光謂：一爲思始而當夜，小人獨樂其身，而不能與衆共之者也。

次二　樂不可知，辰于天。測曰：樂不可知，以時歲也。陸曰：「謂行德政使民懽樂，若天時然，使民不知政之所爲也。」

次三　不宴不雅，嘄呱啞咋，號咷倚户。測曰：不宴不雅，禮樂廢也。王本「嘄」作「嘷」，今從諸家。嘄，古吊、五吊二切。啞，音厄。咋，音責。王曰：「嘄呱啞咋，皆歡笑之聲也。」光謂：宴，安也。雅，正也。三爲成意而當夜，棄禮廢樂，沈湎淫泆。廢禮則不得其安，廢樂則不得其正，雖嘄呱啞咋，苟窮目前之樂，其憂患何遠哉？近倚户外而已。詩魚藻「刺幽王，言萬物失其性，王居鎬京，將不能以自樂焉」。

次四　拂其繫，絶其纗，佚厥心。測曰：拂繫絶纗，心誠快也。繫與系同。纗，户圭切。拂，去也。繣，維網中繩也。四爲條暢而當晝，君子志道，樂以忘憂，外物不能累，樂莫先焉〔一〕。故曰「拂其繫，絶其繣，佚厥心」。

次五　鍾鼓喈喈，管弦嚌嚌，或承之衰。測曰：鍾鼓喈喈，樂後悲也。嚌，側皆切。嚌嚌，哀思之聲。五以小人而享盛福，恣其淫樂，樂極必悲，盛極必衰也。

次六　大樂無間，民神禽鳥之般。測曰：大樂無間，無不懷也。般，蒲干切。王曰：「六居盛位，當晝之時，爲首之主。無間者，天地之間，萬物咸樂，人神鳥獸各遂其性而般遊也。」光謂：般，樂也。六爲隆福，又爲盛多，爲極大〔二〕，太平之君子兼利萬物，無有間異，民神禽鳥，靡不得所，樂孰大焉。四爲下禄，獨善其身。六爲上禄，兼利天下者也。

次七　人嘻鬼嘻，天要之期。測曰：人嘻鬼嘻，稱樂畢也。宋、陸本「畢」作「卑」，今從范本。要，於宵切。王曰：「要，約也。」光謂：嘻，嘆聲也。七爲禍始而當夜，小人樂極禍來，人鬼共嘆，大命近止而不自知也。

次八　嘻嘻自懼，亡彼愆虞〔三〕。測曰：嘻嘻自懼，終自保也。王曰：「樂道將極，

〔一〕「先」，張士鎬本作「大」。
〔二〕「爲」，明抄本作「又」，此據道藏本改。
〔三〕「亡」，明抄本作「忘」，此據大典本、道藏本、張士鎬本改。

又居禍中，危之道也。然而得位當晝，善於補過，是於嘻嘻笑樂之中，而能自懼，則無愆過與憂虞矣。」

上九　極樂之幾，不移日而悲，則哭泣之蹉資。測曰：極樂之幾，信可悔也。

幾，音機。蹉資與嗟咨同。陸曰：「幾，危也。」王曰：「居樂之極而又當夜，故不待移日而悲至矣，則哭泣嗟咨也。」光謂：三者戒之於思，五者戒之於福，九者戒之於禍，大指皆言樂不可極，使人始終反復常念之也。

☷一方三州三部一家。爭。陽家，火，準訟。陽氣氾施，不偏不頗，物與爭訟，各遵其儀。

氾，敷梵切。施，式豉切。頗，普何切。儀，宜也。陽氣氾施平均，物皆爭進，求遂其宜也。詩由儀美「萬物之生，各得其宜也」。

初一　爭不爭，隱冥。測曰：爭不爭，道之素也。

陸曰：「素，質也。」王曰：「爭不爭，謂爭於未形之時，不見其迹也。」光謂：一爲思始而當晝，君子執道之素〔一〕，爭於不爭之地，外無其迹，而物莫能勝也。

次二　嚇河臞。測曰：嚇河之臞，何可惆也。

嚇，呼駕切。臞，其俱切，瘠也。惆與

〔一〕「之」，明抄本無，此據大典本、道藏本、張士鎬本補。

怙同。口拒人謂之嚇。河之潰溢，誰能拒之？而臞瘠之人不量其力，乃欲以口嚇之，何足恃也！詩云：「反予來赫〔一〕。」

次三 爭射齦齦。測曰：爭射齦齦，君子讓鄰也。范本「齦」作「誾」，今從宋、陸、王本。射，神夜切。齦，音銀。王曰：「君子之爭，惟射而已。齦齦，勤至之貌。讓鄰與讓相近也，其意讀齦爲懇也。」光謂：齦與誾同。誾誾，恭讓貌。孔子曰：「君子無所爭，必也射乎！揖讓而升，下而飲，其爭也君子。」

次四 爭小利，不酋貞。測曰：小利不絶，正道乃昏也。王曰：「爭不以道，而爭於小利焉，宜其不就成貞正之道矣。」

次五 爭于逵，利以無方。測曰：爭于逵，爭處中也。范曰：「五處中位，故稱逵。逵，九達道也。」光謂：五爲中和而當晝，君子執道之要，統理之會，應變無方，物莫能爭。

次六 臂膊脛如，股脚䐜如，維身之疾。測曰：臂膊之脛，臣大隆也。王、小宋本「脛」作「胵」，其意音迭〔二〕，腫也，今從宋、范、陸本〔三〕。范本測曰「臂脛如股」，今從宋、陸、王本。

〔一〕「反」，明抄本作「伊」，此據大典本、道藏本、張士鎬本改。
〔二〕大典本無「意」字。
〔三〕「從」下明抄本有「大」字，此據注例及道藏本、張士鎬本删。

范曰：「枝大於幹，臣大於君，皆爲疾也。」光謂：臂膊脛如，言臂大如脛，不可使也。脜，音嗔，肉脹起也。六以陰質過中極大，如臣之强盛，君不能制者也。賈誼曰：「天下方病大腫，一脛之大幾如腰，一指之大幾如股。」

次七　爭干及矛軸，用亨于王前行。測曰：干矛之爭，衛君躬也。王本「爭干及矛」作「爭干及方」，測曰「干方之爭」，今從諸家。宋、陸本「用亨于王前行」作「用享于王前行」，今從范、王本。軸與胄同。行，户郎切。七爲禍始，用兵以爭者也，故曰「爭干及矛胄」。用兵以爭，不以其私而從事，吉孰大焉。詩云：「元戎十乘，以先啓行。」

次八　狼盈口，矢在其後。測曰：狼盈口，不顧害也。王曰：「狼之噬物盈口，是爭不知後有害之者矣。」光謂：狼性貪，但知務盈其口而不知矢在其後，如小人爭利而不顧其害也。天文弧矢星在狼後。

上九　兩虎相牙，知掣者全。測曰：兩虎相牙，知所掣也。宋、陸本測「知所掣」作「製」，范本作「制」，今從王本。掣，尺制切。王曰：「爭之極者，莫如虎鬭而相牙，必有死傷之患，若能懼於患害，自掣而退，乃可以全物，不可以終爭，故於爭極而見自退之道。所以能知自退之道者，以陽當晝故也。」光謂：掣，引也。

𝌟一方三州三部二家。**務。**陰家，木，準蠱。入務次四，日舍昴。**陽氣勉務，物咸若其心而**

揔其事。陽氣勉務而生物，物咸順其心而自憙，揔其事而不二也。

初一　始務無方，小人亦用罔。測曰：始務無方，非小人所理也。范本作「始用無方」[一]，今從宋、陸、王本。宋、陸、王本無「人」字，今從范本。一爲思始，可以應變無方，然當日之夜，非小人之所能爲也，故曰「小人亦用罔」。罔，無也。

次二　新鮮自求，珍潔精其芳，君子攸行。測曰：新鮮自求，光于己也。王本「芳」作「方」，「行」作「臧」，今從諸家。二爲思中而當晝，君子精潔其心，將以有爲者也。

次三　不拘不掣，其心腐且敗。測曰：不拘不掣，其體不全也。宋、陸、王本「其體不全」作「其體全」，今從范、小宋本。掣，尺制切。三爲思終而當夜，小人觸情而動，喪心虧體者也。

次四　見矢自升，利羽之朋，蓋戴車載。測曰：矢及蓋車，厥道然也。二宋、陸測「矢及蓋車」作「見矢及蓋」，范作「矢及蓋」，今從王本。范曰：「矢而自升，羽之力也。羽金朋合，而後乃飛，猶君臣同心乃馳風化也。車之載物，猶君子之濟世也。」

次五　蜘蛛之務，不如蠶之緰。測曰：蜘蛛之務，無益人也。緰，音須，衫帛也。

[一] 萬玉堂刻范本作「始務無方」，與司馬光所引不合。

王改作褕翟之褕〔一〕，音遥。范曰：「蜘蛛有絲，雖其勉務，非人所用，則不如蠶一緰之利也。」光謂：五爲織，爲衣，爲繭，小人事非其事，勞而無功，故有是象。旅獒曰：「不作無益害有益，功乃成。」

次六　華實芳若，用則臧若。測曰：華芳用臧，利當年也。范本無「實」字，今從宋、陸、王本。六爲極大，務之大成者也。務之大成，莫若全德，華實兼茂，年時芳盛，則何用不臧也。

次七　喪其芳，無攸往。測曰：喪其芳，德以衰也。喪，息浪切。范曰：「七爲失志，故德衰也。」

次八　黄中免于禍，貞。測曰：黄中免禍，和以正也。王曰：「八居過滿，幾於禍者也，而得位當晝，以居上體之中，是得黄中之道以免咎悔者也。」光謂：八爲禍中而當晝，君子以中正爲務，雖禍不害也。

上九　務成自敗，雨成自隊。測曰：務成自敗，非厥命也。隊與墜同。王曰：「處務之極，而失位當夜，則其所務之業雖成必敗，如陰成雨隊必至之理，其可救乎？」光謂：萬物營爲，務成終敗，所以然者，小人功成驕惰，不能盡其天命故也。

〔一〕「褕」，明抄本、大典本、道藏本、張士鎬本皆作「褕」，此據五柳居本改。

☷一方三州三部三家。事。陽家，金，準蠱。陽氣大勗昭職，物則信信各致其力。范本「勗」作「冒」，今從二宋、陸、王本。信與伸同。言陽氣勸勗萬物，皁膏冣莢〔一〕，各明其職，物則信信自竭其力，各從其事也。務者，有所營爲；事者，各職其事也。

初一　事無事，至無不事。測曰：事無事，以道行也。王曰：「萬事皆理，豈有爲也哉！正其本而已。然則處陽當晝〔二〕，居事之始，能正其本者也。」光謂：一爲思始，心，精之源，萬事之本也。君子澄其源，正其本，則事無不治矣。老子曰：「無爲而無不爲。」

次二　事在樞，不咨不⿰言奏，喪其哲符。測曰：不咨不⿰言奏，其知亡也。⿰言奏與諏同，子侯切，又子于切。知與智同。符者，所守之瑞也。二爲思中，故曰「事在樞」。樞者，榮辱安危所係之地也〔三〕。事方在樞，思而未行，宜訪問於善以求至當，而當日之夜，愚而自用，不咨不諏，以喪其智符也。堯稽于衆，舜樂取於人以爲善，孔子每事問。

〔一〕「皁」，明抄本作「早」，此據大典本改。

〔二〕此句以下至「無不爲」一節五十四字明抄本無，此據大典本、道藏本、張士鎬本補。其中道藏本「事無不治矣」句中無「治」字，而張士鎬本「治」作「理」，此據大典本作「治」。

〔三〕「係」，明抄本作「升」，此據大典本、道藏本、張士鎬本改。

次三　時往時來，間不容氂。測曰：時往時來，不失趣也。王本無「容」字，今從諸家。三爲成意，思慮既成，當決志而行，一失其時，悔無所及，故曰「時往時來，間不容氂」。言得失之間，相去微也。

次四　男女事，不代之字。測曰：男女事，非厥務也。王曰：「事非其事，必之於凶。男而女事，事失之甚，何不代之字育乎？四失位當夜，乖於其宜，故云然也。」光謂：男代女事則家凶，君奪臣職則國亂，明事各有常也。

次五　事其事，王假之食。測曰：事其事，職所任也。王曰：「假，錫與也。」光謂：事其事者，事其所當事也。恪居其任，故王與之食，受福禄也。

次六　任大自事，方來不救。測曰：任大自事，奚可堪也。六過中而極大，力小而任重者也，故曰「任大自事」。事方大來，故顛覆不救也。

次七　丈人扶孤，豎子提壺。測曰：丈人扶孤，小子知方也。王曰：「七雖過滿，而得位當晝，不失事事之宜，是丈人有扶持孤弱之事，小子亦知提壺以致養也。」

次八　女男事，十年不誨。測曰：女男事，終家不亨也。范本作「男女事」，今從宋、陸、王本。王曰：「居位過滿而失位當夜，乖事之宜，是女代男事。十年者，數之極也。不誨者，不可教也。」光謂：女任男事，則家不亨。臣侵君權，則國不昌。十年已往，力勢已成，不可復制，故女不承男之教，臣不受君之命也。

上九　到耳順止，事貞。測曰：到耳順止，逆聞順行也。到與倒同。止與趾同。九爲禍終而當晝，能納忠補過，不失正順者也。忠言逆耳利於行，良藥苦口利於病。

太玄集注卷第三

☵二方一州一部一家。**更**。更，居亨切。陰家，水，準革。入更初一二十分九秒，清明氣應，次八日舍天畢。**陽氣既飛，變勢易形，物改其靈。**宋曰：「在天稱飛。」

初一　冥化否貞，若性。測曰：冥化否貞，少更方也。少，詩照切。一爲思始而當夜，幼少之時，習於不正，如其天性，不可復改也。賈誼曰：「幼成若天性，習貫如自然。」少更方者，道變於幼少之時也。

次二　時七時九，軫轉其道。測曰：時七時九，不失當也。七者，陽之盛也。九者，陽之衰也。軫，輪也〔一〕。二爲思中而當晝，君子消息盈虛，隨時衰盛，如輪之轉，應變無窮，不失正當也。

次三　化白于泥，淄。測曰：化白于泥，變不明也。王曰：「凡改更之道，貴於變惡

〔一〕「軫輪也」三字明抄本無，此據大典本、道藏本、張士鎬本補。

從善，今反爲泥淄，失更之宜。」光謂：淄，黑也。三爲思上而當夜，與不善人居，如以白物涅於泥中，與之皆黑也。

次四　更之小得，用無不利。測曰：更之小得，民所望也。王本「不利」字下更有「我否非其有恥」六字，今從諸家。四爲福始而當晝，變更之小得者也。變更小得〔一〕，合於民望，用無不利。

次五　童牛角馬，不今不古。測曰：童牛角馬，變天常也。王曰：「五居盛位而當夜，是改更之道大不得其所。牛反童之，馬反角之，不今不古，無其事也。」光謂：無角曰童。小人得位，妄變法度，反易天常，既不適於今，又不合於古，若劉歆、王莽之類是也。

次六　入水載車，出水載杭，宜于王之更。測曰：車杭出入，其道更也。諸家皆無「王」字，今從范本。杭與航同，舟也。水舟陸車，理之常也。如履雖新，必施於足，冠雖敝，必冠於首。然湯、武達節，應天順人，君臣易位，其道當然，則不得不變也。

次七　更不更，以作病。測曰：更不更，不能自臧也。諸家本皆作「能自臧也」，今從王本。七爲禍始而當夜，俗化之敝，失於當更而不更故也。董仲舒曰：「爲政而不行，甚者必變而更化之，乃可理也。」

〔一〕「更」，明抄本作「於」，此據大典本、道藏本、張士鎬本改。

次八　駟馬跙跙，能更其御。測曰：駟馬跙跙，更御乃良也。范本作「而更其御」，今從宋、陸、王本。跙，才與切〔一〕。范曰：「跙跙，不調也。」王曰：「得位當晝，更之以道。駟馬跙跙，行不進也。更以良御，乃得其宜。」光謂：八爲禍中，故曰「更其御」也。更御以象改任賢人，使修其政治也。

上九　不終其德，三歲見代。測曰：不終之代，不可久長也。范本無「久」字，今從宋、陸、王本。九爲禍極而當夜，小人不終其德，驕淫失位，人將代之也。

☲三方一州一部二家。斷。陽家，火，準夬。陽氣彊內而剛外，動能有斷決。范本作「動而能有斷決」，王本作「動而能斷決」，今從宋、陸本。

初一　斷心滅斧，冥其繩矩。測曰：斷心滅斧，內自治也。一爲思始而當晝，能以法度內斷於心，而人不見其迹者也。

次二　冥斷否，在塞耳。測曰：冥斷否，中心疑也。二爲思中而當夜，心識蒙闇，不能決斷，雖有嘉謀，不知適從，聽之不聰，故曰「塞耳」。

〔一〕「與」，明抄本作「興」，此據大典本改。

次三　決其聾䶍，利以治穢。測曰：決其聾䶍，利有謀也。䶍，丁計切。王曰：「䶍，鼻疾也。」光謂：三爲成意而當晝，能決去蔽塞，通納善謀者也。

次四　斷我否，食非其有，耻。測曰：斷我否，食可耻也。四爲下禄而當夜，處非其位，食非其禄，不能自斷而去，誠可耻也。

次五　大腹決，其股脱，君子有斷，小人以活。測曰：大腹決脱，斷得理也。王本「股」作「服」，今從諸家。五爲著明而當晝，斷之盛者也。大腹決，不容姦也。其股脱，所存大也。

次六　決不決，爾仇不闊，乃後有鉞。測曰：決不決，辜及身也。六過中而當夜，當斷不斷，仇讎不遠，必將受其戮辱者也。

次七　庚斷甲，我心孔碩，乃後有鑠。測曰：庚斷甲，誼斷仁也。范曰：「庚，義也。甲，仁也。孔，甚也。碩，大也。鑠，美也。」光謂：庚金主義，甲木主仁。七爲刀，有用刑之象。君子以義斷仁，捨小取大，然後有治平之美也。夏書曰：「威克厥愛，允濟。」

次八　勇侏之傠，盜蒙決夬。測曰：盜蒙之決，妄斷也。小宋本「傠」作「獄」〔一〕，音

〔一〕「獄」，大典本、道藏本、張士鎬本作「[illegible]」。

移，今從諸家。王本無「央」字，今從二宋、陸、范本。侏，音株。傠，音伐。范曰：「無道爲侏，反義爲傠。」（闕）

上九　斧刃蛾蛾，利匠人之貞。測曰：蛾蛾之斧，利征亂也。九爲兵，爲鉞，又爲禍極，故曰「斧刃蛾蛾」。匠人執斧以伐木，君子秉義以征亂。

☷二方一州一部三家。毅。陰家，木，準夬。致果爲毅，「夬揚于王庭」，故毅兼有言語之象。陽氣方良，毅然敢行，物信其志。信與伸同。宋曰：「善而不撓爲良。」

初一　懷威滿虛。測曰：懷威滿虛，道德亡也。一爲思始而當夜，小人懷威滿心〔一〕，恃力滅義者也。

次二　毅于心腹，貞。測曰：毅于心腹，內堅剛也。二爲思中而當晝，君子守正堅剛，不可奪也。

次三　戴威滿頭，君子不足，小人有餘。測曰：戴威滿頭，小人所長也。三者意成而剛毅外露，故曰「戴威滿頭」。君子居之，則自以爲不足；小人居之，則自以爲有餘。

〔一〕「威」，明抄本無，此據大典本、道藏本、張士鎬本補。

次四　君子説器，其言柔且毅。測曰：君子説器，言有方也。范本「言」作「人」，今從宋、陸、王本。四爲下禄而當晝，君子之言皆有法度，適用如器，柔而不懦，毅而不愎者也。

次五　不田而穀，毅于揀禄。測曰：不田而穀，食不當也。宋、陸、王本「揀」作「棟」，今從范本。五當日之夜，無德而享盛禄，剛果所施，施於擇禄而已，故曰「不田而穀，毅于揀禄」。詩云：「不稼不穡，胡取禾三百廛兮？」

次六　毅于棟柱，利安大主。測曰：毅于棟柱，國任彊也。六爲上禄而當晝，國之大臣，忠力彊毅，能勝其任，以安社稷者也。

次七　觥羊之毅，鳴不類。測曰：觥羊之毅，言不法也。范曰：「觥羊，大羊也。」光謂：羊，很物也。類，善也。七爲禍階而當夜，小人剛很，言無所擇，不顧法度也。

次八　毅于禍貞，君子攸名。測曰：毅于禍貞，不可幽蔀也。宋、陸本「蔀」作「都」，王作「卻」，今從范本。蔀，蒲口切。王曰：「八居禍中，故毅于禍。而當位當晝，不失其貞，是君子之所名也。」光謂：君子守正遇禍，剛毅不撓，身雖可殺，而名不可掩也。蔀，覆也。

上九　豨毅其牙，發以張弧。測曰：豨毅其牙，吏所獵也。王本「吏」作「人」，今從諸家。豨，音喜。王曰：「居毅之極，位且當夜，若野豕之毅其爪牙，必有張弧之斃也。」光謂：豨，大豕也。言小人極毅以取禍，如豕毅其牙，適足自招射獵而已。

☳二方一州二部一家。**裝。**陽家，金，準旅。入裝次四三十八分三十二秒，日次實沈，立夏氣應，斗建巳位，律中仲吕。裝，治行也。**陽氣雖大用事，微陰據下，裝而欲去。**陸曰：「陰氣據下，故陽裝束，志在去也。」

初一　幽裝，莫見之行。測曰：**幽裝莫見，心已外也。**一爲思始而當晝，君子見微，潛有去志，而人莫知之也。

次二　䳼鵝慘于冰，翼彼南風，内懷其乘。測曰：**䳼鵝之慘，懷憂無快也。**宋、陸本「慘」作「摻」，今從范、王本。䳼，音哥，又音加，字或作鳴。乘，時證切，又食陵切。王曰：「䳼鵝，鴈也。失侣後時，慘于寒冰，然後翼風之南，内懷其侣，憂而無快。乘者，四鴈也。」光謂：方言：「飛鳥曰雙，鴈曰乘。」乘，匹也。鴈避寒就温，自北徂南，猶人之去危就安也。二爲思中而當夜，小人懷寵耽禄，不能避患於微，如鴈之内懷其乘而不能遠遊也。易曰：「係遯有疾，厲。」

次三　往其志，或承之喜。測曰：**往其志，遇所快也。**三爲思上而當晝，雖爲羈旅，往得其志，故「或承之喜」也。

次四　鸙雞朝飛踤于北，嚶嚶相和不輟食。測曰：**鸙雞朝飛，何足賴也。**宋、陸本「踤」作「咵」，虞作「悚」〔一〕，王作「跨」，今從范本。鶤與鶡同，古魂切。踤與萃同，又慈恤切。王曰：「大鳥朝飛，宜就陽以自安，反之於北，失其所向，雖相和嚶嚶，然終不輟其求食之意。既失其道，亦何利之有？」

次五　鴻裝于淄，飲食頤頤。測曰：鴻裝于淄，大將得志也。（闕）

次六　經六衢，周九路，不限其行，賈。測曰：經六衢，商旅事也。王曰：「六衢九路，無所不歷，勞而求利者，小人之事也。」光謂：六爲盛多而當夜，小人周流天下，不限其行，非爲行道也，其志徇利而已，與商賈無異。

次七　裝無儺，利征咎。測曰：裝無儺，禍且至也。宋、陸、王本「儺」作「離」，今從范、小宋本。儺與儷同，音麗。（闕）

次八　季仲播軌，泣于道，用送厥往。測曰：季仲播軌，送其死也。范、王本「泣于道」作「泣于之道」，今從宋、陸本。（闕）

上九　裝于昏。測曰：裝于昏，尚可避也。王曰：「處裝之道，宜處於先。今居極位，頗失違難之道。然得位當晝，如整裝避禍於昏昧之時，雖云太晚，猶可避也。」光謂：九爲禍終而當晝，君子遇禍之窮，裝而去之，雖於時已晚，猶愈於宴安不去者也。

〔一〕「虞作悚」，大典本、道藏本、張士鎬本無，疑爲衍文。

二方一州二部二家。**衆**。陰家，土，準師。入衆次四，日舍觜觿〔一〕，次八日舍參。**陽氣信高懷齊，萬物宣明，嫮大衆多。**信與伸同。嫮，音護。陸曰：「嫮，美貌。」

初一　冥兵始，火入耳，農輟穀，尸將班于田。測曰：冥兵之始，始則不臧也。王本「穀」作「轂」，今從諸家。王曰：「班，布也。」光謂：一以幽微，在兵之初，兵端已萌而未著者也，故曰「冥兵始」。夫兵者，不祥之器，人聞之遽驚，故曰「火入耳」。農輟其耕，爲給餽餉，食馬以穀，爲將用之。尸布于田，言死者之多也。

次二　兵無刃，師無陳，麟或賓之，温。測曰：兵無刃，德服無方也。王本「麟」作「隣」，今從諸家。陳，直刃切。范曰：「麟獸有角不觸。」王曰：「二居下體之中，而又得位當晝，得衆之宜，故能兵不交刃，師不置陳，而强鄰敵國皆或賓之。」光謂：二爲思中而當晝〔二〕，君子修德於心〔三〕，而四海率服，兵無所用，故曰「兵無刃，師無陳」。賓者，自外來者也。麟或賓之，象有武而不用也。温者，不威暴之謂。

〔一〕「觿」，明抄本原有此字，後用墨涂掉，此據大典本、道藏本、張士鎬本補。
〔二〕「爲」，明抄本無，此據大典本、道藏本、張士鎬本補。
〔三〕「德」，明抄本作「之」，此據大典本、道藏本、張士鎬本改。

次三　軍或纍車，丈人摧孥，内蹈之瑕。測曰：軍或纍車〔一〕，廟戰内傷也。宋、陸本「丈」作「大」，「孥」作「弩」，王本「摧」作「推」，「弩」作「奴」，今皆從范本。三爲思終，未戰而先謀於内者也。車被纍絓，覆所載也。丈人，家之長也。孥，妻子也。謀之不臧，如丈人而自摧毁其家也。夫敗豈外來哉？由在内之時已踐瑕釁，故敵人得而乘之。孫子曰：「未戰而廟筭不勝者，得筭少也。」

次四　虎虓振廞，豹勝其私，否。測曰：虎虓振廞，如鷹之揚也。王本「勝」作「騰」，今從宋、陸、范本。二宋、陸、范本「私」作「秘」，今從王本。虓，許交切。廞，許金切。否，方九切。范曰：「虓，怒聲也。振廞，盛怒貌。」王曰：「處衆而近尊位，將帥之任也。得位當晝，善用其衆，如虎之虓，振起廞興也。」光謂：四爲下禄，得位用衆者也。虎豹皆武猛之象，用兵者雖闞如虓虎〔二〕，時惟鷹揚，然不以之爭利決忿，能自勝其私心，故可用而不用也。法言曰：「或問『武』。曰：『克。』能勝其私曰克。」

次五　躆戰喈喈，若熊若螭。測曰：躆戰喈喈，恃力作王也。躆與踞同，當作劇。劇，甚也。五居盛位而當夜，恃力取勝，不足以服天下也。

〔一〕「或」，明抄本無，此據大典本、道藏本、張士鎬本補。

〔二〕「闞」「虎」，明抄本作「鬭」「武」，此據大典本、道藏本、張士鎬本改。

次六　大兵雷霆，震其耳，維用詘腹。測曰：大兵雷霆，威震無疆也。王本「維」作「候」，今從諸家。詘與屈同，屈腹猶言服其心也。六爲極大而當晝，王者之兵非務殺傷，憚之而已，故如雷如震，以威聲震之，使其心服也。詩云：「震驚徐方，如雷如霆，徐方震驚。」白虎通曰：「戰者憚也。」

次七　旌旗絓羅，干鉞蛾蛾，師孕唁之，哭且䁹〔一〕。測曰：旌旗絓羅，大恨民也。范、王本「鉞」作「戈」，今從宋、陸本。絓，户卦切〔二〕。唁，音彦。䁹，莫佳切。范曰：「吊生曰唁，竊視稱䁹。」光謂：七爲禍始而當夜，師之覆敗者也。旌旗絓羅〔三〕，干鉞蛾蛾，敗亂之貌也。師，衆也。夫死婦孕，民之愁苦尤劇者也。衆孕相唁，既哭且䁹，竊視其上，怨恨之也。

次八　兵衰衰，見其病，不見輿尸。測曰：兵衰衰，不血刃也。衰衰，罷弊貌。八爲疾瘀，爲耗，爲剥落，爲禍中而當晝，能罷弊敵國〔四〕，不戰而屈人兵者也。

上九　斧刃蚨，其柯折，可以止，不可以伐，往血。測曰：刃蚨柯折，將不足往

〔一〕「䁹」，明抄本作「買」，此據道藏本、張士鎬本改。
〔二〕「卦」，明抄本作「桂」，此據大典本、道藏本、張士鎬本改。
〔三〕「絓」，明抄本作「純」，此據大典本、道藏本、張士鎬本改。
〔四〕「敵」，明抄本無，此據大典本、道藏本、張士鎬本補。

也。王曰：「往必見血而自傷也。」光謂：九爲用兵之極，逢禍之窮，窮兵而不知止者也。

二方一州二部三家。**密**。陽家，水，準比。密者，比近也，周密也。**陽氣親天，萬物丸蘭，咸密無間。**王本「咸」作「盛」，今從諸家。王曰：「丸蘭，盛大貌。萬物乘陽氣，皆盛大周密而無間隙也。」光謂：陽氣上而親天，高之極也。

初一　窺之無間，大幽之門。測曰：窺之無間，密無方也。宋曰：「事事皆密，故以無方言之。」光謂：一爲思始而當晝，君子潛心於密以立事定功，人莫能窺者也。易曰：「幾事不密則害成。」

次二　不密不比，我心即次。測曰：不密不比，違厥鄉也。比，頻寐切，下同。君子愛近以懷遠，小人反是。二爲思中而當夜，不能懷近而勞心於遠。即，就也。次，旅舍也。違去其鄉，而欲就於旅舍，捨近而圖遠者也。詩云：「無田甫田，維莠驕驕，無思遠人，勞心忉忉。」

次三　密于親，利以作人。測曰：密于親，爲利臧也。三爲思上而當晝，君子愛其親，則知愛人之親，推其心以及他人，故曰「利以作人」。

次四　密于腥臊，三日不覺，殽。測曰：密于腥臊，小惡通也。王曰：「密于腥腜，親惡悳也。」光謂：四爲外他而當夜，與不善人相親者也〔一〕。與不善人相親，久則化之矣。孔子曰：「與不善人居，如入鮑魚之肆〔二〕，久而不知其臭，則與之爲一矣。」小惡通者，始於小惡弗去，久則與之通而爲一也。殽，混殽也。

次五　密密不鏬，嬪于天。測曰：密密不鏬，並天功也。鏬，呼嫁切。嬪，音頻。王曰：「居中體正，得位當晝，爲時明君，親於可親，故曰『密密不鏬』，謂無間隙也。如此則能功配於天矣。」光謂：密密不鏬者，君臣百姓靡不親密，無有間隙也。

次六　大惡之比，或益之恤。測曰：大惡之比，匹異同也。六爲福終而近於禍，故比于大惡而或益之憂也。非我族類，其心必異，異類相匹，適足自累也。易曰：「比之匪人。」

次七　密有口，小鰓。大君在，無後。測曰：密口小鰓，賴君達也。王本無「無」字，小宋「無」字作「其」，今從宋、陸、范本。范、小宋本「達」作「逢」，今從宋、陸、王本。鰓，蘇來切。（闕）

次八　琢齒依齦，三歲無君。測曰：琢齒依齦，君自拔也。齦，語斤切。王曰：「齒之與齦，相親者也。或琢其齒而依其齦，則失其所親矣。」（闕）

〔一〕「相」，明抄本無，此據大典本、道藏本、張士鎬本補。
〔二〕「肆」，明抄本作「律」，此據大典本、道藏本、張士鎬本改。

上九　密禍之比，先下後得其死。　測曰：密禍之比，終不可奪也。　九爲禍極而當晝，君子同志相比，堅不可奪，先自謙下，則其志益親，故雖遇大禍，而終得其死力也。

𝌧二方一州三部一家。　親。　陰家，火，準比。　入親次八，日舍東井，八十六分七秒〔一〕，小滿氣應。親者，相愛厚也。　陽方仁愛，全真敦篤，物咸親睦。　陽氣純粹，故曰「全真」。

初一　親非其膚，其志齟齬。　測曰：親非其膚，中心閑也。　王本無「親」字，今從諸家。　王曰：「居親之初，而失位當夜，失其親道。　非其膚，謂疎遠之人非其肌膚之親，而或親之，則其志齟齬不相入矣。　心相防閑，失其親道。」光謂：一爲思始而當夜，親非其親者也。　外雖相親，内志不合，終必乖離。　閑者，隔礙不通之謂。　故曰「中心閑也」。

次二　孚其内，其志資戚。　測曰：孚其内，人莫間也。　范本「内」作「肉」，「間」作「聞」，王本「内」作「肉」，「間」作「閑」〔二〕，今從宋、陸本。　王曰：「資，取也。　戚，親也。　其志惟取於相親附也。」光謂：二爲思中而當晝，君子以誠信相親之深者也，故曰「孚其内」。

次三　螟蛉不屬，蜾蠃取之，不迓侮。　測曰：螟蛉不屬，失其體也。　王本「不迓

〔一〕「八」，明抄本作「一」，此據道藏本及太玄曆改。
〔二〕「王本内作肉間作閑」八字明抄本無，此據大典本、道藏本、張士鎬本補。

侮」作「逝侮」，今從宋、陸、范本。蜾，音果。蠃，郎果切。螟，音冥。蛉，音零。屬，之欲切。螟蛉，桑蟲。蜾蠃，蒲盧也。屬，綴也。迓侮，猶言御侮也。三爲思終而當夜，小人不能屬綴其親，以御外侮，而使之乖離，與他人相合〔一〕，如螟蛉不能自育其子，而爲蜾蠃所取也。詩云：「螟蛉有子，蜾蠃負之，教誨爾子，式穀似之。」

次四　賓親于禮，飲食几几。測曰：賓親于禮，賓主偕也。王曰：「几几，有法度也。」光謂：四爲條暢而當晝，君子以饗宴之禮交通親愛者也。賓所以親親，其有禮不在飲食也。孔子曰：「吾食於少施氏而飽，少施氏食我以禮。」賓主偕者，言皆有禮也。

次五　厚不厚，比人將走。測曰：厚不㫗，失類無方也。比，頻寐切。王曰：「五雖居中，而失位當夜，當厚者不厚，則其所比附之人皆將去之。」光謂：不能親其所當親，厚其所當厚，使比近之人皆棄之而走，失類孤立，危無日矣。子太叔曰：「晉不鄰矣，其誰云之？」

次六　厚厚，君子秉斗。測曰：厚厚君子，得人無疆也〔二〕。六爲盛多而當晝，能親其所親，厚其所厚者也。夫君子厚近而遠者至，親親而疏者附，如斗居中央而衆星共之也，故曰「君子秉斗」。

〔一〕「與」，明抄本無，此據大典本、道藏本、張士鎬本補。
〔二〕「疆」，明抄本作「彊」，此據大典本改。

次七　高亢其位，庫於從事。測曰：位高事庫，德不能也。宋、陸本「從」作「周」，范作「同」，今從王本。庫，便是、必至二切，又音卑。王曰：「七居過滿之地，失位當夜，位雖高亢，而所行之事則甚庫細也。」

次八　肺附乾餱，其幹已良，君子攸行。測曰：肺附之行，不我材也。宋、王本「肺」作「脯」，「幹」作「乾」，「行」作「往」，王本「附」作「腑」，今從范、小宋本。餱，音侯。范曰：「削曰肺。肺附如柹之附木〔一〕。」王曰：「有肺腑之親而生乾餱之怨，故君子去之。詩云：『民之失德，乾餱以愆。』」光謂：肺附以喻族人附着宗主也。民雖微賤，猶當分乾餱以濟其親也。肺附之親，至薄也，猶當以乾餱收恤之，況良幹而棄之乎？此微子所以歸周也。

上九　童親不貞。測曰：童親不貞，還自荄也。荄，古哀切。宋曰：「謂自盡其根荄也。」王曰：「居親之極，而失位當夜，若童昏之人，所親者必不正矣。」

二方一州三部二家。斂。陽家，木，準小畜。陽氣大滿於外，微陰小斂於內。陸曰：「謂陰小斂萬物之根荄。」

初一　小斂不貸，利用安人正國。測曰：小斂不貸，其道當也。貸，他代切。自

〔一〕「柹」，明抄本作「肺」，此據萬玉堂范本改。

一至三，微而未著，故皆有鑯小之象。一當日之晝，君子賦斂薄而有常，不稱貸於民，故利用安人正國。一曰「貸」當作「貣」，吐得切。

次二　墨斂鑯鑯，寖我匪貞。測曰：墨斂鑯鑯，非所以光也。小宋本「鑯」作「韱」，王本「寖」作「寑」，今從宋、陸、范本。鑯，息廉切。范曰：「鑯鑯，小也〔一〕。」光謂：墨，貪也。小人貪於聚斂，喜見小利，漸而入於匪正，非所以爲光美者也。

次三　見小勿用，以我扶疏。測曰：見小勿用，俟我大也。王曰：「三得位當晝，得斂之宜。見小勿用，是因我滋息，以至扶疏盛大也。」光謂：物方微小，君子養之，以俟其大，而後取之。禮「不麛不卵，不殺胎，不殀夭。草木零落，然後入山林。」皆此意也。

次四　斂利小刑，小進大退。測曰：斂利小刑，其政退也。范本「政」作「正」〔二〕，今從宋、陸、王本。（闕）

次五　畜槃而衍，薾純于田。測曰：畜槃薾純，不奪時也。槃，樂也。純，美也。五爲薾，又居盛位而當晝，賦斂不妄，生之有時，用之有節，故六畜蕃衍，蠶桑饒美也。

次六　閔而縣而，作大元而，小人不戒。測曰：閔縣之戒，不識微也。王本「閔」

〔一〕「小」，明抄本作「少」，此據道藏本改。
〔二〕「范本」，明抄本無，此據大典本、道藏本補。

緜之戒」作「閔緜不戒」，今從宋、陸、范本。閔緜，小貌。元，始也。六在斂家，過中而當夜，斂怨者也。怨始於小而至於大，小人不戒，故怨及之而不自知也。

次七　夫牽于車，妻爲剥荼〔一〕**，利于王姑，不利公家，病。測曰：牽車剥荼，斂之資也。**陸曰：「資，財也。夫妻斂財，利家不利國也。」王曰：「牽車，重役，而其利微。剥荼，苦菜，而其功寡。可以給私室，利于王姑，不足以供公上也。」光謂：爾雅：「王父之姊妹爲王姑。」

次八　大斂大顛。測曰：大斂之顛，所斂非也。陸、范、王本「顛」作「巔」，今從二宋本。王曰：「八居斂極，而失位當夜，大斂者也。處禍之中而求大斂，必有顛隮之患矣。」

上九　斂于時，利圉極菑。測曰：斂于時，奚可幾也。王曰：「圉與禦同。」光謂：九爲禍極而當晝，君子當豐穰之時，重斂而民不以爲暴，所以豫備凶歲，禦此極災也。幾當作譏，言斂得其時，雖重無譏也。孟子疾「狗彘食人食而不知檢〔二〕，塗有餓莩而不知發」。

𝍀二方一州三部三家。**彊。**陰家，金，準乾。**陽氣純剛乾乾，萬物莫不彊梁。**范、王本「純」作「統」，今從宋、陸本。

〔一〕「荼」，明抄本作「茶」，此據大典本、道藏本、張士鎬本改。
〔二〕「檢」，明抄本作「撿」，此據大典本、道藏本、張士鎬本改。

初一　彊中否貞，無攸用。測曰：彊中否貞，不可與謀也。否，方九切。一爲思初而當夜，强心而不正者也，故無所可用。

次二　鳳鳥于飛，修其羽，君子于辰，終莫之圉。測曰：鳳鳥于飛，君子得時也。范曰：「圉，止也。」光謂：辰，時也。二爲思中而當晝，君子得時，彊於爲義，人莫之止。如鳳鳥之飛，其羽修長，人不能制也。凡中者皆有得位得時之象。

次三　柱不中，梁不隆，大厦微。測曰：柱不中，不能正基也。三居下體之首而承於上，梁柱之象也。當日之夜，小人不彊而弱，不勝其任者也。不勝其任，則國基墜矣。

次四　爰聰爰明，左右橿橿。測曰：爰聰爰明，庶士方來也。宋、陸、王本「橿」皆作「橿」〔一〕，小宋作「彊」，今從范本〔二〕。王本「方」作「永」，今從諸家。范曰：「四在其行，行數相扶。橿橿，盛也。」王曰：「橿橿然，衆扶之貌也。」吴曰：「橿從手，字書無之。從木者，音薑。范以四爲金，而本首爲金，故云行數相扶。不以橿爲扶也。」光謂：四爲條暢而當晝，君子有聰明之德，故庶士方來。左右助之，所以爲彊也。

次五　君子彊梁以德，小人彊梁以力。測曰：小人彊梁，得位益尤也。王曰：

〔一〕「橿」，明抄本作「彊」，此據大典本、道藏本改。

〔二〕「橿」，萬玉堂范本皆作「橿」。

「五居君位而失時當夜，無君之德，小人之彊梁者也。彊梁以力，必有顛危。」

次六　克我彊梁，于天無疆。測曰：克我彊梁，大美無基也。王本「無基」作「無疆」，今從諸家。宋曰：「無基謂無疆界，言廣遠也。」王曰：「六爲彊主，得位當晝，能克彊梁，自彊其德，則君道益光，故至于天而無窮也。」光謂：五以上作消，六過乎中而當晝，君子能與時消息，自勝其彊者也。如是則享有遐福，與天無疆矣。

次七　金剛肉柔，血流于田。測曰：金剛肉柔，法太傷也。王本無「流」字，今從諸家。七爲敗損而當夜，小人用法太傷者也〔一〕。以剛金斷柔肉，無有不勝。血流于田者，不仁之甚也。

次八　彊其衰，勉其弱。測曰：彊其衰，勉自彊也。八爲疾瘀而當晝，君子能彊衰勉弱，不自淪溺者也。

上九　太山拔，梁柱折，其人顛且蹶。測曰：山拔梁折，終以猛也。王本「太山拔」作「大枝拔」，今從諸家。王曰：「處彊之極而失位當夜，彊而過亢者也。」光謂：小人彊梁過甚，山拔梁折，自取顛蹶也。

〔一〕「用」，明抄本作「則」，此據大典本、張士鎬本改。

䷀二方二州一部一家。晬。陽家，水，準乾。晬與粹同。陸曰：「乾，純晬精也。」陽氣袀晬清明，物咸重光，保厥昭陽。王本「袀」作「初」，今從諸家。袀與均同。宋曰：「保，安也。是時陰氣斂藏於下，陽氣袀晬清明，故萬物高者下者皆重光華，安其性命而煦陽之德矣。」陸曰：「袀晬猶純粹也。」

初一　晬于内，清無穢。測曰：晬于内，清無穢也。一爲思始而當晝，君子純粹在心，清明不雜。故能總羣元，成萬務也〔一〕。

次二　冥駁冒晬，晒于中。測曰：冥駁冒晬，中自𢠳也〔二〕。晒與悪同，女六切。𢠳，於計切。陸曰：「𢠳，隱也。」范曰：「晒，慙也。駁，不純也。」光謂：二爲思中而當夜，小人於冥昧之中，以駁雜之心，冒没純粹，雖外以欺物，而心不免慙也。

次三　目上于天，耳下于淵，恭。測曰：目上耳下，聰察極也。王本無「恭」字，今從諸家。三爲思終而當晝，君子思慮純粹，則聰明無所不通〔三〕，故曰「目上于天，耳下于淵」。雖然不敢以此自恃，猶嚴恭寅畏，所以能全其粹也。

〔一〕「萬」，明抄本作「方」，此據大典本、道藏本、張士鎬本改。
〔二〕「𢠳」，明抄本作「㦂」，此據張士鎬本改，下同此。
〔三〕「通」，明抄本作「道」，此據大典本改。

次四　小人慕晬，失禄貞。測曰：小人慕晬，道不得也。王曰：「失位當夜，其道已駮，雖慕純粹之道，而失其福禄與貞正也。」

次五　晬于幽黄，元貞無方。測曰：晬于幽黄，正地則也。陸曰：「則，法也。」王曰：「居中體正，得位當晝，爲晬之主，純德大明，晬于幽玄之中，而有黄中通理之德，元始貞正，其道無方，不可名也。」光謂：元者，善之長也。五爲中和而當晝，君子雖在幽隱，不失中和之道，所以爲粹也。守其元正，以應萬務，無施不適，如地之德，亦以幽黄元貞成萬物也。

次六　大晬承愆，易。測曰：大晬承愆，小人不克也。王本贊云「大晬承愆，小人不克」，測曰「大晬之道，小人不克」，今從諸家。王曰：「六居盛位，晬之大者，而失位當夜，故承之以愆。」光謂：五以上作消，六過中而當夜，不能全其純粹者也。夫白玉易瑕，清水易汙，故大晬者非小人之所能全，必將承以過差也。

次七　晬辰愆，君子補愆。測曰：晬辰愆，善補過也。王曰：「七居禍始，是晬時之愆，然以得位當晝，不失君子之德，故能補過無咎也。」光謂：時之有過，惟君子能補之，以成其粹也。詩云：「衮職有闕，惟仲山甫補之。」

次八　晬惡無善。測曰：晬惡無善，終不可佐也。王曰：「失位當夜，純于惡德，則善無由而入矣。」光謂：八爲疾瘀而當夜，純惡無善之人，何可輔也！

上九　晬終永初，貞。測曰：晬終之貞，誠可嘉也。王曰：「九居數極而得位當晝，是能保其純粹，不失善道，永如初之正也。」光謂：九爲粹極，能慎終如始，全其純正者也。

𝌫二方二州一部二家。**盛**。陰家，火，準大有。入盛次二二三十三分三十秒，日次鶉首，芒種氣應，斗建午位，律中蕤賓。**陽氣隆盛充塞，物寘然盡滿厥意。**王本「寘」作「冥」，今從宋、陸、范本。寘，音田。宋曰：「寘然，滿貌。」

初一　盛不墨，失冥德。測曰：盛不墨，中不自克也。宋、陸本「中」作「終」，今從范、王本。陸曰：「克，勝也。不能自勝其嗜欲。」王曰：「一居盛始而當夜，盛而不能默者也。如此則失其闇然之德矣。」光謂：墨，法也。凡盛之道，非致盛之難，處盛難也。一爲思始而當夜，盛而無法以自制約，則喪其幽隱之德也。

次二　作不恃，克大有。測曰：作不恃，稱玄德也。稱，尺證切。王曰：「居盛之時，得位當晝，明乎自然之道，是有作爲之功，而不恃其功，如此則能至於大有矣。」光謂：二爲思中而當晝，作而不恃，爲而不有，惟其不有，故能大有也。稱，當也。

次三　懷利滿匈，不利于公。測曰：懷利滿匈，營利門也。三爲思上而當夜，君子喻於義，小人喻於利，小人思慮求盛，不過營利而已，故曰「懷利滿匈」。利於私，斯害於公矣。

次四　小盛臣臣，大人之門。測曰：小盛臣臣，事仁賢也。王本「仁」作「人」，今從宋、陸本。四爲福始，故曰小盛也。臣臣，自卑賤之意也。君子當小盛之初，能自卑賤，承事仁賢，以致大盛。凡爲大人者，未有不由此道而出也，故曰「大人之門」。

次五　何福滿肩，提禍撣撣。測曰：何福提禍，小人之道也。宋本「撣撣」作「闌闌」，今從范、王本〔一〕。何，胡可切。王曰：「撣，音纏，義亦取其相纏不去之象」。陳撣音丹，又徒丹切，曰：「五居正位，故云何福也。福至盛，故云滿肩。極盛必反，故云提禍。」光謂：凡贊當夜者，皆小人之道也。以小人而享盛福，禍必隨之，故曰「何福滿肩，提禍撣撣」。

次六　天賜之光，大開之疆，于謙有慶。測曰：天賜之光，謙大有也。范、王本「賜」作「錫」，今從宋、陸本。六爲盛多〔二〕，極大而當晝，君子受天明命，大啓土宇者也。夫極盛難處也，故必用謙，然後有慶。

次七　乘火寒泉至。測曰：乘火寒泉，禍不遠也。范本測曰「乘火泉至」，今從宋、陸、王本。王曰：「當盛之時，七居過滿，又與本首同爲火數，二火之盛，炎炎上干，爲六所忌，故寒泉將至，而有撲滅之憂也。」光謂：七爲禍始而當夜。乘火者，盛之極也。寒泉至者，滅不久也。

〔一〕「今」，明抄本無，此據大典本、道藏本、張士鎬本補。

〔二〕「爲」、「多」，明抄本作「居」、「家」，此據大典本、道藏本、張士鎬本改。

次八　挹于滿熒，幾後之傾。測曰：挹于滿，幾不免也〔一〕。宋、陸本「挹」作「抅」，今從范、王本。王本無「熒」字，今從宋、陸、范本。范本「幾不免也」作「幾危也」，今從宋、陸、王本。幾，音饑，又音機。王曰：「得位當晝，善於處盛，滿而能挹，必後之傾。危而不傾，蓋謙挹以免也。處盛之極，非挹滿之道〔二〕，殆不免乎！熒〔三〕。」（闕）

上九　極盛不救，禍降自天。測曰：極盛不救，天道反也。九居盛極，當日之夜，逢禍之窮，盛極必衰者也。

𝌬二方二州一部三家。**居**。陽家，木，準家人。陽方躆膚赫赫，爲物城郭，萬物咸度。范本作「物咸得度」，今從宋、陸、王本。躆，音據。宋曰：「爲物城郭，欲萬物皆安其居。」陸曰：「躆，充實貌。陽爲城郭，萬物皆居其中，故曰咸度。」王曰：「城郭，在外之象。」光謂：膚亦當作躆。躆躆，動作强梁貌。爲物城郭者，言養衛萬物，使陰氣不得傷也。度當作宅，度，古宅字。宅，居也。

初一　匪譽匪咎，克守厥家。測曰：匪譽匪咎，其道常也。一居家之最下，子孫之

〔一〕「免」，明抄本作「兑」，此據大典本改。
〔二〕「挹滿」，明抄本作「滿挹」，此據大典本、道藏本、張士鎬本改。
〔三〕「熒」，大典本、道藏本、張士鎬本無。

象，當日之晝，能守常道，無咎無譽，保家之主也。

次二　家無壺，婦承之姑，或洗之塗。測曰：家無壺，無以相承也。壺者，承上以養人者也〔一〕。家無壺，下不供養也〔二〕。二居下體之中，有婦之象。婦者所以承姑也。今反使姑承之，爲之洗塗，服勞辱之事，上下失序，逆莫大焉。

次三　長幼序，子克父。測曰：子克父，乃能有興也。范本作「長幼序序」，今從宋、陸、王本。王曰：「得位當晝，故居室有倫，長幼各得其序，子能幹父之業者也。」光謂：三居下體之上而當晝，幼能事長，子能任其父事者也。

次四　見豕在堂，狗繫之迒。測曰：見豕在堂，其體不慶也。迒，音剛，又户郎切。繫與系同。迒，獸迹也。狗豕皆汙穢之物；堂，尊者之處也。四爲下禄而在中體，位稍尊矣。然當日之夜，小人之道也。凡爲家之道，正其身然後可以齊家。今四在堂，自有豕行，則在下者亦如狗系迹而進，不可止也。慶，善也。

次五　舳艫調安〔三〕，利富貞。測曰：舳艫安和，順其疆也。舳，直六切。艫，落胡

〔一〕「承上」，明抄本作「上承」，此據大典本、道藏本、張士鎬本改。
〔二〕「下」，明抄本無，此據大典本、道藏本、張士鎬本補。
〔三〕「舳」，明抄本作「軸」，此據大典本、張士鎬本改。

切。王曰：「不失其居，而無遠不適，處舟之義也。五既得位當晝，爲居之主，往必濟者也，故舳艫調安，而有所利富，不失其居室之道乎〔一〕！」光謂：舳，舡後用柂處也。艫，舡前刺棹處也。五居盛位而當晝，君子能治其家者也。舳艫調安，則衆賴以寧；上下和順，則家賴以齊。富者，家之福也。富不失正，所以爲美也。其當作無。

次六　外其井竈，三歲見背。測曰：外其井竈，三歲不享也。王曰：「三歲，數之終也。」光謂：井竈者，飲食之資，家之要務也，而外之，則家何以養矣。六過中而當夜，小人不能睦其宗族之賢者，而疎外之，不過三歲，則親皆叛之矣。不享者，不得飲食也。

次七　老父擐車〔二〕，少女提壺，利考家。測曰：老父擐車〔三〕，其體乃莊也。王本「考」作「于」，今從宋、陸、范本。擐，音患，貫也，以手貫車轅而行之，所以載物也。提壺者，承上以養也。考，成也。七居上體，有尊長之象。老父者，家之至尊；少女者，家之至卑也。尊能載衆，卑能承上，故利以成家也。夫齊家者，不可以不嚴也，故其體莊嚴，然後能載衆也。易曰：「家人嗃嗃，悔厲，吉。婦子嘻嘻，終吝。」

〔一〕「其」下明抄本有「知」字，此據大典本、道藏本删。
〔二〕「父」，明抄本作「夫」，此據大典本及測辭改。
〔三〕「擐」，明抄本作「轘」，此據大典本、道藏本及贊辭改。

次八　反其几，雙其杋，其家不旨。測曰：反几雙杋，家用不臧也。二宋、陸本「杋」皆作「牝」〔一〕，王作「牡」，今從范本〔二〕。「其家」宋、陸作「九家」〔三〕，范、小宋本作「几家」〔四〕。按：古「其」字作「亓」，因致此誤耳，今從王本。杋與匕同。几當上承，匕當用一，理之常也。八爲禍中而當夜，反其几者，幼不承長而上不獲安也。雙其匕者，家不統於尊而用事者衆也。旨，美也。下不承上，尊不統卑，家道壞亂，故不美也。

上九　株生蘖，其種不絶。測曰：株生蘖，其類乃長也。蘖，魚列、五葛二切。種，章勇切。王曰：「九居過亢，枯朽之象，得位當晝，株而生蘖者也。」光謂：木斬而復生曰蘖，九爲禍極，家已絶矣。而當日之晝，是尚有遺種能復興其家者也。

𝌭二方二州二部一家。**法。**陰家，金，準井。改邑不改井，無喪無得，往來井井，有法之象。**陽氣高縣厥法〔五〕，物仰其墨，莫不被則。**縣，音玄。宋曰：「墨者法之繩墨也。」光謂：是時陽

〔一〕「杋」，明抄本無，此據大典本、道藏本補。
〔二〕「本」，明抄本無，此據大典本、道藏本補。今之萬玉堂范本作「牝」，與司馬光所言不合。
〔三〕「家」下明抄本有「大」字，此據大典本、道藏本、張士鎬本删。
〔四〕「几」，明抄本作「凡」，此據大典本、道藏本及萬玉堂范本改。
〔五〕「氣」，明抄本無，此據張士鎬本補。

氣極高，物咸象之，莫不蒙被其法。

初一　造法不法。測曰：造法不法，不足用也。王曰：「作法之初，而失位當夜，不足法者也。」光謂：一爲思始，故曰造法。法言曰：「模不模，範不範，爲不少矣。」

次二　摹法以中，克。測曰：摹法以中，衆之所共也。摹與模同，摹猶制也。二爲思中而當晝，制法以中，然後能成也。洪範皇極，衆之所共由也。

次三　準繩不甫，亡其規矩。測曰：準繩不甫，其用爽也。甫，美也。爽，差也。不能正其身，其如人何？

次四　準繩規矩，莫違我施。測曰：準繩規矩，由身行也。君子先修其身，其身正，不令而行。

次五　繘陸陸，缾寘腹，井潢洋，終不得食。測曰：缾寘腹，非學方也。宋、陸本「寘」作「冥」，今從范、王本。繘，音橘。寘，音田。潢，音黄。陸曰：「方，道也。」王曰：「缾寘腹，不可以盛也。井潢洋，水多之貌也。終不得食者，汲引之道非也。」光謂：繘，汲索也。陸陸，索下貌。缾腹先實，則水不得入，井雖潢洋，終不得食也。學者虛以受人，則人樂告之。五居井之盛而當日之夜，小人先自驕滿，不能納物者也。

次六　于紀于綱，示以貞光。測曰：于紀于綱，大統明也。王曰：「以貞正光明之道，俾人不惑。」光謂：六居上禄以施其法，能紀綱天下，示人正光之道者也。

次七　密網離于淵，不利于鱗。測曰：密網離淵，苛法張也。王曰：「七居過滿而當夜，作法太密〔一〕，網罷于泉而鱗不寧，法施於國而人不便者也。」光謂：七爲網，又爲敗損，而當日之夜，法苛民駭者也。故曰「密網離于淵，不利于鱗」。

次八　正彼有辜，格我無邪〔二〕。測曰：正彼有辜，歐而至也。歐與驅同。宋曰：「歐百姓使至無邪也。」王曰：「八居上體之中而當晝〔三〕，能用其法正其有罪，以至於人無邪心也。」光謂：格，至也。正有辜以至無邪，用刑之善者也。舜曰：「刑期于無刑。」

上九　井無幹，水直衍，匪谿匪谷，終于愆。測曰：井無幹，法妄恣也。王本「匪谿匪谷」作「利心匪谿」，今從宋、陸、范本。幹，音寒。范曰：「幹以檢扞於井，泄取有時。」王曰：「處法之極而當夜，無法者也。國而無法則人易犯，井而無幹則水衍溢也。」光謂：九爲禍極而當夜，法妄恣無常，與無法同，民志迷惑不知所從，則冒犯而終亂耳。如井無幹，水將衍溢，非谿非谷而注射妄行〔四〕，終於愆過而已矣。

〔一〕「太密」，明抄本作「大客」，此據大典本、道藏本、張士鎬本改。

〔二〕「無」，明抄本作「元」，此據大典本改。

〔三〕「八」、「體」，明抄本作「七」、「本」，此據大典本改。

〔四〕「注」，明抄本作「汪」，此據大典本改。

𝌮二方二州二部二家。　**應**。　陽家，土，準咸。　入應次六一十八分五秒，夏至氣應，故兼準離。　**陽氣極于上，陰信萌乎下，上下相應。**　信猶聲兆也。

初一　**六幹羅如，五枝離如。**　**測曰：六幹羅如，附離君也。**（闕）

次二　**上歷施之，下律和之，非則否。**　**測曰：上施下和，匪其真也。**　范本「真」作「肯」，今從宋、陸、王本。　和，胡臥切。　曆謂十二辰也，律謂十二管也。　斗建十二辰於上，律布十二管於下，上下相應，苟非其合，則不應也。　匪其真。（闕）〔一〕

次三　**一從一横**〔二〕**，天網䍚䍚。**　**測曰：一從一横，經緯陳也。**　從，即容切。　䍚，陳音郎，吳郎宕切。　范曰：「䍚䍚，廣大貌」。　王曰：「天罔䍚䍚者，疎而不漏之義。」光謂：三爲思上而當晝，君子能經緯天地者也。　離爲文明，又有網罟之象。

次四　**援我罘罟，絓羅于野，至。**　**測曰：援我罘罟，不能以仁也。**　援，音爰。　罘，音浮。　絓，胡卦切。　四者陽氣將熄，陰氣將生，德去而刑至者也。　又離有罔罟之象，故曰「援我罘罟，絓羅于野」。　至者，言其事將至，如云「履霜堅冰至」也。

〔一〕「匪其真闕」四字，大典本、道藏本、張士鎬本無。

〔二〕「横」，明抄本作「撗」，此據大典本、道藏本、張士鎬本改，下同此。

次五　龍翰于天，貞栗其鱗。測曰：龍翰之栗，極懼墜也。翰，胡安切。王曰：「居中體正，得位當晝，爲應之主，故象龍飛于天。」光謂：龍以喻陽。翰，飛也。五爲純陽，盛大之極，故曰「龍翰于天」。君子居盛大之極，不可不正，不可不懼，故曰「貞栗其鱗」。栗，懼也。

次六　熾承于天，冰萌于地。測曰：承天萌地，陽始退也。王本「熾承」作「巸烝」，云：巸，古熾字，今從宋、陸、范本。熾，陽之盛也。冰，陰之極也。六當夏至之初，陽極陰生之際，小人道長，君子道消，故曰「熾承于天，冰萌于地」，敬戒之微，盡在於是也。

次七　日彊其衰，應蕃貞。測曰：日彊其衰，惡敗類也。惡，烏故切。七爲禍始而當晝，君子能日强其衰，則應之者蕃多而不失其正也。

次八　極陽徵陰，不移日而應。測曰：極陽徵陰，應其發也。王本「徵」作「徵」，「其」作「時」，今從宋、陸、范本。治極召亂，盛極召衰，福極召禍，不移日而應也。

上九　亢離之極，君子應以大稷。測曰：亢離之極，不可過也。范本作「不可過止」，今從諸家。陸曰：「過，止也。」王曰：「大稷，日將暮也。」吳曰：「稷，音義與昃同。」光謂：亢離，大明也。大明之極，極盛必衰，君子應時，與之消息，故君子應以大稷。

太玄集注卷第四

二方二州二部三家。**迎。**陰家，水，準咸。入迎次二〔一〕，日舍輿鬼。**陰氣成形乎下，物咸遡而迎之。**遡，音素。宋曰：「遡，向也。」

初一　迎他匪應，無貞有邪。測曰：迎他匪應，非所與并也。王曰：「處迎之初，而失位當夜，迎之不以其道者也。物之非其宜應，而往迎之，則失正而陷邪也。」光謂：迎準咸，咸，感也。一爲思始而當夜，感於外物而非正應者也。

次二　蛟潛於淵，陵卵化之〔二〕，人或陰言，百姓和之。測曰：蛟潛之化，中精誠也。王本「或」作「有」，小宋本「人或陰言」作「人言或陰」，今從宋、陸、范本。和，胡卧切。范曰：「蛟潛於水，産卵高陵，下伏於淵〔三〕，氣應相感，然後剖化。」光謂：二爲思中而當晝，君子精誠之

〔一〕「次」，明抄本作「初」，此據大典本、道藏本、張士鎬本改。

〔二〕「卵」，明抄本作「卯」，此據道藏本改。

〔三〕「伏」，明抄本作「復」，此據張士鎬本改。

至，無所不通也〔一〕。易曰：「鳴鶴在陰，其子和之。」

次三　精微往來，妖先靈覺。測曰：精微往來，妖咎徵也。三爲思終而當夜，天人之際，精祲相感，人失其道，妖靈先覺也。

次四　裳有衣襦，男子目珠，婦人啑鈎，貞。測曰：裳有衣襦，陰感陽也。王本「感」作「盛」，今從諸家。襦，音儒，短衣也。啑，色甲切。吳本作「嚏」，音帝。（闕）

次五　黄乘否貞。測曰：黄乘否貞，不可與朋也。乘，時證切。王曰：「五雖居中而處陰當夜，不正而乘中位，故曰黄乘否貞。」光謂：不正當位，不足合也。

次六　玄黄相迎，其意感感。測曰：玄黄相迎，以類應也。范曰：「天玄地黄，天地相迎則風雨時調〔二〕。君臣相迎，則政教以度。」光謂：六爲極大，感之盛也。自天地至於萬物，君臣上下夫婦朋友，無不以類相應也。

次七　遠之眡，近之掊，迎父迦逅。測曰：遠眡近掊，失父類也。小宋「眡」作「䀰」，今從諸家。眡，許候切，怒目視貌。掊，普后切，擊也。迦與邂同，音蟹。逅，音后。邂逅，不期而會也。（闕）

〔一〕「不」，明抄本無，此據大典本、道藏本、張士鎬本補。
〔二〕「調」，明抄本作「詞」，此據大典本、道藏本、張士鎬本改。

次八　見血入門，掮迎中庭。測曰：見血入門，以賢自衛也。宋、陸本「掮」作「椒」，今從范、王本。掮，音府，捍也。八爲禍中，故曰「見血入門」，傷之者至也。當日之晝，能以賢自衛，迎拒之於中庭，物不能傷，故曰「掮迎中庭」。

上九　濕迎牀足，累于牆屋。測曰：濕迎牀足，顛在内也。小宋、王本「濕」作「澤」，今從宋、陸、范本。范、王本「累」作「罣」，范云：「罣，覆也。」今從宋、陸本。宋、陸、范本「顛」作「願」〔一〕，今從王本。累，良瑞切。九爲禍極而當夜，小人女子所以能傾國家者，非一朝一夕之故，其所由來者漸矣。如濕氣之迎牀足，浸潤而上，將累及牆屋，而不可如何。究其顛沛之原，自内興也。

𝌰二方二州三部一家。遇。陰家，火，準姤。入遇初一，日舍柳。陰氣始來，陽氣始往，往來相逢。

初一　幽遇神及師，夢貞。測曰：幽遇神，思得理也。王曰：「居遇之初，遇而未形，冥交神會之象。」光謂：一爲思始而當晝，精神感通，故遇神及師，雖或發於夢寐，而不失其正，

〔一〕「宋陸范本」，明抄本無，此據大典本、道藏本、張士鎬本補。

若高宗夢傅説是也〔一〕。夢者，事之難據者也。精誠之至，猶得正而可據，況僉謀師錫者乎！

次二　衝衝兒遇，不定之論。測曰：衝衝兒遇，不肖子也。范本「不定之論」作「不受定之論」〔二〕，今從諸家。王曰：「無心而遇曰衝衝。兒者，童昏無知之稱也。則其所遇何定之有乎？所以然者，失位當夜，不得遇之宜也。不肖子者，明非有知之兒也。」（闕）

次三　不往不來，得士女之貞。測曰：不往不來，士女則也。范、王本「不往不來」作「不往不來不求」，測曰：「不往不求，」今從宋、陸本。宋曰：「則，法也。」光謂：自衒自媒者〔三〕，士女之醜行〔四〕，故不往不來而自遇，乃士女之正也。

次四　倔倔，兑人遇雨，厲。測曰：兑人遇雨，還自賊也。王曰：「倔倔，勇而無禮之貌。」（闕）

次五　田遇禽，人莫之禁。測曰：田遇禽，誠可勉也。五爲盛福而當晝，如田而遇禽，獲則取之，誰能禦也？

〔一〕「傅」，明抄本作「得」，此據道藏本、張士鎬本改。
〔二〕「論」，明抄本作「論」，此據大典本、道藏本、張士鎬本改。
〔三〕「媒」，明抄本作「謀」，此據大典本、道藏本、張士鎬本改。
〔四〕「女」，明抄本無，此據大典本、道藏本、張士鎬本補。

次六　俾蛛罔，罔遇蠭，利雖大，不得從。測曰：俾蛛之罔〔一〕，害不遠也。蠭與蜂同。范曰：「使蜘蛛設罔而得於蠭。蠭，螫蟲也，所以不制，雖以爲利，不得從而取也。」光謂：六爲上禄而當夜，小人見利，鋭於進取而不得所欲也。

次七　振其角，君父遇辱，匪正命。測曰：振其角，直道行也。七爲禍始而當晝，如君父不幸遇辱，則君子振角，直道而行，死之可也。雖非正命而死，義不得不爾。

次八　兩兕鬭，一角亡，不勝喪。測曰：兩兕鬭，亡角喪也。勝，詩證切。喪，息浪切。八爲禍中而當夜，如兩兕相遇方鬭，而一亡其角，必不勝而喪身矣。角以喻禦侮之士也。

上九　或氏其角，遇下毀足。測曰：或氏其角，何可當也。范、王本「或氏其角」作「觝其角」〔二〕，今從宋、陸本。觝，都禮切。（闕）

𝌱二方二州三部二家。**竈**。陰家，木，準鼎。入竈次九二十八分二十八秒，日次鶉火，小暑氣應，斗建未位，律中林鍾。鼎，大烹以養聖賢，故竈多養賢之象。**陰雖沃而灑之，陽猶熱而龢之。**龢，古和字，下同。宋曰：「竈以和陰陽者也，故或沃之，或和之，於是乎在。」光謂：陰灑陽和，有

〔一〕「俾」，大典本、道藏本、張士鎬本及萬玉堂范本無。
〔二〕「或氏其角」，明抄本無，此據大典本、道藏本、張士鎬本補。

炊爨之象〔一〕。

初一　竈無實，乞于鄰。測曰：竈無實，有虚名也。王曰：「處竈之初，失位當夜，無實者也。既失烹飪之道，無以供食，故乞于鄰。」光謂：一爲思始而當夜，小人内無其實，竊他人之善以爲己名者也。

次二　黄鼎介，其中齋，不飲不食，孚無害。測曰：黄鼎介，中廉貞也。王曰：「鼎者，竈之器也。介然，特立之貌。其中齋者，寬容虚受之義也。」光謂：二在下體之中而當晝，位爲方沮，未及下禄，君子守其中道，隱居自養，而不苟食者也。内養其志，不慕外物，故雖不飲不食，亦信無所害也。

次三　竈無薪，黄金瀕。測曰：竈無薪，有不用也。瀕，音頻。（闕）

次四　鬲實之食，得其勞力。測曰：鬲實之食，時我奉也。鬲，音歷。王曰：「鬲，釜之小者。」光謂：鼎款足者謂之鬲。四爲下禄而當晝，君子以禄養賢，雖少亦得其勞力也。時我奉者，賢者得其時則仕也。

次五　鼎大可觴〔二〕，不齊不莊。測曰：鼎大可觴，饗無意也。齊，側皆切。王

〔一〕「光謂」以下十一字明抄本無，此據大典本、道藏本、張士鎬本補。

〔二〕「觴」，明抄本作「觴」，此據道藏本改，下同此。

曰：「無大饗齊莊之意。」光謂：觴當作鬺，音商，煮也。五居盛位，可以養賢，故曰「鼎大可鬺」。而當日之夜，不能以禮待天下之士，則士皆莫肯歸之矣。洪範曰：「凡厥正人，既富方穀。」

次六　五味穌調如美如，大人之饗。測曰：味穌之饗，宰輔事也。王本「美」作「羹」，小宋本作「五味和調滋如美」〔一〕，今從宋、陸、范本。王曰：「宰相之事，調和五味，大人任之，其人饗之而已。」光謂：六爲上禄而當晝，君子輔佐國家，獻可替否，進賢退不肖，燮和其政，調美如羹，獻之於君，而君饗之，則天下大治矣。高宗命說曰：「若作和羹，爾惟鹽梅。」三公承君，有鼎之象。

次七　脂牛正肪，不濯釜而烹，則歐歍之疾至。測曰：脂牛歐歍，不絜志也。肪，音方。歐，烏后切。歍，哀都切。范曰：「歐歍，吐逆之聲也。」王曰：「脂牛，肥牛也。」光謂：肪，脂也。歐，吐也。歍，心有所惡而吐也。肥牛之脂，以喻美禄也。人君雖以美禄養士，若不以誠潔之志將之，則士斯惡之矣。七爲禍始，始失志之象也。

次八　食其委，雖嗷不毀。測曰：食其委，蒙厥德也。委，於僞切。嗷與叫同。

上九　竈滅其火，唯家之禍。測曰：竈滅其火，國之賊也。竈滅火，以喻不養賢（闕）

〔一〕大典本、道藏本、張士鎬本「美」下有「如」字，此據明抄本。

也。不養賢者，自賊其國者也。桀殺關龍逢，紂殺比干，夫差殺伍員，項羽逐范增之類皆是也〔一〕。

☷二方二州三部三家。大。陽家，金，準豐。陰虛在内，陽蓬其外，物與盤蓋。范、王本「在内」作「其内」，今從宋、陸本。范本「蓬」作「逢」〔二〕，今從二宋、陸、王本。宋曰：「蓬猶盛也。」光謂：與，皆也。物皆如盤蓋，外隆大而内虛也。

初一　淵潢洋，包無方，冥。測曰：淵潢洋，資裹無方也。王本「裹」作「懷」，今從諸家。潢，音黃。一爲水，又爲思始而當晝，君子之心如淵潢洋，無所不包，所以爲大也。居下體之下，冥者隱而未見也。

次二　大其慮，躬自鑢。測曰：大其慮，爲思所傷也。鑢，音慮。王曰：「處大之時，失位當夜，乖於其意，徒欲廣大其慮，而智不能周，反傷其躬也。鑢者，錯磨之具。錯磨太過，必有所傷。」光謂：二爲思中而當夜，小人智小而謀大者也。詩云：「無田甫田，維莠驕驕。無思遠人，勞心忉忉。」

次三　大不大，利以成大。測曰：大不大，以小作基也。王曰：「得位當晝，故能

〔一〕「皆」，明抄本無，此據大典本、道藏本、張士鎬本補。
〔二〕「本」，明抄本無，此據大典本、道藏本、張士鎬本補。

大不自大，以謙虚自保，利用積小以成其高大。」光謂：三爲思上而當晝，君子志大而心小，故能成其大也。

次四　大其門郊，不得其刀，鳴虛。測曰：大其門郊，實去名來也。王曰：「有聲無實，故曰鳴虛。」光謂：門在外，郊在遠，刀所以斷。鳴者，名聞之謂也。四爲外他而當夜，小人不治其内而務大其外，故曰「大其門郊」，言遺近而務遠也。不得其刀，不能斷也。雖聲名遠聞，其實内虛。

次五　包荒以中，克。測曰：包荒以中，督九夷也。王本「九」作「四」，今從諸家。范曰：「克，能也。」光謂：五居盛位而當晝，聖人執大中之道，能懷服四海者也。

次六　大失小，多失少。測曰：大失小，禍由微也〔一〕。王本測作「禍中發」，今從諸家。范曰：「六，水也。水之所失在於隙穴。事從細生，禍由微起。」光謂：六過中而當夜，大之始失者也。

次七　大奢迂，自削以觚，或益之餔。測曰：奢迂自削，能自非也。觚，音孤。餔，博孤切。范曰：「觚，法也。」光謂：奢猶哆也。迂，遠也。餔，食也。七爲禍始而當晝，大已過甚，至于哆遠。君子見微，知禍將至，能以法自裁制，則更受福禄。故曰「或益之餔」也。

〔一〕「由」，明抄本作「猶」，此據大典本、張士鎬本改。

次八　豐牆峭阯，三歲不築，崩。測曰：豐牆之峭，崩不遲也。阯與趾同。范曰：「豐，大也。峭，峻也。阯，足也，謂基也。三，終也。牆大基峻，若不終歲加之板築，則有崩墜之憂，猶君子之道不隆其本，末必危也。」光謂：八爲禍中而當夜，小人不知禍至，務自廣大而不顧其本者也。三者，數之成也。

上九　大終以蔑，否出天外。測曰：大終以蔑，小爲大資也。王本無「以」字，測曰「大終蔑否」，今從諸家。宋、陸、范本「資」皆作「質」〔一〕，今從虞、王本。（闕）

☵二方三州一部一家。廓。陰家，水，準豐。入廓次四，日舍七星。**陰氣瘱而念之，陽猶恢而廓之。**宋、陸本作「陰應匿而念之」，今從范、王本。陳曰：「瘱，苦協切。念，音合。」是以瘱爲㥦字也。吴曰：「瘱，於計切，靜也。」然則字當從㥦〔二〕。宋曰：「念之言翕也，謂是時陰氣應時，翳匿之於下，陽氣猶盛壯，而廓之於上也。圖曰：『虛中弘外存乎廓』。」范曰：「瘱，協也。念，合也。」王曰：「陰氣尚弱，潛瘱而念合之。念，古歙字。」光謂：陰氣翳匿，閉合萬物〔三〕，而陽氣尚務恢廓

〔一〕「宋、陸」，明抄本無，此據大典本、道藏本、張士鎬本補。
〔二〕「㥦」，大典本、道藏本、張士鎬本作「医」，此二字皆於意不合，疑有誤焉。
〔三〕「閉」，明抄本作「之」，此據大典本、道藏本、張士鎬本改。

之，故曰廓。廓者〔一〕，張大之也。

初一　廓之恢之，不正其基。測曰：廓之恢之，始基傾也。王曰：「處廓之初，而失位當夜，雖能恢廓之，而不能自正其始。」光謂：一爲思始而當夜，小人務自恢廓，而不正其基，故動則傾也。

次二　金幹玉楨，廓于城。測曰：金幹玉楨，蕃輔正也。范曰：「金玉者，皆其美質也。」王曰：「二居下體之中，得位當晝，金玉以爲楨幹，得賢之謂也〔二〕。楨幹者，板築之具也。」光謂：板築之具，旁曰幹，題曰楨。二爲思中而當晝，君子能以賢哲爲輔〔三〕，恢廓其德以自衛者也。

次三　廓無子，室石婦。測曰：廓無子，焉得後生也。王曰：「室於石女，無復嗣續之道。」光謂：三爲思上而當夜，小人思慮恢廓而後不能繼，故曰「廓無子」也。室石婦，謂求室而得石婦也。

次四　恢其門户，用圉寇虜。測曰：恢其門户，大經營也。范本「用圉」作「以禦」，

〔一〕「者」，明抄本無，此據大典本、道藏本補。
〔二〕「謂」，明抄本作「位」，此據大典本、道藏本改。
〔三〕「輔」，明抄本作「務」，此據大典本、道藏本改。

王本作「用固」，小宋本作「用禦」，今從宋、陸本。圉與禦同。四爲外他而當晝，君子恢其禮義以禦小人者也。故曰「恢其門户，用圉寇虜」。

次五　天門大開，恢堂之階，或生之差。測曰：天門大開，德不能滿堂也。王本「恢堂」作「恢當」，誤也。二宋、陸、王測無「堂」字，今從范本。五在廓家而當盛位，故曰「天門大開，恢堂之階」，言通達而尊高也。然當日之夜，小人不能享此盛福，德不能充其位，必有差失以致顛覆也。

次六　維豐維崇，百辟馮馮，伊德攸興。測曰：維豐維崇，玆太平也。王本「玆」作「欲」，今從諸家。馮，古憑字。馮馮，盛多貌。六爲極大而當晝，君子恢廓其德以致太平，豐大崇高，萬邦率服，盛多而駿奔輻湊也〔一〕。

次七　外大杚，其中失。君子至野，小人入室。測曰：外大杚，中無人也。范、小宋本「杚」作「扢」，今從宋、陸、王本。宋、陸本「入室」作「至室」，王作「在室」，今從范本。陳曰：「杚，音訖，摩也。」王曰：「杚者，斗槩木也。」吴曰：「杚與槩同，柯愛切。説文：『古没切，平也。』」光謂：杚當作圪，魚乙切，高壯貌。七在廓家而居上體，故曰外大圪，言廓大而高壯也。然當日之夜，小人處大而驕，遠賢能，近不肖，亂自内興者也。故曰「其中失，君子至野，小人入室」也。一

〔一〕「輻」，明抄本作「輳」，此據大典本、道藏本改。

曰：「杚，許訖切，喜也。」

次八　廓其外，虚其内，利鼓鉦。測曰：廓外虚内，乃能有聞也。八居外而當晝，君子廓外以昭德，虚内以納物，故能令名遠聞。譬如鼓鉦，亦外廓内虚而能有聲也。君子之德在外而恢廓者，惟令名也。

上九　極廓于高庸，三歲無童。測曰：極廓高庸，終無所臣也。庸與墉同。王曰：「處廓之極，失位當夜，雖能恢廓其垣墉，而中無童役可使。高而無人，悔可知矣。」光謂：九居上極而當夜，小人務自恢廓崇高，而不知止者也，故曰「廓于高庸」。不能降意接下，則下將叛之，故曰「三歲無童」。

☷二方三州一部二家。文。陽家，火，準渙。揚子蓋以渙爲焕，故名其首曰「文」。入文上九，日舍張。陰斂其質，陽散其文，文質班班，萬物粲然。

初一　袷襀何縵[一]，玉貞。測曰：袷襀何縵，文在内也。袷，乞洽切。襀與繢同，音會。何，下可切。縵，莫旦切。袷，衿也。襀，畫也。何，被也。繒無文曰縵。一爲思始而當晝，

〔一〕「袷襀」，明抄本皆從示，此據道藏本改，下同此。

君子内文外質，如施畫於衿而被以縵服，純素含章，如玉之正，美之至也。中庸曰：「衣錦尚絅，惡其文之著也。」

次二　文蔚質否。測曰：文蔚質否，不能俱睟也。王曰：「文之爲體，當文質彬彬。二位當夜，既無其質，文雖蔚然，不足美也。睟，純美也。」光謂：蔚，細縟貌。二爲思中而當夜，小人文華雖美，而實不能副也。寧嬴謂陽處父「華而不實〔一〕，怨之所聚也」。

次三　大文彌樸，孚似不足。測曰：大文彌樸，質有餘也。王本「彌」作「珍」，「樸」作「璞」，今從諸家。孚，大信也。三爲思終而當晝，君子大文似樸，大信似不足。

次四　斐如邠如，虎豹文如，匪天之享，否。測曰：斐邠之否，奚足譽也。邠與彬同。否，音鄙。范曰：「虎豹之獸，以其文貴。斐邠者，文盛貌。」王曰：「四失位當夜，蓋同虎豹以文害其躬，匪天所享，故曰否也。享之爲言嚮也。」

次五　炳如彪如，尚文昭如，車服庸如。測曰：彪如在上，天文炳也。王本「尚文」作「質文」，今從宋、陸、范本。王曰：「五居中體正，得位當晝〔二〕，爲文明之主，煥然可觀也。」光謂：尚文昭如，聖王貴上禮文，昭然明辨也。車服庸如，言以車服表顯賢者之功庸也。用文之大，

〔一〕「父」下明抄本有「曰」字，此據大典本、道藏本、張士鎬本刪。
〔二〕「五」，明抄本作「王」，此據大典本、道藏本改。

莫過於此。舜典曰：「敷納以言，明試以功，車服以庸。」

次六　鴻文無范，恣于川。測曰：鴻文無范，恣意往也。范曰：「范，法也。」光謂：鴻鴈之飛，偶有文字之象而無法也，遇川則自恣而已。六過中而當夜，小人之文，無法而妄爲者也。

次七　雉之不禄，而鷄藎穀。測曰：雉之不禄，難幽養也。宋、陸本「而鷄藎穀」作「而不鷄藎穀」，王本無「而」字，測「不禄」皆作「不鷄」，今從范本。藎，徐刃切〔一〕。王曰：「七雖過滿而得位當晝，如翟雉有文采而懷耿絜之性，不受人之馴養，故云不禄。終不若鷄之進食其穀也。藎，進也。」光謂：七在外體而當晝，君子有文而耿介，避世而不仕者也。七爲禍階，故賢人隱也。

次八　彫截穀布，亡于時，文則亂。測曰：彫截之文，徒費日也。王曰：「八居將極而失位當夜，若務其彫截之文，無事費日，俾穀之與布俱亡于時，其文之弊乃爲亂也。」光謂：八爲耗而當夜，故有是象。

上九　極文密密，易以黼黻。測曰：極文之易，當以質也。王曰：「九居文極而得位當晝，能易極文之弊者也。文工之極至於密密，然至截至微而能易之，使如黼黻之有制度也。」光謂：九爲盡弊而當晝，故有是象。白與黑謂之黼，黑與青謂之黻。黼黻雖文，校於彫截，則爲

〔一〕「徐」，明抄本作「除」，此據大典本、張士鎬本改。

質也。

☷二方三州一部三家。**禮**。陰家，木，準履。入禮次四六分三秒，大暑氣應。**陰在下而陽在上，上下正體，物與有禮。** 小宋本「陽在上」作「陽益高」，今從諸家。

初一　履于跂，後其祖禰。測曰：履于跂，退其親也。 宋、陸本「跂」作「跛」，今從范、王本。王曰：「居禮之初，失位當夜，是始而乖禮者也。履于跂〔一〕，非敬之道也。」光謂：跂，舉踵也。一居下體之下，履之至卑者也，乃欲舉踵强高，居下而僭上之象也。凡臣之事君，猶事父也，事大君猶事祖也。在下位而禮僭於上，是猶退其祖父使居己後也，不亦悖乎！

次二　目穆穆，足肅肅，乃貫以棘。測曰：穆穆肅肅，敬出心也。 王曰：「棘，取其赤心也。」光謂：穆穆肅肅，皆恭謹貌。二爲思中而當晝，外貌之恭，必貫之以誠，然後善也。

次三　畫象成形，孚無成。測曰：畫象成形，非其真也。 王曰：「忠信，禮之本。既乖於本，何禮之有？」光謂：三爲思末而當夜，飾外貌而無內實者也。故曰「畫象成形〔二〕，孚無成」。女叔齊謂魯昭公「屑屑焉習儀以亟」，不可謂禮。

〔一〕「跂」，明抄本作「跂」，此據大典本、道藏本、張士鎬本改，下同此。
〔二〕「曰」，明抄本作「三」，此據大典本、道藏本、張士鎬本改。

次四　孔鴈之儀，利用登于階。測曰：孔鴈之儀，可法則也。虞曰：「鴈飛成行，孔雀亦成行也。」光謂：孔雀有文章，鴈有行序，皆威儀之象。階諭進而登位也。四爲下禄而當晝，君子居位以臨其民，有威可畏，有儀可象，其下畏而愛之，則而象之，是以政教不肅而成，不嚴而治也。

次五　懷其違，折其匕，過喪錫九矢。測曰：懷違折匕，貶其禄也。王本「過喪錫九矢」作「過邕錫」，今從諸家。范、小宋本「貶其禄」作「貶天禄」，王本作「敗其禄」，今從宋、陸本。

（闕）

次六　魚鱗差之，乃大施之，帝用登于天。測曰：魚鱗差之，貴賤位也。范、小宋本「大」作「矢」，今從宋、陸、王本。六爲極大而當晝，君子制禮使貴賤有序，差若魚鱗。執此道而大施之於天下，天下莫不治也。帝者用此則可以格于皇天矣。

次七　出禮不畏，入畏。測曰：出禮不畏，人所棄也。七爲禍始而當夜，小人踰越禮法而不顧者也。由其不畏，所以入畏，謂陷刑戮也。書曰：「弗畏，入畏。」

次八　冠戚屈，履全履。測曰：冠戚履賤，不可不上也。二宋、陸、王本「全」作「金」，今從范本。宋、陸本測曰「冠戚履賤〔一〕，不可不正也」，范本「冠戚屈，明不可上也」，王本「冠

〔一〕「戚」，明抄本作「七」，此據大典本、道藏本、張士鎬本改。

戚朏，不可不上也」〔一〕，今從小宋本。范曰：「戚朏以論敗也。冠雖敗，宜加之首。履雖全，宜踐之足〔二〕。」光謂：八在上體而爲禍中，冠敗之象也。當日之書，故下不能陵也。故曰「不可不上也」。

上九　戴無首，焉用此九。測曰：無首之戴，焉所往也。焉，於虔切。九，陽之盛也。禮主卑讓，故雖天子必有尊也。九爲亢極而當夜，上無所戴，高而必危，譬如戴冠而無首，焉用此盛極之位哉！

𝌶二方三州二部一家。**逃**。陽家，金，準遯。**陰氣章彊，陽氣潛退，萬物將亡。**宋曰：「謂萬物與陽盛衰者也。次於七分消卦爲遯，微陰在內，欲出地矣。」王曰：「章，明。彊，大。」

初一　逃水之夷，滅其創迹。測曰：逃水之夷，迹不創也。一爲思始而當晝，君子避禍於未萌，逃惡於未形，用之於思慮之初，人不見其迹，則患難何由及焉！譬如避逃於水中〔三〕，水從而平夷其創迹〔四〕，皆令人不能見其際也〔五〕。

〔一〕「王本」至「不上也」十字明抄本無，此據大典本、道藏本、張士鎬本補。

〔二〕「踐」，明抄本作「賤」，此據大典本、道藏本、張士鎬本改。

〔三〕「譬」，明抄本無，此據道藏本、張士鎬本補。

〔四〕「平」，明抄本作「爭」，此據大典本、道藏本改。

〔五〕「令」，明抄本作「合」，此據張士鎬本改。

次二　心傷傷，足金烏，不志溝壑。　測曰：心傷傷，義不將也。范本「傷」作「惕」，王本作「愢」，云：「古惕字」，今從二宋、陸本。宋、陸「金」作「含」〔一〕，王本作「望」，今從范、小宋本。「傷」亦古「惕」字。宋曰：「將，行也。不能以義斷心而行也。」光謂：金者，堅固之象也。二爲思中而當夜，小人雖睹禍之將至，惕惕而懼，不能以義自斷，懷其寵禄，滯留不去，不知溝壑在於足下，俄則顛躓也。孔子曰：「見義不爲，無勇也。」故曰「義不將也」。

次三　兢其股，鞭其馬，寇望其户，逃利。　測曰：兢股鞭馬，近有見也。范本「望」作「朢」，今從諸家。陳曰：「朢，古望字。」宋曰：「近有見，謂寇已近也。」光謂：三爲思終而當晝，逃得其宜者也。兢其股，懼也。鞭其馬，欲速去也。寇望其户，患將至也。當是時利於逃也。

次四　喬木維摐〔二〕，飛鳥過之，或止降。　測曰：喬木之鳥，欲止則降也。宋、陸、王本「摐」作「樅」〔三〕，今從范本。「或止降」，宋、陸本作「止之」，范本作「或降」，今從王本。范曰：「上撩稱摐。上撩之木鳥所不集，故過之而去。」光謂：摐，長密之貌。四爲下禄而當夜，小人遯逃

〔一〕「金作」，明抄本作「作金」，此據大典本、道藏本改。
〔二〕「摐」，明抄本作「樅」，此據大典本、道藏本、張士鎬本改，下同此。
〔三〕「摐作樅」，明抄本作「樅作摐」，此據大典本、道藏本、張士鎬本改。

之志不堅，遇美禄則止而不去，故未免於患也。

次五　見鶽踤于林，獺入于淵，征。　測曰：見鶽及獺，深居逃凶也。　范本「鶽」作「鸜」〔一〕，王本作「鷲」〔二〕，今從二宋、陸本。　王本「征」作「利征」，今從宋、陸、范本。「鶽」，古「隼」字。一本作「鷹」。　踤，慈卹切。　宋曰：「鶽害鳥，獺害魚。」吴曰：「踤，蹋也。」光謂：五爲中禄而當晝，君子雖居顯位，食厚禄，見小人用事於朝，知其必爲禍亂，則行而去之矣。

次六　多田不婁，費我腜功。　測曰：多田不婁，費力亡功也。　宋、陸本「費」作「會」，今從范、王本。　腜，户佳切。　范曰：「埶食曰腜。」王曰：「六居過滿，失位當夜，不得處逃之宜。若田於多田而不婁理之〔三〕，徒費食與功而無益也。」光謂：　六爲上禄、爲盛多、爲極大而當夜，小人德薄位尊，力小任重，雖有盛大之資業，不能修治，賢者皆棄之而逃，徒費食力，安得成功也？

次七　見于纍，後乃克飛。　測曰：見于纍，幾不足高也。　幾，音畿。　宋曰：「幾，近也。已見纍索，僅然得免，此用明近也。」王曰：「逃難之時，而七居禍始，逃而後時者也，故『見于纍』。然得位當晝，能保終吉，故『後乃克飛』，免其患也。　君子雖見縻綴，然亂邦不居，終當自引遠

〔一〕「鸜」，明抄本作「鷲」，此據大典本、道藏本、張士鎬本改。
〔二〕「鷲」，明抄本作「鶖」，此據大典本、道藏本、張士鎬本改。
〔三〕「婁」，明抄本作「樓」，此據大典本、道藏本、張士鎬本改。

去，故曰「後乃克飛」也。」

次八　頸加于矰，維縔其繩。測曰：頸加維縔，毋自勞也。王曰：「縔與翼同。八失位當夜，不能避患，故首加于矰。雖鼓翼于繩罔之中，終無克飛之理。」光謂：矰，弋射之矢也。八爲禍中而當夜，不能遯逃遠禍，矰已加於頸矣。雖復奮翼掣曳其繩，安得去哉？徒自勞也。

上九　利逃跰跰，盗德嬰城。測曰：盗德嬰城，何至逃也。王本作「德盗」，小宋本作「盗得」，今從宋、陸、范本。陳曰：「跰，音餅，又蒲賢切。字書：跰胝，皮堅也。」（闕）

𝌷二方三州二部二家。唐。陰家，土，準遯。陸曰：「唐蕩天下皆遯。遯亦蕩蕩也。」光謂：唐猶盪盪無拘檢，有喪失之意也。陰氣茲來，陽氣茲往，物且盪盪。宋曰：「茲，益也。」陸曰：「盪盪，空盡之貌也。」

初一　唐于內，勿作厲。測曰：唐于內，無執守也。一爲思初而當夜，內無所守，動則危矣。

次二　唐處冥，利用東征。測曰：唐冥之利，利明道也。冥，昧也〔一〕。東者日所出

〔一〕「也」，明抄本作「者」，此據大典本、道藏本、張士鎬本改。

也。二爲思中而處下體之内，故曰「唐處冥」。言其中心蕩蕩，迷所適也。然當日之晝，君子能求明道以自進者也。

次三　唐素不貞，亡彼瓏玲。測曰：亡彼瓏玲，非爾所也。王曰：「瓏玲，玉聲也。」（闕）

次四　唐無適，道義之辟。測曰：唐無適，惟義予也。適，丁歷切，下同。辟，必益切。予，余吕切〔一〕。王曰：「四得位當晝，得唐之宜，蕩蕩然無適無莫，惟以道義爲辟，知所之往，唐之美也。辟，君也。」光謂：適，必然也。四爲條暢而當晝。孔子曰：「君子之於天下也，無適也，無莫也，義之與比。」故曰「道義之辟」，言其最尊高也。

次五　奔鹿懷鼷，得不訾。測曰：奔鹿懷鼷，不足功也。范、王本「不足功」作「奚足功」，今從宋、陸本。吴曰：「鼷，户雞切，小鼠也。」王曰：「五當盛位，當首主而失位當夜，無君之德，蕩然無守，迷於利害之饗，逐鹿而奔，又鼷鼠是顧，則其所得不足以爲資。訾與資同。」

次六　唐不獨足，代天班禄。測曰：唐不獨足，無私容也。王曰：「得位當晝，爲唐之主。蕩然無私，不求獨足，與天下同美其利，故可代天班禄，爲時明君。處唐之美，莫過是矣。」光謂：六爲上禄，爲盛多而當晝，君子不獨享天禄，與天下賢俊共之也。

〔一〕「予余吕切」，明抄本作「子益諸切」，此據大典本、道藏本、張士鎬本改。

次七　**弋彼三飛，明明于征，終日不歸，亡。測曰：弋彼三飛，適無所從也。**王曰：「居過滿而失位當夜，不明於道，自取危亡。若一弋而求三飛，無所適從。自明而行，至暮忘返，蕩然昏昧，復何益矣。」光謂：七爲失志而當夜，小人二三其德，從此失彼，蕩無所守，徒自勞苦，自幼至老，終無所得者也。

次八　**唐收禄，社鬼輟哭，或得其沐。測曰：唐收禄，復亡也。**復，符目切，下同。王曰：「得位當晝，善於處唐之道，故能復收其禄。」光謂：八爲禍中，福禄已散，然當日之晝，能興衰起廢者也，故曰「唐收禄」。社稷之靈復得血食，故輟哭。民已枯悴而復蒙潤澤，故曰「或得其沐」。

上九　**明珠彈于飛肉，其得不復。測曰：明珠彈肉，費不當也。**當，丁浪切。范曰：「飛肉，禽鳥也。珠至重，鳥至輕，以重求輕，故不復也。」王曰：「九居亢極而失位當夜，蕩蕩然闇于大數者也。如以珠彈雀，所得不復其所亡也。」光謂：九爲禍極而當夜，小人縱情極欲，蕩然忘反者也。

☷二方三州二部三家。**常。**陽家，水，準恒。入常次七二十三分二十六秒，立秋氣應，日次鶉尾，斗建申位，律中夷則。次九日舍翼。**陰以知臣，陽以知辟，君臣之道，萬世不易。**辟，音璧。

宋曰：「辟，君也。此立秋之首也〔一〕。秋承夏〔二〕，天常之常，故於是時陰知爲臣，陽知爲君。」光謂：以秋承夏，以陰承陽，以臣承君之象也。

初一　戴神墨，履靈式，以一耦萬，終不稷。測曰：戴神墨，體一形也。王、吴皆云「稷與昃同」。「墨」、「式」皆法也。「神」「靈」尊之也。一爲思始而當晝，君子之心執一以爲常法，應萬物之變，終無虧昃也。易曰：「天下之動，貞夫一者也。」

次二　内常微女，貞厲。測曰：内常微女，不正也。王本作「常内微」，誤也，今從諸家。王曰：「處常之時，當正君臣夫婦之道。二失位當夜，是常以微賤之女處内，不正之象，且近於危，故曰『貞厲』。」

次三　日常其德，三歲不食。測曰：日常其德，君道也。三爲自如而當晝，日常其德，故免薄蝕之災。君常其德，故無狂僭之咎〔三〕。伊尹戒太甲作咸有一德。

次四　月不常，或失之行。測曰：月不常，臣失行也。行皆如字。月有盈虧，故曰「不常」。行，道也。四爲外他而當夜，臣德不常則失道也。

〔一〕「首」，明抄本作「玄」，此據大典本、道藏本、張士鎬本改。
〔二〕「承」，明抄本作「際」，此據大典本、道藏本、張士鎬本改。
〔三〕「咎」，明抄本作「各」，此據大典本、道藏本改。

次五　其從其横，天地之常。測曰：其從其横，君臣常也。從，即容切。范曰：「天從地横，是其常道也。」王曰：「五居中位，爲常之主，得位當晝，故從横經緯皆合天地之常，得萬世不易之道。」光謂：五爲中和，常之盛也。君臣之道相經緯也。故曰「其從其横，君臣常也」。

次六　得七而九，懦撓其剛，不克其常。測曰：得七而九，棄盛乘衰也。七，陽之盛也。九，陽之衰也。六過中而當夜，棄盛乘衰也。小人懦弱，撓敗其剛，不能守其常道也。

次七　滔滔往來，有常衰如，克承貞。測曰：滔滔往來，以正承非也。（闕）

次八　常疾不疾，咎成不詰。測曰：常疾不疾，不能自治也。八爲禍中而當夜，常道久而有敝者也，故曰「常疾」。不疾者，自知其疾則尚可治也。若不知其疾而惡聞之，則必不可治矣。小人不知其禍而惡聞之，至於凶咎已成，不可復詰也。

上九　疾其疾，巫毉不失。測曰：疾其疾，能自毉也。王曰：「九居亢極而得位當晝，能疾其疾者也。善於自儆，則毉巫治之不失也。毉巫，諭賢者耳〔一〕。」光謂：九爲禍終而當晝，君子能思患而豫防之，納忠求賢以自輔，禍故可解也〔二〕。

〔一〕「諭」，明抄本作「用」，此據大典本、道藏本改。
〔二〕「禍」，明抄本作「倘」，此據大典本改。

二方三州三部一家。**度**。陰家，火，準節。法者爲之模範，度者爲之分寸也。**陰氣日躁，陽氣日舍，躁躁舍舍，各得其度。**舍，音捨，又如字。宋曰：「躁，動也。舍，藏也。」王曰：「舍，止也。」光謂：躁謂陰進盛也〔一〕，舍謂陽退去也。躁者益躁，舍者益舍，各守常度也。

初一　中度獨失。測曰：中度獨失，不能有成也。一爲思始而當夜，小人在心之度先已乖失，安能有成也！商書曰：「若虞機張，往省括于度，則釋。」

次二　澤不舍，冥中度。測曰：澤不舍，乃能有正也。（闕）

次三　小度差差，大攋之階。測曰：小度差差，大度傾也。小宋、陳、吴本「攋」作「櫴」，王本作「傾」，今從宋、陸、范本。范本測「差差」作「之差」，今從宋、陸、王本。攋，音賴。光謂：攋，毁裂也。三爲思終而當夜，思不中度則事乖失矣。故曰「小度差差，大攋之階」，皆言所失雖小，所毁將大也。

次四　榦楨利于城。測曰：榦楨之利，利經營也。范、王「于」作「干」，今從宋、陸本。四爲下禄而當晝，君子既得其位，當以法度爲榦楨，則可以保衛其民，有所營爲矣。

次五　榦不榦，攋于營。測曰：榦不榦，不能有寧也。王曰：「失位當夜，不能爲首

〔一〕「謂」，明抄本無，此據道藏本補。

之主，幹而非幹之材，則必傾其所經營矣。」光謂：不度之人，民無則焉。猶幹之不幹，將毀所經營，不能有安也。

次六　大度檢檢，于天示象，垂其范。　測曰：大度檢檢，垂象貞也。「范」與「範」同〔一〕。王曰：「六居盛位，度之大者，得位當晝，明于法制，以度檢物，則天之象，而垂法於人也。」光謂：君子之立法度，非取諸心也，乃觀象于天以垂範於世，故曰「天示象，垂其范」〔二〕。易曰：「天垂象，聖人則之。」

次七　不度規之，鬼即訾之。　測曰：不度規之，明察笑也。　訾，音紫，又即移切。王曰：「七居過滿，失位當夜，是以不度之度爲規制者也。訾，毀笑也。贊云『鬼訾』，測云『明察』者，幽明同笑，故互文見義〔三〕。」光謂：七爲敗損而當夜，小人驕溢，不以法度自規，鬼所毀笑，將降之禍也。明察者莫若鬼，人之愚者或未之知〔四〕，而鬼之明察先見其禍也。

次八　石赤不奪，節士之必。　測曰：石赤不奪，可與有要也。　要，一遥切。范曰：「石不可奪堅，丹不可奪赤。」王曰：「八居度之將終，得位當晝，必能有所執守，不改其度者

〔一〕「范」，明抄本作「笵」，此據大典本、張士鎬本改，下同此。
〔二〕「垂其范」，明抄本無，此據大典本、道藏本、張士鎬本補。
〔三〕「互」，明抄本作「玄」，此據大典本、道藏本改。
〔四〕「者」，明抄本無，此據大典本、道藏本補。

也。」光謂：要，約也。八爲禍中而當晝，君子雖遇禍亂，不改其度，秉志堅明，不可移奪，故可以與之有約，謂寄百里之命、託六尺之孤也。

上九　積差之貸，十年不復。測曰：積差之貸，不得造也。范本「差」作「善」，今從二宋、陸、王本。王本「十」作「七」，今從諸家。陸曰：「造，至也。」王曰：「居度之終，而失位當夜，失度之極者也，積其差失，浸以乖遠。貸者寬緩後於時也。雖十年之久〔一〕，亦不復其度也。」光謂：「貸」當作「貣」，吐得切，與「忒」同，差之甚者也。易曰：「迷復，凶。至于十年，不克征。」

𝌺二方三州三部二家。永。陽家，木，準同人。二宋、陸、范、王皆象恒。吳曰：「常首象恒卦，次七〔二〕起立秋，初一當二百二十六日，行張十五度，於易朞日：恒卦九四。次度首象節卦，次二日行翼二度。次永首次七當二百三十八日，行翼九度，於易朞日：同人卦。」今從之。陰以武取，陽以文與，道可長久。宋曰：「陰者刑氣，故以武言之。陽者德氣，故以文言之。武以濟文，文以濟武，陰陽取與之道也。故其道可以長久。」

初一　不替不爽，長子之常。測曰：不替不爽，永宗道也。王本「替」作「暜」，云：

〔一〕「十」，明抄本作「七」，此據大典本改。
〔二〕「七」，明抄本作「六」，此據大典本改。

「古借字」，今從宋、陸、范本。長，知丈切。永，長久也，有繼嗣之象。替，廢也。一當日之晝，得永之道者也。先王之制，立嫡以長，所以安宗廟〔一〕、重社稷，不替不爽，萬世之常法也。永久之道莫大於此。

次二　内懷替爽，永失貞祥。測曰：内懷替爽，安可久也。二當日之夜，失永之道也。昏惑之君違禮立愛，以孽代宗，内懷替爽之心也。於其長子如此，則長失正善之道者也。

次三　永其道，未得無咎。測曰：永其道，誠可保也。三爲成意而當晝，君子道業已成，未躋禄位者也〔二〕。夫君子不患無位，患所以立。日新其道，久而不倦，雖未得福禄，又何咎哉！

次四　子序不序，先賓永失主。測曰：子序不序，非永方也。王曰：「四近於五，而以陰居陽位，且當夜，失其可久之道。子而不居子之次序，則祭祀賓客長無主矣，故先賓永失主也。」

次五　三綱得于中極，天永厥福。測曰：三綱之永，其道長也。王曰：「居中體正，爲首之主，得位當晝，有君之德，是能使三綱皆得其中，天之所助，故永厥福也。」光謂：三綱

〔一〕「廟」，明抄本作「廣」，此據大典本改。
〔二〕「躋」，明抄本作「濟」，此據道藏本、張士鎬本改。

者，君爲臣綱，父爲子綱，夫爲妻綱。五爲中和而當晝，王者正三綱以建皇極，永保天禄也。

次六　大永于福，反虚庭，入于酋冥。測曰：大永于福，福反亡也。范本「入于酋冥」作「入酋冥」，小宋本作「於酋冥」，今從宋、陸、王本。六過中而當夜，小人恃福之永，驕淫矜夸，福終則禍至，故「反虚庭」，言無所獲也。「入于酋冥」，言不知悔懼，禍釁既就，則至于晦冥也〔一〕。

次七　老木生蒔，永以纏其所無。測曰：老木生蒔，永厥體也。蒔，時吏切。王曰：「七居過滿，老木之象。然得位當晝，得其永道，故生蒔。蒔者，旁生之義也。既有華葉，復得長久，始無今有，故云『纏其所無』。」

次八　永不軌，凶亡流于後。測曰：永不軌，其命劑也。劑，才詣切。宋曰：「劑，翦也。」王曰：「居將極之位，而以陰居陽，時且當夜，是則永不法之事，豈止禍其身而已〔二〕，凶亡之事乃流於後也〔三〕。」光謂：八爲禍中而當夜，小人長爲不法，身既凶亡而餘殃流于後也。

上九　永終馴首。測曰：永終馴首，長愷悌也。馴，順也。愷，樂也。悌，易也。九

〔一〕「晦」，明抄本作「悔」，此據大典本、道藏本、張士鎬本改。
〔二〕「豈」，明抄本無，此據大典本、道藏本、張士鎬本補。
〔三〕「凶」，明抄本無，此據大典本、道藏本、張士鎬本補。

在永終而當晝，君子之道永長樂易，慎終如始，首尾若一〔一〕，永道乃全也。

𝌻二方三州三部三家。**昆。** 昆，户衮切，又如字。陰家，金，準同人。陸曰：「昆亦同也。」**陰將離之，陽尚昆之，昆道尚同。** 宋曰：「陰氣尚殺〔二〕，故離散萬物，陽氣將藏，故萬物同歸也。」王曰：「陰氣主殺，將離萬物，陽氣仁愛，猶尚昆而同之。」

初一　昆于黑，不知白。測曰：昆于黑，不可謂人也。 宋曰：「白，智也。黑，愚也。」光謂：黑以諭垢濁，白以諭廉潔〔三〕。一爲思始而當夜，小人自同於垢濁，而不知廉潔之爲美者也。

次二　白黑菲菲，三禽一角同尾。測曰：三禽一角，無害心也。 「菲」，敷尾切，與「斐」同。王曰：「得位當晝。白黑菲菲，分别明白之義。三禽諭三人，一角同尾，終始皆同，無乖異也。」光謂：菲菲，白黑相雜貌。角在首而拒鬬者也。尾，體之終也。二爲思中而當晝，君子與人交，廉而不劌，濁而不污，菲菲然羣居而不亂。一角者，共禦侮也。同尾者，全其終也。孔子

〔一〕「始、尾」二字明抄本無，此據大典本補。
〔二〕「尚」，大典本、道藏本、張士鎬本作「將」，皆可通。
〔三〕「潔」，明抄本無，此據大典本、道藏本、張士鎬本補。

曰：「君子和而不同。」

次三　昆于白，失不黑，無際一尾三角。測曰：昆白不黑，不相親也。范、王本「際」作「除」，今從宋、陸本。（闕）

次四　鳥託巢于菆，人寄命于公。測曰：鳥託巢，公無貧也。范、小宋本「菆」作「叢」，今從宋、陸、王本。「菆」，古「叢」字。宋曰：「公，均也。」光謂：公者道大同無彼我也。四爲下禄而當晝，君子能推大同至公之心以待人，則皆歸往而寄命焉。故曰「鳥託巢，公無貧也」。

次五　縠失疏數，衆毳毁玉。測曰：縠失疏數，奚足旬也。范、小宋本「縠失疏數」作「縠不縠，失疏數」，王本作「轂不轂，失疏數」，今從宋、陸本。「縠」「轂」古字通〔一〕。陸曰：「旬，均也。」王曰：「五居盛位，當爲物主，而以陽居陰位，且當夜〔二〕，不得混同之道。穀爲衆輻所湊，五既失道，不能包容，故曰轂不轂也。象毳之輕，積以成多，必致毁玉之患。如衆口鑠金也。」光謂：轂之受輻，疏數必均乃能運行。五以小人而居盛位，無至公之心，好惡任私〔三〕，故讒慝並進而衆毳毁玉也。

〔一〕「轂古」，明抄本作「古轂」，此據道藏本、張士鎬本改。
〔二〕「夜」，明抄本無，此據大典本、道藏本、張士鎬本補。
〔三〕「任」，明抄本作「在」，此據大典本改。

次六　昆于井市，文車同軌。測曰：昆于井市，同一倫也。井市者，人所聚也。六爲盛多而當晝，君子道隆德盛，四海會同，書同文，車同軌，無有遠邇，混爲一類也。

次七　蓋偏不覆，晏雨不救。測曰：蓋偏不覆，德不均也。覆，敷救切，下並同。晏，晚也。晚而得雨，則穉者昌而稙者傷矣。七爲敗損而當夜，小人之德不能大同，用心頗僻，有愛有惡，如蓋之偏則物有不覆者矣。雨之晚則禾有不救者矣。

次八　昆于危難，乃覆之安。測曰：危難之安，素施仁也。八爲禍中、爲耗、爲剥落，有危難之象，然當日之晝，君子素以昆同之道汎愛容衆，一視同仁，故危難之際能庇覆於物，使之就安。

上九　昆于死，棄寇遺。測曰：昆于死，棄厥身也。遺，以醉切。王曰：「棄身遺寇，凶之甚也。」光謂：爲惡不同，同歸于亂。九居禍極而當夜，故有是象。

太玄集注卷第五

☷三方一州一部一家。**減**。陽家，水，準損。入減初一四十一分一十七秒，處暑氣應，次九日舍軫宿。**陰氣息，陽氣消，陰盛陽衰，萬物以微。**王本作「陰息陽消」，小宋本作「羣陰息陽氣消」，今從宋、陸、范本。

初一　**善減不減，冥。**　測曰：**善減不減，常自沖也。**陸曰：「沖，虛也。」光謂：一爲思始而當晝，常自謙沖，善減者也。自損者人益之，故不減。一爲下下，善減之謙，不減之益，皆在冥昧之中，人莫得見也，故曰「冥」。

次二　**心減自中，以形于身。**　測曰：**心減形身，困諸中也。**宋、陸本「形」作「刑」，今從范、王本。人之進德修業，必自强於心，然後顯著于外。二爲思中而當夜，志先減矣，德業何從而益乎？是其中先自困也。子謂冉求曰：「力不足者中道而廢，今女畫。」

次三　**減其儀，利用光于階。**　測曰：**減其儀，欲自禁也。**三爲下上，爲思終，爲進人，居上則多驕盈，思終則形於外，發於儀貌矣。減其儀者自貶損。禁，約也〔一〕。階者所以進也。自損而得進，有光輝者也。

次四　**減於艾，貶其位。測曰：減於艾，無以莅衆也。**范本「艾」作「乂」，今從諸家。艾與乂同音。范曰：「乂，治也。」光謂：四爲下禄而當夜，小人不勤於爲治，無以臨衆則不能保其禄位矣。故曰「減於艾，貶其位」〔二〕。

次五　**減黄貞，下承于上，寧。測曰：減黄貞，臣道丁也。**范本作「減其黄貞」，今從諸家。宋曰：「丁，當也。」王曰：「得位當晝，能爲減主，又得黄中貞正之道〔三〕，衆所咸歸，故下承于上而獲安寧之福也。」光謂：中和莫盛於五，故曰「黄」。以陽當位，故曰「貞」。夫盛極則衰，不可不減。臣用此道以承其上，乃可自安，故曰臣道當也。

次六　**幽闡積，不減不施，石。測曰：幽闡不施，澤不平也。**施，失豉切。范曰：「六爲水，故積幽。」小宋曰：「大開曰闡。」光謂：六與家性皆爲水，故曰「幽」。六爲上禄，故曰「闡」。又爲盛多、爲極大，故曰「積」。君子當裒多益寡，稱物平施，今乃不減不施，其頑如石，故曰

〔一〕「也」，明抄本無，此據大典本、道藏本、張士鎬本補。
〔二〕「其」，明抄本作「於」，此據大典本、道藏本、張士鎬本改。
〔三〕「正」，明抄本無，此據大典本、道藏本、張士鎬本補。

「澤不平也」。

次七　減其疾，損其衃，厲不至。測曰：減其疾，不至危也。范曰：「衃，憂也〔一〕。厲，危也。」王曰：「七居過滿，危之道也。而得位當晝，是能自減其疾患，損其憂戚〔二〕，則厲無從而至矣。」光謂：七爲禍始而當晝，在於減家，故有是象。易曰：「損其疾，使遄有喜。」

次八　瀏漣漣，減于生根。測曰：瀏漣之減，生根毀也。王本無下「漣」字，今從諸家。瀏，音留，又力久切。漣，音連。范曰：「八，木也，秋木始衰。瀏，泝也。漣漣，泝垂之貌。」「泝」，古「流」字。光謂：八爲木、爲沈天、爲疾瘀〔三〕、爲剥落。沈天，秋冬之交也。木之所以生者，根也。所以榮者，滋液也。今滋液下流漣漣然，減其資生之根，則何以復能盛榮乎？

上九　減終，利用登于西山，臨于大川。測曰：減終之登，誠可爲也。范曰：「在西爲金，故曰西山。金生水，故曰大川。」光謂：物極則反，故減終必增。登山臨川，以高臨下也。西者，物之成也。夫登高臨下，鮮有不危，以減處之，故可爲也。

〔一〕「也」，明抄本無，此據大典本、道藏本、張士鎬本補。
〔二〕「戚」，明抄本作「減」，此據大典本、道藏本、張士鎬本改。
〔三〕「瘀」，大典本、道藏本、張士鎬本下有「爲耗」二字。

𝌽三方一州一部二家。**唫。**陰家，火，準否。陳「音欽，又音琴」，小宋、吳皆巨錦切，説文曰：「口急也」。與「噤」同，今從之。陸曰：「唫，閉塞也。」**陰不之化，陽不之施，萬物各唫。**凡陽施其精，陰化其形，萬物乃生。處暑之氣，陰不化，陽不施，萬物各閉塞之時也。

初一　唫不予，丈夫婦處。測曰：唫不予，人所違也。「予」與「與」同。王曰：「唫閉而不與物接，丈夫而効婦人之處室也。」光謂：一爲思始而當夜，處乎窮下，君子思道，將以及人，今乃唫而不與，若丈夫而婦處也。夫孤立無親則人皆違而去之，故曰「人所違也」。

次二　唫于血，資乾骨。測曰：唫于血，臞自肥也。范本「臞」作「矆」，呼縛切，諸本皆作「臞」。小宋「音具」，吳「音衢」，今從之。王曰：「唫其血以資乾骨，懼於臞瘠，思以自肥。」光謂：二爲思中而當晝，能蓄其德以美其身者也。大學曰：「富潤屋，德潤身。」

次三　貌不交，口唭凝，唫無辭。測曰：貌不交，人道微也。范、王本無「口」字，今從二宋、陸本。唭，去吏切。凝，魚記切。范曰：「唭凝，有聲而無辭也。」王曰：「人道殆至於微絶也。」光謂：三爲思終，又爲成意，思慮既成，則言貌可以接人矣。而家性爲唫，當日之夜，尚閉塞而不交，則人道幾乎絶矣。易節之九二曰：「不出門庭，凶。」

次四　唫其穀，不振不俗，纍老及族。測曰：唫其穀，不得相希也。（闕）

次五　不中不督，腐蠹之嗇。測曰：不中不督，其唫非也。小宋曰：「祿以待賢，廩粟紅流，腐蠹猶嗇，其唫非也。」光謂：督亦中也。君子積而能散，可唫則唫，可施則施。五居盛位而家性爲唫，當日之夜，失其中道，故腐蠹而猶吝嗇也。

次六　**泉原洋洋，唫于丘園。測曰：泉園之唫，不可譏也。**二宋、陸、王本「譏」作「幾」〔一〕，今從范本。范曰：「六，水也，故爲泉原。丘園以諭高也。」光謂：六爲盛多、爲極大，蓄水於高，待時而施，則所及者遠。今日之唫，乃所以爲異日之澤，故不可譏也。

次七　**唫于體，黄肉毁。測曰：唫于體，骨肉傷也。**王本「黄肉毁」作「黄骨肉毁」，今從宋、陸、范本。七爲消、爲敗損而又當夜。黄，中也。骨肉在中，故曰「黄肉」。夫氣血所以養體也，唫而不及於四體，骨肉毁傷矣。恩澤所以綴親也，唫而不及於九族，則内外乖離矣。

次八　**唫遇禍，禱以牛，解。測曰：唫遇禍，大費當也。**范曰：「牛爲大費。」王曰：「雖遇唫招禍，而能禱之以牛，以解其凶。」光謂：八爲禍中，故曰「唫遇禍」。當日之晝，故曰「禱以牛，解」。不愛費以解禍，其道當也，故曰「大費當也」。

上九　**唫不雨，孚乾脯。測曰：唫不雨，何可望也。**范曰：「孚，信也。」王曰：「九居唫極而當夜，陰陽俱閉，故不雨。」光謂：潤澤既竭而無望，信乎肉乾而爲脯矣。言王澤竭而民物悴也。

〔一〕「幾」，大典本、道藏本、張士鎬本作「譏」。

𝌾三方一州一部三家。守。陽家，木〔一〕，準否。陰守戶，陽守門，物莫相干。

初一　閉朋牖，守元有。測曰：閉朋牖，善持有也。王、小宋本作「閉明牖守元有」，今從宋、陸、范本。范曰：「朋，黨類也。」光謂：易曰：「憧憧往來，朋從爾思」，言心有所感則物以其類應之。牖者所以窺外也。元，始也。樂記曰：「人生而靜，天之性也。感於物而動，性之欲也。」一爲思始而當晝，能閉外類之誘，守其始有之性者也。

次二　迷自守，不如一之有。測曰：迷自守，中無所以也。宋曰：「以，用也。無所用自守也。」王曰：「二守其迷，一守其道，故不如一之所有也。」光謂：二爲思中而當夜，誘於外物，迷而失其所守者也。書曰：「惟民生厚，因物有遷。」

次三　無喪無得，往來默默。測曰：無喪無得，守厥故也。三爲進人、爲自如、爲成意，當日之晝，德成於內，能守而勿失者也。外物之往，於我何喪？外物之來，於我何得？默而成之，不言而信也。易曰：「無喪無得，往來井井。」

次四　象艮有守。測曰：象艮之守，廉無悃也。宋、陸本「象艮有守」作「象兒自

〔一〕「木」，明抄本作「水」，此據大典本、道藏本、張士鎬本改。

守」〔一〕，小宋本作「象貌有守」，今從范、王本。「怘」與「怙」同切〔二〕。宋曰：「皃〔三〕音狗。」陸曰：「怘，禁禦也。言象狗不能有所廉察禁禦也。」范曰：「象，似也。若芻狗也。」光謂：「皃音狗」，當云艮爲狗，字之誤也。象狗猶言象龍也。

次五　守中以和，要侯貞。測曰：守中以和，侯之素也。二宋、陸本「守中以和」作「守中以一和」，王本「要侯貞」作「要侯之貞」，今皆從范本。范曰：「五爲天子，守中和之道，諸侯之正主也。」光謂：素，向也。中和莫盛乎五，守中和之道以要約諸侯，諸侯之所取正而歸向也。

次六　車案軔，圭璧塵。測曰：車案軔，不接鄰也。王本「不接鄰」作「交接鄰」，今從諸家。軔，而振切。小宋曰：「軔，礙車輪之木也。禮：諸侯比年小聘，三年大聘，相厲以禮，此天子所以養諸侯，兵不用而諸侯自爲正之具也。執守失貞，不接鄰國，車輪按軔以靡行，圭璧生塵而不用。」光謂：家性爲守，六過中而當夜，自守太過者也。

次七　羣陽不守，男子之貞。測曰：羣陽之守，守貞信也。王本「羣陽不守」作「羣陽不字」，今從諸家。（闕）

〔一〕「皃」，明抄本作「貌」，此據張士鎬本改。「皃」「貌」本一字異體，此處「皃」乃「艮」字形誤，故從張本。

〔二〕「同」，明抄本無，此據道藏本補。注例言某與某同，「切」字疑衍。

〔三〕「皃」，明抄本作「貌」，此據道藏本改。明抄本下文引此正作「皃」，亦可證。

次八　臼無杵，其碓舉。天陰不雨，白日毁暑。測曰：臼無杵，其守貧也。王曰：「臼而無杵，守之而終無所用。碓舉而不下，守之而終無所成。」光謂：其碓舉，無米可舂也。天陰不雨，無澤可冀也。（白日毁暑，闕〔一〕）八爲禍中、爲耗，故有此象。

上九　與荼有守，辭于盧首〔二〕，不殆。測曰：與荼有守，故愈新也。宋、陸本經作「有荼有守」，測作「其荼其守」，今從范、王、小宋本。荼，音徒。宋曰：「愈猶勝也。」范曰：「荼，白也。盧，黑也。九，西方，故白。」光謂：荼，茅莠也，其色白。九爲禍終而當晝，能悔其禍者也，故思老成白首之人，與守其故道，而辭去黑首諞言之士，則國家不至于危殆也。秦誓曰：「番番良士，旅力既愆，我尚有之。仡仡勇夫，射御不違，我尚不欲。」

☷三方一州二部一家。翕。陰家，金，準巽。入翕次五一十八分二十四秒〔三〕，白露氣應，日次壽星，斗建酉位，律中南吕。陸曰：「巽者入也，翕亦入也。」王曰：「翕，合也。」光謂：巽爲雞，故翕多飛鳥之象。陰來逆變，陽往順化，物退降集。二宋、陸、王本「陽往順化」作「陽往以順」，今

〔一〕「白日毁暑闕」五字，大典本、道藏本、張士鎬本無。
〔二〕「于」，明抄本作「子」，此據大典本、道藏本、張士鎬本改。
〔三〕「二」，明抄本作「三」，此據張士鎬本及太玄曆改。

從范本。宋曰：「陰來從下，故以逆言之。陽往從上，故以順言之。」光謂：陰升而害物，故曰「逆」。陽降而育物，故曰「順」。

初一　狂衝于冥，翕其志，雖欲梢搖，天不之茲。測曰：狂衝于冥，天未與也。

宋、陸本「翕其志」作「以翕其志」，「不」字作「下」，今從范本。范本「梢搖」作「逍遥」，今從二宋、陸、王本。「梢搖」與「逍遥」同。王曰：「茲，古滋字。」光謂：一爲思始而當夜，小人有不善之心，狂蕩衝激於冥昧之中，翕斂其志〔一〕，未形於外。逍遥，自縱釋之貌，言雖欲縱釋其志，天未之與，不得滋長也。

次二　翕冥中，射貞。測曰：翕冥中，正予也。王本「正予」作「正弓」，今從諸家。「予」與「與」同。二爲思中而當晝，君子有善心，亦翕斂於冥昧之中。如射之有志，正己而發，發無不中，故曰「射貞」。正予，猶言唯正是與也。

次三　翕食嘬嘬。測曰：翕食嘬嘬，利如舞也。嘬，楚夬切。范曰：「嘬嘬，食疾貌。」王曰：「嘬嘬盡臠，貪之甚也。欲利之速，如舞之赴節。」光謂：三爲成意而當夜，上近於祿，小人見祿，貪而務入，無所不至之象也。

次四　翕其羽，利用畢。測曰：翕其羽，朋友助也。四爲下祿，又爲外他，當日之

〔一〕「志」，明抄本無，此據大典本、道藏本、張士鎬本補。

晝，如鳥翕其羽，利用舉。士得朋友之助，利於進也。

次五　翕其腹，辟穀。 測曰：**翕其腹，非所以譽也。** 范、王、小宋本「辟穀」皆作「辟金穀」，今從宋、陸本。范、小宋本「譽」作「舉」，今從陸、王本。五爲中禄，又爲腹，而當日之夜，但能翕其福禄以自與者也，故曰「翕其腹」。夫自與者人必奪之，此乃辟去福禄之道也。況令名何從而得之？

次六　黄心鴻翼，翕于天。 測曰：**黄心鴻翼，利得輔也。** 宋、陸、王本「利」作「和」，今從范本。六爲中上，故稱黄。鴻，鳥飛之高者也。六又爲盛多，居福之隆，當日之晝，君子以中庸爲心，輔之者衆，如傅鴻翼，其高飛無不至矣。

次七　翕繳惻惻。 測曰：**翕繳惻惻，被離害也。** 繳，音灼。范曰：「七爲繩、爲射。射用繩者，繳之謂也。」光謂：七爲禍階而當夜，故「被離害也」。

次八　擢其罦，絶其羂，殆。 測曰：**擢罦絶羂，危得遂也。**「擢」與「揮」同。羂，古縣切。王曰：「晝可以自危，雖不至於終凶〔一〕，亦殆之甚。」小宋曰：「罦，覆車也。羂，罔也。」光謂：八爲禍中而當晝，故得免也。

上九　擢其角，維用抵族。 測曰：**擢其角，殄厥類也。** 王本「族」作「揳」，今從諸家。

〔一〕「於終凶」，明抄本作「終凶終」，此據大典本、張士鎬本改。

抵，音紙。范曰：「抵，擊也。」王曰：「擢其角以拒物，物所同惡。」光謂：九爲殄絶、爲禍極、爲猛、爲角而當夜，翕禍不已，至於窮極，猶欲用猛取勝，故至於絶族也。

三方一州二部二家。**聚**。陽家，土，準萃。入聚次七〔一〕，日舍角宿。易曰：「萃，王假有廟」，故聚多鬼神之象。**陰氣收聚，陽不禁禦，物相崇聚**。崇亦聚也。

初一　鬼神以無靈。測曰：鬼神無靈，形不見也。見，賢遍切。王曰：「鬼神以無形爲靈。」陳曰：「聚者，陰氣收聚，萬物衰落，有形復於無形，物歸其本。本之無者，非靈而何？夫精氣爲物，游魂爲變，聚則爲物，散則無形〔二〕，故鬼神以無形爲靈也。」光謂：一爲下下，又爲水，幽深之象也。

次二　燕聚嘻嘻。測曰：燕聚嘻嘻，樂淫愆也。范本「愆」作「衍」，小宋本作「衎」，今從宋、陸、王本。二爲思中、爲平人、當夜，相聚冥樂，過則成愆。

次三　宗其高年，羣鬼之門。測曰：宗其高年，鬼待敬也。二宋、陸、王本「年」皆作「辛」，今從范本。范曰：「三爲門。」（闕）

〔一〕「聚」，明抄本作「此首」，此據大典本、道藏本、張士鎬本改。
〔二〕「無」，明抄本作「爲」，此據大典本、道藏本、張士鎬本改。

次四　牽羊示于叢社，執圭信其左股，野。測曰：牽羊于叢，不足榮也。范本「信其左股」作「信辟其左股」〔一〕，測曰「不足勞也」，今從二宋、陸、王本。「信」與「伸」同。羊，中牲也。依叢林而爲社，鬼之微者也。執圭，重禮也。拜當伸右股。四當日之夜，雖有福禄，不能用之，如牽羊但示于叢社而已，不足榮也。執圭而拜，乃伸其左股，不免於鄙野也。

次五　鼎血之蝤，九宗之好，乃後有孚。測曰：鼎血之蝤，信王命也。王曰：「蝤」與「槱」同，謂薪燎也。」（闕）

次六　畏其鬼，尊其體，狂作眯淫，亡。測曰：畏鬼之狂，過其正也。范本「眯」作「昧」，今從二宋、陸、王本。王曰：「眯者目無所見也。狂瞽而求淫祀，亡則冥焉。」

次七　竦萃于丘冢。測曰：竦萃丘冢，禮不廢也。王曰：「竦，敬也。」光謂：七爲高，爲禮，又爲禍始而當晝，以敬而聚於丘冢，葬以禮之象也。

次八　鴟鳩在林，哱彼衆禽。測曰：鴟鳩在林，衆所哱也。宋、陸本「哱」作「呱」，王本作「吠」，今從范、小宋本。哱，於交切，多聲也。王曰：「鴟鳩，惡鳥。聚中林必爲衆禽所譟也。」光謂：八爲禍中而當夜，小人惡聲已著，如鴟鳩所在之林，衆禽必聚而譟之。

上九　垂涕纍鼻，聚家之彙。測曰：垂涕纍鼻，時命絶也。小宋曰：「彙，類也。」

〔一〕「信其左股」四字明抄本無，此據大典本、道藏本、張士鎬本補。

光謂：九爲禍極、爲殄絶，如君子生有令德，其死也哀。趙文子成室，曰：「歌於斯，哭於斯，聚國族於斯。」此之謂也。

☷三方一州二部三家。**積**。陰家，水，準大畜。**陰將大閉，陽尚小開，山川藪澤，萬物攸歸**。王曰：「山藪所以畜藏萬物也。」光謂：陰盛陽微，故萬物極陽之末，盡皆歸藏於山川藪澤，委積其中也。

初一　冥積否，作明基。測曰：冥積否，始而在惡也。宋、陸本「始而在惡」作「已而在惡」[一]，范本無「已而」字，小宋本無「已」字[二]，今從王本作「始而在惡」[三]。王本「基」作「資」，今從諸家。否，音鄙。范曰：「否，不善也。」光謂：一爲思始而當夜，小人積惡於幽，而取禍於明[四]，故冥冥之惡乃所以爲明罰之基也，故曰「作明基」。

次二　積不用，而至于大用，君子介心。測曰：積不用，不可規度也。度，待洛

[一]「始而在惡」四字明抄本無，此據大典本、道藏本、張士鎬本補。

[二]「小宋本無已字」明抄本無，此據大典本、道藏本、張士鎬本補。

[三]「王」上明抄本有「二」字，此據大典本、道藏本、張士鎬本刪。

[四]「禍」，明抄本作「過」，此據大典本改。

切。范曰：「介，大也。」宋曰：「積久不用，明德深藏，果遇其時，至于大用。」光謂：二爲思中而當晝，君子積善於中，困於下位，其才德不爲時用。然積之不已，其用必大。君子廣大其德心而已，不汲汲於求用也。

次三　積石不食，費其勞力。測曰：積石不食，無可獲也。三爲思上而當夜，費心於無用，勞力於非務，如積石之不可食，雖勤而無獲也〔一〕。

次四　君子積善，至于車耳。測曰：君子積善，至于蕃也。小宋本「至于蕃」作「至于大蕃」，今從諸家。王曰：「蕃謂蕃庶，附袁切。」小宋曰：「蕃，車耳也，敷袁切。」光謂：車耳，兩轓也。至于車耳，言其盈積而著見也。

次五　藏不滿，盜不贏。測曰：藏滿盜贏，還自損也。王本「藏」作「滅」，今從諸家。藏，徂浪切〔二〕。五居尊位，受盛福，不務德施而蓄積無已，適足爲盜之贏利也〔三〕。秦積敖倉，爲楚漢之資；隋積洛口，爲李密之用，皆其類也。

次六　大滿碩施，得人無亢。測曰：大滿碩施，人所來也。王本「亢」作「方」，今從

〔一〕「獲」，明抄本作「用」，此據大典本、道藏本、張士鎬本改。
〔二〕「徂」，明抄本作「祖」，此據大典本、道藏本、張士鎬本及廣韻改。
〔三〕「贏」，明抄本作「盈」，此據大典本、道藏本、張士鎬本改。

諸家。施，式豉切。王曰：「六居盛位，得時當晝，所積大滿而能大施以濟於物，故得人皆歸之，其道無窮也。」光謂：財散則人聚，故得人也。亢，敵也。詩云：「無競惟人」，斯無敵於天下矣。

次七　魁而顔而，玉帛班而，決欲招寇。測曰：魁而顔而，盜之招也。范本「招」作「收」，王本「決」作「快」，今從諸家。魁者言其首出也，顔者言其顯著也。班，布也。七爲禍始而當夜，積畜不已，首出顯著，玉帛布列，雖可以窮一時之欲，而不知盜乘其後也。

次八　積善辰禍，維先之罪。測曰：積善辰禍，非己辜也。小宋本「辰」作「展」，今從諸家。辰，時也。積不善之家，必有餘殃。八爲禍中而當晝，身雖積善而遭時之禍，蓋先人之罪也。

上九　小人積非，至于苗裔。測曰：小人積非，禍所骩也。王本「苗」作「亡」，小宋本作「笛」〔一〕，音迪，今從宋、陸、范本。骩，古委字。范曰：「惡大者乃至苗裔之家。」光謂：積非之極，遇禍之窮，禍所委積，故延及苗裔也。一本作「苗家」〔二〕。

𝍂三方一州三部一家。飾。陽家，火，準賁。入飾次八三十六分一十五秒，秋分氣應，故兼準兌。

〔一〕「笛」，明抄本作「笛」，此據大典本、張士鎬本改。
〔二〕大典本、道藏本、張士鎬本無此句五字。

兑爲口舌，故飾多言語之象。陰白陽黑，分行厥職，出入有飾。諸家「厥」作「其」，今從宋、陸本。宋曰：「陰氣出治於上，故以白爲飾。陽氣入治於下，故以黑爲飾。」陸曰：「陰時治西，故言白。陽退於北，故言黑。」王曰：「白爲見，黑爲隱，白黑分形，飾之象也。」

初一　言不言，不以言。測曰：言不言，默而信也。王本贊辭止云「言不以言」，今從諸家。一爲思始而當晝，君子内守其至誠，沉潛淵默，以不言爲言。所以然者，不言而信故也。孔子曰：「天何言哉？四時行焉，百物生焉。」

次二　無質飾，先文後失服。測曰：無質先文，失貞也。王本「貞」作「真」，今從諸家。王曰：「無其本質，欲以求飾，雖先以文采，後必失其所服。」光謂：二爲思中而當夜，小人内無誠實，徒事外飾〔一〕。其始則文采信美矣，終則失其正服也。服以諭德之形於外也。

次三　吐黄舌，拑黄聿，利見哲人。測曰：舌聿之利，利見知人也。宋、陸、范本「吐黄舌」皆作「吐黄酉舌」，今從小宋本。宋、陸本「拑」作「柑」，今從范、王、小宋本。拑，渠廉切。「知」與「智」同。拑，執也。聿，筆也。君子發言著書不失中道，惟智者能知之，愚者不足語也。法言曰：「言，心聲也。書，心畫也。聲畫形，君子小人見矣。」

次四　利舌哇哇，商人之貞。測曰：哇哇之貞，利于商也。宋、陸本「利舌哇哇」作

〔一〕「外」，明抄本作「内」，此據大典本、道藏本、張士鎬本改。

「舌哇哇」〔一〕，范、小宋本作「利口哇哇」，今從王本。哇，烏佳切。王曰：「文飾虛辭以求衒鬻，故爲商人之貞，而非君子之正道也。」光謂：四爲富而當夜，故有商人之象。

次五　**下言如水，實以天牝。測曰：下言之水，能自冲也。**王本「牝」作「比」，今從諸家。小宋曰：「剛處於中，能自虛懷，聽其讜議，從諫如流，何有不納？」光謂：牝，谷也。天牝謂海也。五居尊位而當晝，能自下以納人言，如此則人爭以善道告之，如流之實海也。海自下而百川赴之，故能成其大。君自下而衆善歸之，故能成其聖。

次六　**言無追如，抑亦飛如，大人震風。測曰：言無追如，抑亦揚也。**大人謂在貴位之人。六過中而當夜，失言者也。一言之失，駟不及舌，故曰「言無追如」。清之而愈濁者，口也，雖欲抑之，已飛揚矣，故曰「抑亦飛如」。況夫威福在己，發口一言疾如風霆〔二〕，爲物休戚，可不慎乎！

次七　**不丁言時，微于辭，見上疑。測曰：不丁言時，何可章也。**小宋本無「不」字，今從諸家。見，賢遍切。范曰：「丁，當也。風切而已，不可章灼。」光謂：七爲禍始而當晝，君子事暴君，非可以直言之時，故微辭風切而已。苟爲章見，則上必疑之。孔子曰：「君子信而後

〔一〕「利舌哇哇」，明抄本無，此據道藏本、張士鎬本補。
〔二〕「發」，明抄本作「後」，此據大典本、道藏本改。

諫，未信則以爲謗己也。」

次八　蛁鳴喁喁，血出其口。測曰：蛁鳴喁喁，口自傷也。「蛁」與「蜩」同。喁，音顒。王曰：「蜩，善鳴之蟲也。」光謂：喁喁，猶諄諄也。八爲禍中而當夜，君不受諫，臣強以言聒之，不辱則刑矣。如蜩之鳴〔一〕，喁喁不已，雖復血出其口，誰則聽之？徒自傷矣。

上九　白舌于于，屈于根，君子否信。測曰：白舌于于，誠可長也。宋、陸本測「白舌于于」作「信舌不白」，王本「于于」作「干干」〔二〕，測曰「言不信也」，小宋本作「白舌不白，于屈于根」〔三〕，今皆從范本。「否」與「不」同，方九切。于于，屈貌。九爲禍極而當晝，君子居無道之世，言不見信，正當屈舌緘口而已，此誠可長久之道，勿病不能耳〔四〕。易曰：「有言不信，尚口乃窮。」

𝍃三方一州三部二家。疑。陰家，木，亦準賁。彼飾此疑矣。入疑次四，日舍亢。二宋、陸、王皆以爲象巽，范以爲象震，皆非也。**陰陽相磑，物咸彫離，若是若非。**磑，五對切。宋曰：「物

〔一〕「鳴」，明抄本無，此據大典本、道藏本、張士鎬本補。
〔二〕「干干」，明抄本作「于」，此據大典本、道藏本、張士鎬本改補。
〔三〕上「于」字明抄本作「子」，此據大典本、道藏本、張士鎬本改。
〔四〕「勿病不能耳」五字大典本、道藏本、張士鎬本無。

相切劘稱磑〔一〕。是時陰陽相劘，分數均，晝夜等。」陸曰：「彫，傷也。離，散也。陰卑而主，陽尊而廢，故若是若非，疑之也。」光謂：以氣運言之，若陰是而陽非，以物情言之，若陽是而陰非，故疑也。

初一　疑恛恛，失貞矢。測曰：不正之疑，何可定也。小宋本「恛」作「咽」，虛次反〔二〕。咽咽，笑也。今從諸家。范本「不正之疑」作「疑恛失貞」，今從諸家。恛，音回。范曰：「矢，直也。」王曰：「恛恛，昏亂貌。」光謂：一爲思始而當夜，小人心不正直，多疑少決，終無所定也。

次二　疑自反，孚不遠。測曰：疑自反，反清靜也。二爲思中，爲反復而當晝，君子有疑則當屏去利欲，平除愛憎，清靜其心，自反於身，義則行之，不義則捨之，以此決疑，夫何遠之有？

次三　疑强昭〔三〕，受兹閔閔，于其心祖。測曰：疑强昭，中心冥也。范本「强」作「彊」，今從宋、陸、王本〔四〕。强，其兩切。王曰：「疑而强昭，暗而强明，宜其受此閔憂於心祖。祖，

〔一〕「劘」，明抄本作「磨」，此據大典本、道藏本、張士鎬本及下文改。
〔二〕「次」，大典本、道藏本、張士鎬本作「利」，説文、廣韻皆作「器」，同屬至部，無不可。
〔三〕「强」，明抄本作「彊」，此據注文及張士鎬本改，測辭同此。
〔四〕「宋陸王本」，明抄本作「宋陸作」，此據大典本、道藏本改。

本也。」光謂：三爲成意而當夜，故有是象。孔子曰：「知之爲知之，不知爲不知，是知也。」曲禮曰：「疑事毋質。」

次四　疑考舊，遇貞孚。測曰：疑考舊，先問也。王曰：「心有所疑而稽考舊典以明之，則疑必釋矣。」光謂：四爲外他，爲條暢而當晝，故有是象。舊典、舊人皆可問也。問而遇正信，斯可從矣。孔子曰：「疑思問。」

次五　䖝黄疑金中。測曰：䖝黄疑中，邪奪正也。宋、陸本「䖝」作「䖝」，字書無之，范本作「蛴」，今從王、陳本。䖝〔一〕，徒冬切。范曰：「蛴，赤也。」王曰：「『䖝』與『彤』同。雖居盛位而處陰當夜，不能辨析所疑，彤黄之色而疑其爲金〔二〕。」小宋曰：「䖝，音雄，雄黄石也。䖝黄之色光瑩粲然，疑有兼金在其中也。」光謂：五居尊位而當夜，疑而不明，大佞似忠，故邪能奪正也。

次六　誓貞可聽，疑則有誠。測曰：誓貞可聽，明王命也。王曰：「六得位當晝，能釋羣疑，誥誓以正而人皆可聽，以辨所惑。其疑而未悟，則有誠明之道以貫之，則愚迷皆釋矣。申明王命以斷衆疑者也。」光謂：物情疑，故誓之。誓正則人可聽矣。誓而人猶疑之，則當申之以至誠。誠則人從，不誠人不從矣。六爲上禄，故曰「王命」。

〔一〕「䖝」，明抄本作「蛴」，據贊辭測辭及校語當作「䖝」，此據道藏本改，下文除引范注外，皆同此。
〔二〕「彤」，明抄本作「宜」，此據大典本、道藏本、張士鎬本改。

次七　鬼魂疑嚘鳴，弋木之烏，射穴之狐，反目耳，厲。測曰：鬼魂之疑，誠不可信也。宋、陸、范、王本皆云「鬼魂疑貞厲」，今從小宋本。小宋本「耳」作「貞」〔一〕，今從諸家。諸家本「目」皆作「自」，今從宋、陸本。范曰：「嚘鳴，歎也〔二〕。」光謂：鬼魂恍惚，若有若無，誠可疑也。莫黑匪烏，莫赤匪狐，易辨者也。目視耳聽，理之常也。七爲失志、爲消、爲敗損而當夜，己既不明，惑之者衆，若鬼若魂，不能判別，嗟嘆而已。烏狐易辨，而或得失，猶不免疑，己之耳目，且不自信，反以耳視而目聽〔三〕，宜其危矣。

次八　顛疑遇幹客，三歲不射。測曰：顛疑遇客，甚足敬也。射，音亦。范曰：「射，厭也。」（闕）

上九　疑無信，控弧擬麋，無。測曰：疑無信，終無所名也。宋、陸、范本「疑無信」皆作「九疑無信」，今從王、小宋本。范曰：「無信，無所信也。控弧擬麋猶曰無者，疑之甚也。」光謂：九爲疑極，故有是象。終疑不決，必無所成名也。

〔一〕「小宋本」三字明抄本無，此據大典本、道藏本、張士鎬本補。
〔二〕「歎」，明抄本作「難」，此據大典本、道藏本、張士鎬本改。
〔三〕「反」，明抄本作「友」，此據大典本、道藏本、張士鎬本改。

三方一州三部三家。視。陽家，金，準觀。陰成魄，陽成妣，物之形貌咸可視。王曰：「是時萬物形貌已成，皆可見。」光謂：秋分之時，陰如月成魄。「妣」當作「朏」，匹計切，配也。陰陽中分，成配偶也。

初一　內其明，不用其光。測曰：內其明，自窺深也。范曰：「內省不疚，夫何憂何懼？」光謂：一爲思始而當晝，收視內明，不用外光。

次二　君子視內，小人視外。測曰：小人視外，不能見心也。身之榮悴，人之賢不肖莫不皆然。

次三　視其德，可以幹王之國。測曰：視德之幹，乃能有全也。三爲成意，又爲進人，當日之晝，德成而外形者也。故王者視其德之大小任以爵位，爲國家之楨幹也。

次四　粉其題頩，雨其渥須，視無姝。測曰：粉題雨須，不可忍瞻也。宋、陸本無「忍」字，小宋本無「可」字，今從范、王本。王本「頩」作「頯」〔一〕，云「面權也」，小宋本作「頩」，匹迥切〔二〕，面無色也，今從范本。頩，薄變切。姝，尺朱切〔三〕。范曰：「題，額也。頩，面也。姝，好也。」

〔一〕「頯」，明抄本作「頩」，此據注文所出字義及道藏本改。

〔二〕「迥」，明抄本作「迴」，此據道藏本及廣韻改。

〔三〕「尺」，明抄本作「只」，此據玉篇改。大典等本作「春朱切」，乃集韻所出反切。

光謂：四色白，爲下禄，爲外他，小人飾外貌而得禄者也。僞久必敗，如粉其題頯而遇雨〔一〕，沾渥其須，他人視之，安有好乎？

次五　鸞鳳紛如，厥德暉如。測曰：鸞鳳紛如，德光皓也。小宋本「皓」作「時」，今從諸家。五居尊位，受盛福而當晝。王者盛德光暉，嘉瑞來臻，故鸞鳳紛如而多也。賈誼曰：「鳳凰翔于千仞兮，覽德輝而下之。」

次六　素車翠蓋，維視之害，貞。測曰：素車翠蓋，徒好外也。六爲上禄而當夜〔二〕，小人無德而禄，外好内醜，如乘素車而張翠蓋，視其外則華，内實無文也。貞者，當以正視之，則其好醜自分矣。

次七　視其瑕，無穢。測曰：視其瑕，能自矯也。小宋本「無」作「罔」，今從諸家。王曰：「七居過滿之地，然得位當晝，是能因時而自視其瑕，戒於未萌，則咎悔不生，故終以無穢也。」光謂：七爲禍始而當晝，故能如是。

次八　翡翠于飛，離其翼，狐鼦之毛，躬之賊。測曰：翡翠狐鼦，好作咎也。「鼦」，都聊切，與「貂」同。范曰：「各以文毛之用，遂致殺身之禍。」小宋曰：「罔離其翼也。」光

〔一〕「頯」，明抄本作「額」，此據大典本、道藏本、張士鎬本改。
〔二〕「禄」，明抄本作「福」，此據大典本、道藏本、張士鎬本改。

謂：八爲禍中而當夜，外觀之美，適爲身災，故曰「好作咎也」。孟子謂盆成括「小有才，未聞君子之大道，則足以殺其身而已矣。」

上九　日没其光，賁于東方，用視厥始。　測曰：日没賁東，終顧始也。　范曰：「賁，黄白色也。」小宋曰：「日之將没，賁在東方。」光謂：九居視之終而當晝，君子修德立功，慎終如始，如日之將没，反照東方。易曰：「視履考祥，其旋元吉。」

𝍅三方二州一部一家。**沈。**陰家，水，亦準觀。入沈次四，日舍氏〔一〕。沈，下視也。諸家以爲準兑，非也。**陰懷于陽，陽懷于陰，志在玄宫。**宋曰：「懷，思也。陰陽别行久矣，咸在於秋中而相思也，故其志俱在玄宫矣。」

初一　沈耳于閨，不聞貞。　測曰：沈耳于閨，失德體也。　范曰：「一爲耳，耳在水中，故沈也。」光謂：一爲下下而當夜，小人好沈耳于閨，潛聽以下人之隱私，不聞君子之正道。君子垂旒充耳，而物無隱情。

次二　沈視自見，賢於眇之眄。　測曰：沈視之見，得正美也。　范曰：「二爲目，而

〔一〕「入沈次四日舍氏」七字明抄本無，此據大典本、道藏本、張士鎬本補。其中「四」字三本俱奪，此據太玄曆及全書注例補。

在沈家，故沈視也。」小宋曰：「眇，一目盲也。眄，邪視也。」光謂：二爲思中而當晝，沈視于身，自見善惡，得其正美，賢於小人不能內省〔一〕，而旁窺它人之是非，如眇目之人，己則不明而好邪視也。故曰「賢於眇之眄」。

次三　**沈于美，失貞矢。**測曰：**沈于美，作聾盲也。**范曰：「矢，直也。」光謂：三爲思上而當夜，小人沈溺聲色之美，失其正直之性。老子曰：「五音令人耳聾，五色令人目盲。」謂所聞見皆不得其正，如聾盲也〔二〕。

次四　**宛雛沈視，食苦貞。**測曰：**宛雛沈視，擇食方也。**小宋本「宛」作「冕」〔三〕，今從諸家。王曰：「宛雛，鳳屬。」光謂：四爲下祿而當晝〔四〕，君子擇祿而食，守苦節，循正道。如鳳下視四方有道之國，非竹實不食，必擇可食之方然後集也。

次五　**雕鷹高翔，沈其腹，好蠅惡粥。**測曰：**雕鷹高翔，在腐糧也。**二宋、陸本「蠅」作「繩」，今從范、王本。吴曰：「蠅，古孕字。」光謂：管子曰：「蠅婦不銷棄。」「粥」與「育」同。

〔一〕「內」，明抄本作「自光」，此據大典本改。
〔二〕「也」，明抄本無，此據大典本、道藏本、張士鎬本補。
〔三〕「冕」，張士鎬本作「冤」。
〔四〕「而」，明抄本作「始」，此據大典本、道藏本、張士鎬本改。

好惡讀如字。五處尊位而當夜，外望高而志趣卑，如雕鷹鷙鳥〔一〕，其飛翔非不高，而下視腐鼠〔二〕，志在攫之以實其腹，始若善而終於惡，故曰好孕惡育也。

次六　見粟如纍，明，利以正于王。測曰：見粟如纍，其道明也。范、王本「粟」作「票」，今從二宋、陸本。范本「纍」作「累」，今從諸家。（闕）

次七　離如婁如，赤肉鴟梟，厲。測曰：離婁赤肉，食不臧也〔三〕。七，色赤，用明，類爲羽，又七爲失志而當夜，雖明視如離婁，見赤肉取之，乃得惡鳥。不擇禄而食，危之道也。

次八　盼得其藥，利征。測曰：盼得其藥，利征邁也。范、小宋本「利征」作「征利」，今從宋、陸、王本。八爲禍中而當晝，故得藥利征也。

上九　血如剛，沈于顙，前尸後喪。測曰：血剛沈顙，終以貪敗也。宋、陸本「血如剛沈于顙」作「如血如剛沈于之顙」，王本作「如血如岡沈于之顙」，小宋本作「如血如岡沈於顙」，今從范本。王曰：「危亡之道，相繼而至，故前尸後喪。」光謂：血猶膏澤也。「剛」當作「岡」。沈有漁利之象。九爲禍極，爲盡弊，爲顙，漁利不已，浚民膏澤，聚如岡陵，至于沈顙不知已，故危亡

〔一〕「鷙」，明抄本作「摯」，此據大典本、道藏本改。

〔二〕「而」，明抄本無，此據大典本、道藏本、張士鎬本補。

〔三〕「臧」，明抄本作「藏」，此據大典本改。

相繼也。

☷三方二州一部二家。內。陽家，火，準歸妹。入內次三一十三分二十二秒，日次大火，寒露氣應，斗建戌位〔一〕，律中無射。陰去其內而在乎外，陽去其外而在乎內，萬物之既。宋曰：「既，盡也。」

初一　謹于嬰執，初貞後寧。測曰：謹于嬰執，治女政也〔二〕。范、王本「治女政」作「始女貞」〔三〕，今從宋、陸本。嬰、執，古妃、仇字。范曰：「執，匹也。謹其妃匹，男女道正，夫妻別，室家安。」光謂：內者室家之象。居內之初，故戒之也〔四〕。易家人初九曰：「閑有家，悔亡。」

次二　邪其內主，迂彼黃牀。測曰：邪其內主，遠乎寧也。范本「乎」作「乃」，今從宋、陸、王本。范曰：「內主謂婦也。迂，遠也。黃，中也。」小宋曰：「牀者人所安。」

次三　爾儀而悲，坎我西階。測曰：爾儀而悲，代母情也。范曰：「坎，憂也。親

〔一〕「斗建戌位」，明抄本作「斗柄指戌」，此據大典本、道藏本、張士鎬本改。
〔二〕「治女政」，明抄本作「始女貞」，此據注文及道藏本、張士鎬本改。
〔三〕「始」，明抄本作「治」，此據大典本、張士鎬本改。
〔四〕「故」，明抄本作「致」，此據大典本、張士鎬本改。

迎之道，婦升西階，有代親之義，故悲也。」王曰：「儀，匹也。」小宋引昏義曰：「厥明，舅姑共饗婦，以一獻之禮奠酬。舅姑先降自西階，婦降自阼階，以著代也。」

次四　好小好危，喪其緼袍，厲。測曰：好小好危，不足榮也。范本「緼」作「藴」，王本「袍」作「飽」，今從宋、陸本。（闕）

次五　龍下于泥，君子利用取嬰，遇庸夷。測曰：龍下于泥，陽下陰也。王本「庸」作「膚」，今從諸家。「取」與「娶」同。范曰：「龍以喻陽。陽下於陰，親迎之義也。」光謂：親迎之禮，壻御輪三周〔一〕，陽下陰也。庸者，得其常也。夷者，等夷也。

次六　黄昏于飛，内其羽。雖欲滿宫，不見其女。測曰：黄昏内羽，不能自禁也。王曰：「六居盛滿而失位當夜，乖於居内之宜。黄昏于飛者，無所定也。内其羽者，不能禁於内也〔二〕。雖欲滿宫，欲無窮也。不見其女者，失其配偶之道，終無所獲者也。」

次七　枯垣生莠，皬頭内其稚婦，有。測曰：枯垣生莠，物慶類也。王本「莠」作「秀」，今從諸家。范、小宋本「物」作「勿」，今從宋、陸、王本。皬，胡覺切。范曰：「白而不純謂之皬。」光謂：七爲禍始而當晝，衰而復興者也。有，富有也。物慶類者，物情喜得其類也。易曰：

〔一〕「周」，明抄本作「問」，此據大典本、道藏本、張士鎬本改。
〔二〕「禁」，明抄本無，此據大典本、道藏本、張士鎬本補。

「枯楊生稊〔一〕，老夫得其女妻，無不利。」

次八　內不克婦，荒家及國，涉深不測。　測曰：　內不克婦，國之孽也。　范本「不測」作「不可測」，今從諸家。　范曰：「克，勝也。」

上九　雨降于地，不得止，不得過。　測曰：　雨降于地，澤節也。（闕）

𝍇三方二州一部三家。　**去**。　陰家，木，準無妄。　漢儒解無妄爲無所復望，故揚子以去準之。　三測曰：「妄行也。」四測曰：「非所望也。」是揚子兼取二義以爲首也。　**陽去其陰，陰去其陽，物咸倜倡。**　倜，張留切。　倡，音昌。　宋曰：「倡音如兩服上襄〔二〕。　謂是時陰陽各去其所，萬物亦倜倡不知所處也。」王曰：「『倜』與『侜』同。　萬物倡狂而離散也。」

初一　去此靈淵，舍彼枯園。　測曰：　去此靈淵，不以謙將也。　范曰：「一爲水，最在下，故曰靈淵。　去下即高，非謙德也。」小宋曰：「枯園猶高上也〔三〕。」光謂：　園木之枯，必地高而無潤澤也。　一爲思始而當夜，小人厭下思高，欲去此而從彼，必有殃也。

〔一〕「稊」，明抄本作「梯」，大典等本作「荑」，此據易大過改。
〔二〕「宋曰」至「襄謂」十字，大典本、道藏本、張士鎬本無，應有之，惟字有譌誤，今已無以校正。
〔三〕「上」，明抄本、大典本、道藏本同，張士鎬本作「土」，今從衆。

次二　去彼枯園，舍下靈淵。測曰：舍下靈淵，謙道光也。二爲思中而當晝，君子慮以下人，故其道光也。

次三　高其步，之堂有露。測曰：高步有露，妄行也。范、小宋本「妄行」作「妄升」，王本作「安行」〔一〕，今從宋、陸本。露沾人衣，禍辱之象也。三爲成意而當夜，小人見高位而趨之〔二〕，不覺涉於禍辱也。

次四　去于子父，去于臣主。測曰：去于子父，非所望也。范本作「去于父子」，今從二宋、陸、王本。王曰：「四既得位當晝，去之得宜。去于子而之父〔三〕，去于臣而之主，順于尊卑之序，則咎悔不生。」光謂：四爲福始而當晝，去卑而得尊，福生望外，故云「非所望也」。

次五　攓其衣，之庭有麋。測曰：攓衣有麋，亦可懼也。小宋曰：「攓，音愆，舉也。」光謂：攓衣而行，庭有荆棘也。麋鹿遊庭，亡國之墟也。五，情恐懼，又爲衣，居尊位而當夜，將去其位而失其國，可無懼乎？

次六　躬去于成，天遺其名。測曰：躬去于成，攘不居也。二宋、陸本「成」作

〔一〕「安」，明抄本作「妄」，此據大典本、道藏本、張士鎬本改。
〔二〕「趨」，明抄本作「趍」，此據大典本、道藏本、張士鎬本改。
〔三〕「于」，明抄本作「其」，此據大典本、道藏本、張士鎬本改。

「城」，今從范、王本。「攘」，古「讓」字。遺，以醉切。范曰：「六爲上禄，家性爲去，功成身退，故天遺其名也。」

次七　去其德貞，三死不令。測曰：去其德貞，終死醜也。范曰：「令，善也。」王曰：「七居過滿而又失位當夜，乖去之宜。去之惡者〔一〕，莫若去其德義貞正之方。故雖三死猶有不令之名不滅也。三者，舉其多也。」

次八　月高弦，火幾縣，不可以動，動有愆。測曰：月弦火縣，恐見咎也。幾，居衣切，又音祈。「縣」，古「懸」字。范曰：「月高弦，二十日之餘也。火謂大火。火之幾懸，歲將晚也。八者，老疾之位，於年爲八十〔二〕，如月動而益晦，火日以流退。致仕懸車，遺法後生，不可妄動以有愆也。」光謂：火中寒，暑乃退。八爲耗、爲剥落，如人衰老則宜静不宜動也。

上九　求我不得，自我西北。測曰：求我不得，安可久也。小宋引玄圖曰：「生陽莫如子，西北則子美盡矣。」光謂：西北，陰位。九爲盡弊、爲殄絶，居去之極而當夜，已去矣，故求之不得。如日也歲也，由西入北，安可久也？

〔一〕此句明抄本有兩「之」字，此據大典本、張士鎬本删。
〔二〕「於」下明抄本有「居」字，此據大典本、道藏本删。

三方二州二部一家。**晦**。陽家，金，準明夷。入晦次七，日舍房。**陰登于陽，陽降于陰，物咸喪明。**喪，息浪切。王曰：「萬物恃陽以爲明，陽降則物喪其明。」

初一　同冥獨見，幽貞。測曰：同冥獨見，中獨照也。范、王本「照」作「昭」，今從二宋、陸本。王曰：「處冥晦之時，而得位當晝，故曰同冥獨見。自守於幽玄之中，不失其正。」光謂：一爲思下，又爲下下，當日之晝，故能獨見幽貞。

次二　盲征否。測曰：盲征否，明不見道也。「否」，方久切，與「不」同。王曰：「冥晦而又失位當夜，益其暗焉。則是以盲而有所往，必有顛躓之憂矣。」光謂：二爲思中而當夜，故有是象。

次三　陰行陽從，利作不凶。測曰：陰行陽從，事大外也。范、王本「大」作「必」，今從宋、陸本。（闕）

次四　晦其類，失金匱。測曰：晦其類，法度廢也。范曰：「四，金也，而在其行，處晦之世，故曰晦其類也。」光謂：法度所以固國，如匱之固金。凡一國之中，有晦有明，法度猶可守也。若彼晦而此又晦之，依阿苟合，類聚如一，則法度廢矣。四爲下祿，爲外他而當夜，故有是象。

次五　日正中，月正隆，君子自晦不入窮。測曰：日中月隆，明恐挫也。王曰：

「五爲中和〔一〕，而又得位當晝，日中月滿之時，而能戒其過盛，自晦其迹，既達消息屈伸之義理，則其道不窮。」

次六　玄鳥維愁，明降于幽。測曰：玄鳥維愁，將下昧也。 王曰：「玄鳥，知時之鳥。六居盛滿，而又失位當夜，去明向幽之象也。」小宋曰：「玄鳥，乙也。」〔二〕光謂：六爲廓天，涉於秋初，故有是象。

次七　睄提明，或遵之行。測曰：睄提明，德將遵行也。 二宋、陸本「睄」作「睹」〔三〕，息井切，義與省同。或作「省」〔四〕。小宋「音眇」，云：「一目盲也。」宋、陸本「提」作「緹」〔五〕，都黎切。諸家贊辭皆無「德」字，范本作「睄提明德」〔六〕，因測而誤也。范云：「睄，目不明也。」意與眇同，今從王本。王本測無「遵」字，今從諸家。王曰：「睄，古宵字。七得位當晝，是於宵夜之中提明自照，或遵之行，斯不失其道。提明，謂燭之類。」光謂：七爲消，爲敗損，有夜之象，

〔一〕「中和」，明抄本作「正」，此據大典本、道藏本、張士鎬本改。
〔二〕「乙」，張士鎬本作「鳦」，「乙」「鳦」古字通。
〔三〕「睹」，明抄本作「睄」，依反切當作「睹」，此據五柳居本改。
〔四〕「省」，大典本、道藏本、張士鎬本作「醒」。
〔五〕「緹」，道藏本、張士鎬本作「猑」，大典本作「偍」，據注文所出反切，知當作「緹」。
〔六〕「睄」，萬玉堂范本作「䏬」，下同此。

而當日之晝，故曰提明也。德謂明德之人也〔一〕。昏晦之世，有明德者將之，衆之所從。如夜得燭，衆之所遵行也。

次八　視非其真〔二〕，夷其右目，滅國喪家。測曰：視非夷目，國以喪也。諸本「真」皆作「直」，今從宋、陸本。諸家測皆云「視直夷目」，今從范本。范曰：「夷，傷也。」光謂：八爲疾瘀，爲耗而當夜，故有是象。

上九　晦冥冥，利于不明之貞。測曰：晦冥之利，不得獨明也。宋、陸、王本「晦冥之利」作「晦在上」〔三〕，小宋本作「晦冥冥」，今從范本。九爲晦極而當晝，君子用晦爲正，則如是可矣。易曰：「内難而能正其志，箕子以之。」又曰：「箕子之明夷，利貞。」

〔一〕上「德」字大典本、道藏本、張士鎬本作「明」，此「德」即測「德將」之「德」，故此從明抄本。
〔二〕「真」，張士鎬本作「貞」，注文同此。
〔三〕「上」下大典本、張士鎬本有「下」字。

太玄集注卷第六

三方二州二部二家。**瞢**。瞢，古「夢」字，又莫登切。陰家，土，亦準明夷。入瞢次六三十一分一十三秒，霜降氣應。次八，日舍心。晦外闇，瞢內昏也。或曰：「晦二『盲征否』，非內昏耶？瞢二『明腹睒天』，非外闇耶〔一〕？」曰：「恒有『不恒其德』，節有『不節』，若爻與卦反者也，盲反明也〔二〕，明反瞢也。」**陰征南，陽征北，物失明貞，莫不瞢瞢。**吴本「征」作「延」，云：「古『征』字也。」王本作「近」，誤也。王曰〔三〕：「陽在南則萬物相見於離，今在北，故曰瞢。」

初一　瞢腹睒天，不覩其畛。測曰：瞢腹睒天，無能見也。范本「瞢腹」「明腹」皆作「復」，「畛」作「軫」，今從二宋、陸、王本。睒，失冉切。畛，章忍切，又音真。范曰：「睒，窺也。」王曰：「睒，暫視也。失位當夜，心腹昏瞢，暫視於天，豈能知其疆畛哉？」光謂：天至大而難知者

〔一〕「外」，明抄本作「内」，此據大典本、道藏本、張士鎬本改。
〔二〕「盲、明」，明抄本作「音、晦」，此據大典本、道藏本改。
〔三〕「王」，道藏本、張士鎬本作「陸」，未詳孰是。

也。一爲思始而當夜，故有是象。

次二　明腹睒天，覩其根。測曰：明腹睒天，中獨爛也。范曰：「二爲目，故明也。爛，明也。」王曰：「得位當晝，以明達之腹仰視於天，必究其根本矣。」光謂：二爲思中而當晝，故有是象。

次三　師或導射，豚其埻。測曰：師或導射，無以辨也。王本「導」作「遵」，今從宋、陸、范本。王、小宋本「豚」作「遯」，蓋古字通用。埻，之尹切。范曰：「師，瞽也。豚，遯也。埻，射的也。」光謂：三，思之崇也，爲進人、爲股肱而當夜，譬如瞽師而教導人射，必遠其埻，不能中矣。豚猶遠也。

次四　鑒貞不迷，于人攸資。測曰：鑒貞不迷，誠可信也。范曰：「四，金也，故爲鑒。鑒之正者猶爲不迷，況得賢者與爲治乎？資，取也。」王曰：「得位當晝，則是能正其鑒，無所迷，非獨自正於己，亦爲人之所資。資，取其明也。」

次五　倍明仮光，觸蒙昬。測曰：倍明仮光，人所叛也。宋、陸本作「人所瀕也」，范本作「人可頻也」，小宋本作「人所頻也」，今從王本。王曰：「仮，古反字。五當盛位而處陰當夜，迷而不復，故有背明之象。」

次六　瞢瞢之離，不宜熒且㛊[一]。測曰：瞢瞢之離，中不眩也。王本「宜」作「冝」，云「古『肯』字」，今從二宋、陸、范本。宋、陸本「㛊」作「姽」，小宋本「且㛊」作「其㛅」，云「㛅，居宜切，細腰美婦也」。今從范、王本。范本「不眩」作「蔆蔆」，小宋本作「芆芆，符少切，雲物之零落貌。」今從王本。姽，牛委切。㛊，乃果、五果二切。范曰：「㛊，小貌。」王曰：「六居陰位，又當晝，爲瞢之主，以正羣迷者也。瞢瞢之離，自昏而明。熒，小光，有所眩惑。㛊，弱也。」光謂：自昏而明，非盛强不能濟也，故「不宜熒且㛊」。

次七　瞢好明其所惡。測曰：瞢好之惡，著不昧也。范本作「著不可昧也」，王本作「著昧也」，今從二宋、陸本。

次八　昏辰利于月，小貞未有及星。測曰：昏辰利月，尚可願也。范本「未有及星」作「未及星」[二]，王本作「禾有及星」，今從二宋、陸本。宋曰：「以月繼日，故猶可願也。」未有及星。（闕）[三]

上九　時蹉蹉，不獲其嘉，男子折笄，婦人易哿。測曰：不獲其嘉，男死婦嘆

[一]「㛊」，諸本皆作「姽」，此據注文音義及廣韻改，下并同。
[二]「未有及星」，明抄本無，此據大典本、道藏本、張士鎬本補。
[三]「未有及星闕」，大典本、道藏本、張士鎬本無。

也。王本「笄」作「筭」，今從諸家。王以「蹉」爲古「嗟」字，「哿」爲「珈」，音加。（闕）

𝍊三方二州二部三家。**窮**。陽家，水，準困。入窮次九，日舍尾。**陰氣塞宇，陽亡其所，萬物窮遽。**小宋本「陰氣」作「羣陰」，王、小宋本「窮遽」作「窮處」，今從宋、陸、范本。六合之間謂之宇。

初一　窮其窮，而民好中。測曰：窮其窮，情在中也。（闕）

次二　窮不窮，而民不中。測曰：窮不窮，詐可隆也。（闕）

次三　窮思達。測曰：窮思達，師在心也。王本「師」作「思」，小宋本「心」作「中」，今從宋、陸、范本。三爲成意，爲進人，困而學之者也，能盡其心則無不達矣，師何遠哉？故曰「師在心」。

次四　土不和，木科橢。測曰：土不和，病乎民也。橢，徒和切。王曰：「科橢，木病也。」光謂：四爲下禄而當夜，小人得位，困民以自奉，民困則國危，譬猶土瘠則木病矣。有子曰：「百姓不足，君孰與足？」

次五　羮無糝，其腹坎坎，不失其範。測曰：食不糝，猶不失正也。范本贊測皆云「羮無糝」，今從二宋、陸、王本。糝，桑感切。王曰：「得位居中，爲窮之主，不失處窮之宜。羮無糝，其腹坎坎然空乏，然猶不失賢聖之範。處窮之美，莫過是焉。」陳曰：「糝，碎米也。」

次六　山無角，水無鱗，困犯身。測曰：山無角，困百姓也。焚山而獵，涸澤而魚，所獲雖多，後無繼也。重斂以窮民，民窮則犯上，災必迨其身矣。

次七　正其足，蹄于狴獄，三歲見録。測曰：正其足，險得平也。狴，音弊。王曰：「『蹄』與『跌』同。得位當晝，正足遇跌，時之窮，非己招也。録，寬録也，讀爲慮。窮不失正，宜其險而得平。」小宋曰：「蹄，音帶，蹈也。」光謂：狴，牢也。七離咎而犯災，故有是象。

次八　涉于霜雪，纍項于厀。測曰：纍項于厀，亦不足生也。宋、陸本「項」作「頂」，今從范、王、小宋本。「厀」與「膝」同。王曰：「失位而當夜，不能自正其足，涉于霜雪，犯難而行也。纍項于厀，因繫之重也。」

上九　破璧毁圭，臼竈生鼃，天禍以他。測曰：破璧毁圭，逢不幸也。范本「鼃」作「黽」，音猛，今從二宋、陸、王本。鼃，烏媧切。王曰：「時數已極，不能反之於通。雖得位當晝，而不免於患。破璧毁圭，失其所實也。臼竈生鼃，無所復食也。天禍以他者，咎非他作也。」光謂：破璧毁圭，其人可珍而遭時不幸也。禍之極，窮之至，故有是象。

☷三方二州三部一家。割。陰家，火，準剥。陰氣割物，陽形縣殺〔一〕，七日幾絶。宋、陸本

〔一〕「形」，明抄本作「刑」，此據大典本、道藏本及注文改。

「形」作「刑」，今從范、王、小宋本。小宋本「陰氣」作「羣陰」。宋曰：「殺，衰也，所介切。」王曰：「陰氣勝，故殺傷萬物。陽形消，故縣而不用，爲陰氣所殺也。讀如字。」七日幾絕。（闕）〔一〕

初一　割其耳目，及其心腹，厲。測曰：割其耳目，中無外也。王本「中無外」作「中外無」，今從諸家。耳目所以輔衛心腹，耳目割則心腹危矣。一爲思始而當夜，小人惡忠忌諫，而自賊其聰明者也。

次二　割其肬贅，利以無穢。測曰：割其肬贅，惡不得大也。肬，音尤。贅，之芮切。王曰：「肬贅，身之惡也，割而去之，無復滋大也。」光謂：二爲思中而當晝，君子自攻其惡，不使滋大者也。

次三　割鼻食口，喪其息主。測曰：割鼻喪主，損無榮也。虞本「食」作「飽」〔二〕，今從宋、陸、范、王本〔三〕。范曰：「鼻者，氣息之主。」王曰：「割之不得其宜，是割鼻以啖其口者也。」

次四　宰割平平。測曰：宰割平平，能有成也。王曰：「四居臣之盛而當晝，宰割

〔一〕「七日幾絕闕」五字，大典本、道藏本、張士鎬本及宋殘本無。
〔二〕「飽」，宋殘本、大典本、道藏本、張士鎬本作「飴」。
〔三〕「宋」，明抄本無，此據張士鎬本補。

於物，有均平之德。」光謂：四爲下禄，君子之始得位者也。

次五　割其股肱，喪其服馬。測曰：割其股肱，亡大臣也。宋、陸本「亡」作「忘」，王本作「無」，今從范本。王曰：「五居君位而當夜，無君之德，是割其股肱而以求理，宜喪失所乘服矣。」光謂：服馬所以負軛而夾轅，任重致遠，亦大臣之象也。故曰「亡大臣也」。

次六　割之無創，飽于四方。測曰：割之無創，道可分也。六居盛位而當晝，分布其道，教思無窮，容保民無疆，四方靡不充足，而於道無所虧損也。

次七　紫蜺矞雲朋圍日[一]，其疾不割。測曰：紫蜺矞雲，不知刊也。二宋、陸本作「不利刊也」，今從范本。王本「朋」作「明」，今從二宋、陸、范本[二]。矞，余律切。王曰：「紫蜺，妖氣。矞雲，日旁刺日之氣。」光謂：七爲敗損而當夜，如小人結黨以蔽惑其君，爲國之患，君不能割除之也。

次八　割其蠹，得我心疾。測曰：割其蠹，國所便也。王、小宋本「蠹」作「矞」，今從宋、陸、范本。便，步邊切[三]。八爲禍中而當晝，能割除姦蠹，得我心之所疾惡者也。

[一]「朋」，明抄本作「明」，此據宋殘本及注文改。
[二]「范」，明抄本無，此據宋殘本、大典本、道藏本、張士鎬本補。
[三]「步」，明抄本作「涉」，此據宋殘本、大典本、道藏本、張士鎬本改。

上九　**割肉取骨，滅頂于血。測曰：割肉滅血，不能自全也。**割剥之極，民既困窮，君亦不能自全，故曰「滅頂于血」也。

𝍌三方二州三部二家。**止。**陽家，木，準艮。**陰大止物於上，陽亦止物於下，下上俱止。**小宋本作「太陰止物於上」〔一〕，今從諸家。宋曰：「謂是時物上隔陰氣，下歸陽氣，各止其所而不行也。」

初一　**止于止，内明無咎。測曰：止于止，智足明也。**小宋本「止于止内」作「止于内」，今從諸家。一爲思始而當晝，止得其所者也。夫智之不明，誘於外物者也。故止于可止之所，則内明而無咎也。易曰：「艮其止，止其所也。」大學曰：「知止而後有定，定而後能静〔二〕，静而後能安，安而後能慮，慮而後能得。物有本末，事有終始，知所先後，則近道矣。」

次二　**車軔俟，馬酋止。測曰：車軔俟，不可以行也。**范本測「車軔俟」作「車軔馬止」，今從宋、陸、王本。吴曰：「軔，而振切，礙輪木也。」光謂：二爲思中而當夜，小人智不足以燭理，就止則可，行則凶也。

〔一〕「止物於上」，明抄本無，此據宋殘本、大典本、道藏本、張士鎬本補。
〔二〕「有定定而後」五字明抄本無，此據宋殘本、大典本、道藏本、張士鎬本補。

次三　關其門户，用止狂蠱。測曰：關其門户，禦不當也。王本「禦」作「圉」，今從范本。光謂：蠱，惑也。禦亦止也。三爲户，又思之崇也，又爲成意而當晝，君子三思而後行，苟狂惑不當，不可復掩，故於成意之時，必慎而後發也。

次四　止于童木，求其疏穀。測曰：止于童木，其求窮也。范本「其求窮」作「求其窮」〔一〕，今從宋、陸本。王曰：「童木，謂兀然無枝幹者。疏穀，謂草木之可食者。」光謂：四爲下禄而當夜，小人干禄而不得其道，必無獲也。

次五　柱奠廬，蓋蓋車，轂均疏〔二〕。測曰：柱及蓋轂，貴中也。范本「轂」作「穀」，今從二宋、陸、王本。「穀」「轂」古字通。王曰：「奠，定也。如柱之定於廬舍之中，得其所止。蓋之蓋覆於車〔三〕，車運而蓋不運。轂之均其疏數以湊羣輻，輻雖運而己常處中。此皆以止爲用者也。五居中得位，善於止道，故取象焉。」光謂：廬，草舍之圓者，必先植柱於中央以定之。蓋有斗以受弓，輪有轂以均輻。人心所止，允執厥中。如此三者〔四〕，故可貴也。

〔一〕「其求窮」，明抄本無，此據宋殘本、大典本、道藏本、張士鎬本補。
〔二〕「轂」，明抄本作「穀」，此據道藏本及注文改。
〔三〕「蓋」下明抄本復有一「蓋」字，此據大典本、道藏本、張士鎬本删。
〔四〕「如、者」二字明抄本無，此據宋殘本、大典本、道藏本、張士鎬本補。

次六　方輪廉軸，坎坷其輿。測曰：方輪坎坷，還自震也。范本「廉」作「廣」，今從諸家。范、小宋本「坎坷」作「坎軻」〔一〕，今從宋、陸本。坷、軻皆音可。王曰：「輪方必止，軸廉必輚，以之進路，必坎坎然振其車輿而不獲其適矣〔二〕。」光謂：六爲上禄，爲盛多而當夜〔三〕，小人進不以道，雖止於盛位，終不得安也。

次七　車纍其俔，馬獵其蹄，止貞。測曰：車纍馬獵，行可鄰也。宋、陸本「俔」作「僥」，范本作「俔」，今從小宋本。小宋本「鄰」作「憐」〔四〕，今從宋、陸、范本。俔，陳「音雉」〔五〕，吴「音馳」。獵，吴曰「良涉切」，諸家或作「獵」者，筆誤也。范曰：「俔，輪也。獵，躐也。」王曰：「纍，有所繫也。獵，有所絓也。車纍馬獵，宜乎止以求正。」光謂：七爲失志、爲敗損，而位又當晝，故纍獵也。君子見險而止，則止其正矣〔六〕。鄰。（闕）〔七〕

〔一〕「小」，明抄本無，此據宋殘本、大典本補。
〔二〕「其」，明抄本無，此據宋殘本、大典本、道藏本、張士鎬本補。
〔三〕「盛」，明抄本作「最」，此據宋殘本、大典本、道藏本、張士鎬本改。
〔四〕「小宋本」，明抄本無，此據宋殘本、大典本、道藏本、張士鎬本補。
〔五〕「陳」，明抄本無，此據宋殘本、大典本、道藏本、張士鎬本補。
〔六〕「止」，宋殘本、大典本、道藏本、張士鎬本作「不失」。
〔七〕「鄰闕」二字宋殘本、大典本、道藏本、張士鎬本無。

次八　弓善反，弓惡反，善馬很，惡馬很。絶弸破車終不偃。測曰：弓反馬很，終不可以也。王本作「弓善反馬善很惡馬很」，宋本作「弓善反惡弓反馬善很惡馬很」，范本「很」作「恨」，今「很」從諸家，餘從范本。弸，薄萌切。宋曰：「絶弦破車，故不可用也。」范曰：「弸，弦也。偃，止也。」王曰：「弓之反戾，不可以射。馬之很惡，不可以御。而强用之，必有絶弸破車之患，終不可偃息而止矣。」光謂：弓雖善而好反，馬雖善而性很，終不可用。况其惡者乎！八爲禍中、爲剥落而當夜，小人邪愎而不知止者也。荀子曰：「弓調而後求勁焉，馬服而後求良焉，士信慤而後求知能焉」，此之謂也。

上九　折于株木，輆于砒石，止。測曰：折木輆石，君子所止也。宋、陸本「砒」作「砭」，彼驗切。小宋本作「礎」，音仙，王本作「砒」，音止，云「擣繒石也」，今從之。吴曰：「輆，音愷，礙也。」光謂：九爲限、爲石，又禍之窮也，而當晝，君子道既不行，則當止矣。

☷三方二州三部三家。堅。陰家，金，準艮。入堅初一八分二十秒，日次析木，立冬氣應，斗建亥位〔一〕，律中應鍾。陸曰：「艮爲山石，又爲木多節，皆堅之貌。」陰形胼冒，陽喪其緒，物競堅

〔一〕「斗建亥位」，明抄本作「斗柄指亥」，此據宋殘本、大典本、道藏本、張士鎬本改。

彊。小宋本「形」作「貌」，「冒」作「昌」，今從諸家。腁，部田切。喪，息浪切。宋曰：「腁謂盛也。緒，業也。謂是時陰氣壯盛，陽喪其業，無能爲矣。故萬物依陰氣競爲彊也。」范曰：「腁，固也。」王曰：「腁冒，密盛貌。」

初一　磐石固内，不化貞。測曰：磐石固内，不可化也。小宋本「磐石」作「堅磐」，宋、陸本「貞」作「不貞」，王、小宋本作「不化其貞」，宋、陸本測作「磐固内中不可化也」，今皆從范本。光謂：一爲下人，爲思始而當夜，小人頑愚，心如磐石之堅，不可化而入於正也。孔子曰：「惟下愚不移〔一〕。」

次二　堅白玉形，内化貞。測曰：堅白玉形，變可爲也。宋、陸本無「化」字，小宋本「形」作「狀」，今從范、王本。二爲思中而當晝，君子心雖堅固，潔白如玉之美，然見善思遷，有過則改，内化日新以就於正。易曰：「介于石〔二〕，不終日，貞吉。」

次三　堅不凌，或泄其中。測曰：堅不凌，不能持齊也。宋、陸本「凌」作「陵」，今從范、王、小宋本。宋曰：「齊，中也。」范曰：「在於堅冰之月，今不凌，或恐陽氣泄於中也。」光謂：三爲成意而當夜，小人處心不堅，善惡交戰，二三其德，有始無卒，不能行無越思，允執其中。

〔一〕「曰惟」，明抄本作「謂」，此據宋殘本、大典本、道藏本、張士鎬本改。

〔二〕「于」，明抄本作「如」，此據宋殘本、大典本、道藏本、張士鎬本改。

如冰欲堅於外，而忽陽泄其中，終不能成也。

次四　小蠭營營，螮其翊，翊不介，在堅螮〔一〕。測曰：小蠭營營，固其氐也。

宋、陸本「營」作「熒」，無「在」字，王本「介」作「分」。吳曰：「『蠭』與『蜂』同。」范作「螽」，誤也。螮，都計切。翊，音詡，又音弋，今「蠭」從諸家，「營」、「介」從范本。宋曰：「氐，本也。」范曰：「螮，德也。翊，國也。」王曰：「螮，蠭子也。翊，其房也。」光謂：「螮」與「蔕」通，謂蜂房之蔕也。介，大也。螮以諭德，翊以諭國。四爲下禄而當晝，君子修德以保其位。國不在大，在勤德以固其本而已。亦猶小蠭營營，將爲房，必先爲其蔕。房不在大，但蔕堅則不墜矣。

次五　翊大螮小，虚。測曰：翊大螮小，國空虚也。范曰：「國小德大，則民衆殷。國大德小，故民虚也。」光謂：中和莫盛乎五，而當夜，小人享盛福而不能守，國雖大而德薄。如蠭房大而蔕小，其墜不久矣。虚者，言其外勢强盛而中實無有也。

次六　鐵螮紗紗，縣于九州。測曰：鐵螮之縣，民以康也。小宋本「紗」作「𢆶」，音幽，云「𢆶𢆶〔二〕，微貌」，今從諸家。「鐵」與「纖」同，「縣」與「懸」同。王曰：「『紗』與『眇』同。」光謂：六爲上禄，爲盛多，爲極大而當晝，天子秉德之堅，一人有慶，兆民賴之，如纖蔕之縣大房也。

〔一〕「螮」，明抄本無，此據宋殘本、大典本、道藏本、張士鎬本補。
〔二〕「𢆶」，明抄本無，此據宋殘本、大典本、道藏本、張士鎬本補。

次七　堅顛觸冢。　測曰：**堅顛觸冢，不知所行也。**　顛，頂也。七爲失志、爲敗損、爲下山而當夜，小人强很而不知道，如用其堅頂進觸丘冢，不知所行也。

次八　悃堅禍，維用解⿰虫豸之貞〔一〕。　測曰：**悃堅禍，用直方也。**　「悃」與「怙」同。「解⿰虫豸」與「獬豸」同。　王曰：「解⿰虫豸，觸邪之獸。」光謂：八爲禍中而當晝，恃其堅而犯禍者也。然君子之志在於觸邪，雖堅以蹈禍，不失其正也。

上九　鼀焚其翊，喪于尸。　測曰：**鼀焚其翊，所憑喪也。**　宋、陸本作「鼀熒其翊」，今從范、王、小宋本。　喪，息浪切。　范曰：「尸，主也。」光謂：「翊」當作「⿰虫羽」〔二〕。　九爲禍極而當夜，小人爲惡之堅，至於覆家，如鼀自焚其房，失其所主也。　易曰：「鳥焚其巢。」

三方三州一部一家。　**成。**　陽家，水，凖既濟。　入成次九，日舍箕。　**陰氣方清，陽藏於靈，物濟成形。**　范本「陰氣方清」作「陰氣方消」〔三〕，小宋本作「太陰方清」，今從二宋、陸、王本。　宋曰：

〔一〕「⿰虫豸」，明抄本作「蝝」，此據五柳居本改，下同此。　下文「豸」明抄本作「彖」，亦據五柳居本改。
〔二〕宋殘本贊測「翊」皆作「⿰虫羽」，然據注文，知司馬光原文作「翊」，故此不據改。
〔三〕「陰氣方清」，明抄本無，此據宋殘本、大典本、道藏本、張士鎬本補。

「地稱靈。」陸曰：「清，寒也。」光謂：陽藏地中，潛爲物主，物賴以濟〔一〕，得成其形也。

初一　成若否，其用不已，冥。　測曰：成若否，所以不敗也。王曰：「處成之初，得位當晝，功成若否，不伐其功，則其用不已，而冥契於道也。」光謂：一爲思下而當晝，君子之道闇然日彰。冥者，隱而不見也。老子曰：「功成不居。夫惟不居，是以不去。」

次二　成微改改，未成而殆。　測曰：成微改改，不能自遂也。王本「改」字止一，今從諸家。王曰：「失位當夜，成之尚微而又改之，則事必不成，且危殆也。」光謂：二爲反復而當夜，小人秉心不壹，必無成功。易曰：「晉如鼫鼠，貞厲〔二〕。」

次三　成躍以縮，成飛不逐。　測曰：成躍以縮，成德壯也。王曰：「事之既成，已躍而進，又縮而退，知自戒懼則進而無咎。」光謂：三爲成意而當晝，君子臨事而懼，躍縮未決。所以然者，以事之既成則如鳥之飛，不可復逐。故進退宜慎也。易曰：「或躍在淵，無咎。」

次四　將成矜敗。　測曰：將成之矜，成道病也。王曰：「失位當夜，是將成而矜，必敗其成。成功之道，惡其矜伐也。」光謂：四爲下祿，故將成也。當夜，故矜也。葵丘之會，齊桓公

〔一〕「賴」，明抄本作「類」，此據宋殘本、道藏本、張士鎬本改。

〔二〕「貞厲」下明抄本有「者也」二字，此據宋殘本、大典本、道藏本、張士鎬本删。

震而矜之〔一〕，故叛者九國。

次五　中成獨督，大。測曰：中成獨督，能處中也。小宋本作「中能成」，今從諸家。中和莫盛乎五，而當晝，王者功成，獨建皇極以督四方〔二〕，德業光大者也。

次六　成魁瑣，以成獲禍。測曰：成之魁瑣，不以謙也。小宋本作「成魁瑣瑣」，今從諸家。范本「謙」作「讓」，今從二宋、陸、王本。王曰：「六居盛滿而失位當夜，雖爲成之魁主，而内懷瑣細之行，必且墮其功而獲禍矣。」光謂：六爲極大而當夜，凡大功既成，則人欲分功者多矣。爲其首者，既尸其大，必分其細以與人，則衆無不悦。若欲兼而有之，則爲衆所疾，反因成功以獲禍矣。

次七　成闕補。測曰：成闕之補，固難承也。宋、陸本「承」作「依」，今從范、王本。范曰：「七爲失志，故闕也。君子之道善於補愆，故有闕則補之。」王曰：「成功之下，難以承之，當思補過之道也。」

次八　時成不成，天降亡貞。測曰：時成不成，獨失中也。王本「亡」作「止」，今從諸家。范曰：「八，木也，秋之所成也。」光謂：小人當可成之時，而無德以成之，失時之中，故天降

〔一〕「桓公」，明抄本作「侯」，此據宋殘本、大典本、道藏本、張士鎬本改。
〔二〕「建」，明抄本作「運」，此據宋殘本、大典本改。

咎而失正也。

上九　成窮入于敗，毀成。君子不成。測曰：成窮以毀，君子以終也。小宋本作「小人毀成」，今從諸家。九爲盡弊而當晝，日中則昃，月盈則食，成窮而入于敗〔一〕，物理自然，敗則毀其成矣。君子知成之必毀也，故常自抑損，使不至于成，以終其福禄也。養由基去柳葉百步而射之，百發而百中之。有一人立其旁曰：「善。子不以善息，少焉氣衰力倦，弓撥矢鉤〔二〕，一發不中，百發盡息。」蓋謂此類也。

𝍏三方三州一部二家。闞。陰家，火，準噬嗑。范、王讀爲緻密之緻，陳以「闞」爲「闃」，陟栗切，閉門也。吴曰：「闃，丁結切，與『窒』同。」陸曰：「嗑者合也。闞亦陰陽相闞闔也。」陰陽交跌，相闔成一，其禍泣萬物。宋曰：「謂是時陰跌興閉於上〔三〕，陽跌衰守於下。下上閉守，其闔密如一矣。」光謂：跌猶過甚也。

初一　圜方杌棿，其内窾换。測曰：圜方杌棿，内相失也。杌，音兀。棿，音臬。

〔一〕「成」，明抄本作「或」，此據大典本、張士鎬本改。
〔二〕「鉤」，明抄本作「鈎」，此據宋殘本、大典本、道藏本、張士鎬本改。
〔三〕「閉」，明抄本作「閈」，此據宋殘本、大典本改，下文「閉守」同此。

窾，音款。范曰：「水在火家，更相克，如圓鑿方枘，杌棿不安〔一〕。」光謂：闞，合也。一爲思始而當夜，其心不合者也。款換。（闞）〔二〕

次二　闞無間。測曰：無間之闞，一其二也。范曰：「二火合會，闞密如一。」光謂：二爲思中而當晝，其合無間，二如一也。易曰：「二人同心，其利斷金。」

次三　龍襲非其穴，光亡于室。測曰：龍襲非穴，失其常也。王、小宋本無「龍」字，今從宋、陸、范本。王曰：「襲，入也。」（闞）

次四　臭肥滅鼻〔三〕，利美貞。測曰：滅鼻之貞，没所芳也。宋、陸本作「所没方也」，范、小宋本作「没所勞也」，今從王本。闞準噬嗑，故有食象。四爲福始而當晝，飲食之來，先覺臭芳，見得思義，不可失正也。

次五　齧骨折齒，滿缶。測曰：齧骨折齒，大貪利也〔四〕。五爲福中而當夜，小人貪利以自傷者也。易曰：「噬腊肉，遇毒。」

〔一〕「杌棿不安」，明抄本作「之杌棿也」，此據宋殘本、大典本、道藏本、張士鎬本改。
〔二〕「款換闞」，宋殘本、大典本、道藏本、張士鎬本無。
〔三〕「肥」，明抄本作「肥」，此據宋殘本、大典本、道藏本、張士鎬本改。
〔四〕「貪」，明抄本作「貧」，此據宋殘本、大典本、道藏本、張士鎬本改。

次六　飲汗吭吭，得其膏滑。測曰：飲汗吭吭，道足嗜也。王本「吭吭」作「吮吮」，小宋本「汗」作「污」，音烏，「吭」作「哾」，山劣反，云「哾哾，小飲也。」「道足嗜」作「道得嗜」，今從宋、陸、范本。范曰：「汗，潤澤也。潤澤多，吭吭然也。」光謂：六爲盛多、爲極大，君子所嗜者道，雖多取而無害者也。

次七　闕其差，前合後離。測曰：闕其差，其合離也。七爲消、爲敗損而當夜，故闕密自是而差跌，前合而後離也。

次八　輔其折，盧其缺，其人暉且偈。測曰：輔折盧缺，猶可善也。宋、陸本「盧」作「廬」，今從范、王本。陳「音盧，烏合切」。小宋「偈音傑」。范曰：「覆庇其瑕，故盧其缺也。」王曰：「能補助其折，盧藏其缺。」小宋曰：「偈，武勇也。」光謂：八爲耗、爲剥落而當晝〔一〕，故有是象。

上九　陰陽敀佁，其變赤白。測曰：陰赤陽白，極則反也。范本測作「陰陽敀佁，極則反也」，王本作「陰陽赤白，極作反也〔二〕」，小宋本「敀」作「啓」，音啓，「赤」作「殷」，烏閑反，測

〔一〕「落」，明抄本無，此據大典本、張士鎬本補。

〔二〕「極作反也」，明抄本無，此據宋殘本、大典本、道藏本、張士鎬本補。

曰：「陰殷陽白〔一〕，極作法也〔二〕」，今從宋、陸本。⿱化口，五禾切。王曰：「⿱化口，古『化』字。」吳曰：「⿱化口，化也〔三〕。」光謂：闔者，陰陽閉塞不通之象。物極則反，故復變而開通，化生萬物，萌赤牙白者也。

☷三方三州一部三家。**失**。陽家，木，準大過。入失次四二十六分十一秒，小雪氣應。**陰大作賊，陽不能得，物陷不測**。宋曰：「謂是時陽爲賊陰所攻奪，不能復有所得也。」

初一　刺虛滅刃。測曰：刺虛滅刃，深自幾也。幾者動之微，吉凶之先見者也〔四〕。一者思之微也，生神莫先乎一〔五〕，而當晝，君子雖或有失，能深思遠慮，自其幾微而正之，不形於外，如以刀刺虛，雖復滅刃，終無傷夷之迹也。

次二　藐德靈微，失。測曰：藐德之失，不知畏微也。宋、陸、范本「微」作「徵」，今從王本。藐，音眇。藐猶遠小也。二爲思中，故曰「藐德」。得失之機，既靈且微，而時當夜，小人

〔一〕「陽白」，明抄本作「白陽」，此據宋殘本、大典本、道藏本、張士鎬本改。
〔二〕「法」，宋殘本、大典本、道藏本、張士鎬本作「反」。
〔三〕「⿱化口」，明抄本作「吪」，此據宋殘本、大典本改。
〔四〕「凶」，明抄本無，此據宋殘本、大典本、道藏本、張士鎬本補。
〔五〕「生」，明抄本作「住」，此據宋殘本、大典本、道藏本、張士鎬本改。

不能慎微，以至大失也。

次三　卒而從而，卹而竦而，于其心祖。　測曰：卒而從而，能自改也。　王曰：「卒，終也。從，順也。卹，憂也。竦，敬也。三居失之時，得位當晝，是能終順大道，卹憂過失而加之竦敬焉。于其心祖者，心之思慮，以此爲主也。」光謂：三爲成意而當晝，故有是象。一，正之於未形；三，改之於既成。

次四　信過不食，至于側匿。　測曰：信過不食，失祿正也。　范本作「失正祿也」，今從宋、陸、王本。王曰：「居失之時，而失位當夜，不能自正其失，則是信其過差之行而不食焉。至于側匿，謂終日也。終日不食，必且喪其身矣。食又諭祿，故測互言之。」小宋曰：「日斜爲側，日没爲匿。」光謂：四爲下祿而當夜，故有是象。

次五　黄兒以中蕃，君子以之洗于愆。　測曰：黄兒以中，過以洗也。　兒，五稽切。范曰：「黄兒，謂年老有黄髮兒齒之徵也〔一〕。」宋曰：「髮白復變謂之黄，齒落復生謂之兒。蕃，離也。能以中正而爲蕃離。」

次六　滿其倉，蕪其田，食其實，不養其根。　測曰：滿倉蕪田，不能修本也。　范

〔一〕「徵」，明抄本作「微」，此據宋殘本、大典本、道藏本、張士鎬本改。

曰：「不修其德而據上禄〔一〕，倉滿田蕪，百姓罷極〔二〕，食實困根，本基不固，失之甚也〔三〕。」光謂：六爲上禄、爲盛多、爲極大而當夜，故有是象。百姓足而君足，猶養根而食實也。

次七　疾則藥，巫則酌。　測曰：**疾藥巫酌，禍可轉也。**　范曰：「巫以謝鬭，鬭除疾瘳〔四〕，酌以福之也。」光謂：七爲禍下，離咎而犯災，而時當晝，故有是象。

次八　鴟鳴于辰，牝角魚木。　測曰：**鴟鳴于辰，厥正反也。**　范曰：「牝雞無晨〔五〕。牝宜童而角，魚宜水而木，失之甚也。」

上九　日月之逝，改于尸。　測曰：**改于尸，尚不遠也。**　范曰：「君子之道，執行於世，雖没猶存，不以年高。日月已逝，其有得失，雖在尸柩，猶念自改也。」王曰：「先賢垂戒勸之深，死而後改，猶謂之不遠。」光謂：生時之失，死告子孫而改之，猶未遠也。楚共王臨薨，告令尹

〔一〕「不修其德」，明抄本作「不能修德」，此據宋殘本、大典本、道藏本、張士鎬本及萬玉堂范本改。
〔二〕「極」，明抄本作「其」，此據宋殘本、大典本、道藏本、張士鎬本及萬玉堂范本改。
〔三〕「之」，明抄本作「其」，此據大典本、道藏本、張士鎬本及萬玉堂范本改。
〔四〕「鬭」，明抄本無，此據大典本、道藏本、張士鎬本補。
〔五〕「晨」，明抄本作「辰」，此據道藏本及萬玉堂范本改。

進筦蘇而逐申侯〔一〕，劉向曰：欲以開後嗣、覺來世〔二〕，猶愈於没身不寤者也。筧，字書無之。申侯，楚文王之臣，新序誤也。

☳三方三州二部一家。劇。陰家，金，亦準大過。入劇次四，日舍南斗〔三〕。王曰：「劇，極也，過差之極。」光謂：大過，棟橈之世。劇亦離亂之象也。陰窮大泣於陽，無介儕，離之劇。王、小宋本「泣」作「位」，范本無「於」字，王本「介」作「分」，范本「儕」作「儔」，小宋本作「儓」，「音仍，惹也」，今從宋、陸本。儕，音儔。宋曰：「泣於陽，使陽泣也。謂是時陰氣極大，陵弱於陽，使其泣，無復有纖介之功於萬物也。」光謂：「儕」，古「儔」字。儔，類也。凡物得陽而生者，皆陽之類也。今陰既窮大用事，凡陽之類，皆遭離其劇禍者也。

初一：骨纍其肉，幽。測曰：骨纍其肉，賊内行也。宋、陸、范本皆作「骨纍其肉内幽」，今從王、小宋本。骨肉，相親之物。一爲思始而當夜，禍亂之本自其内生，如骨纍繫其肉，潛

〔一〕「筦」，明抄本作「筧」，大典等本作「筤」，此皆「筦」之誤，據新序改。下云「筧字書無之」，似司馬光當時已作「筧」矣，此句沿而不改，以存司馬之舊。
〔二〕「欲」，明抄本作「於」，此據大典本改。
〔三〕「入劇」至「南斗」，明抄本無，此據大典本、道藏本、張士鎬本及太玄曆補。

隱而人莫之見也。

次二　血出之蝕，凶貞。　測曰：血出之蝕，君子内傷也。范本作「君子傷之」，今從二宋、陸、王本。（闕）

次三　酒作失德，鬼睒其室。　測曰：酒作失德，不能將也。范本「將」作「持」，今從諸家。睒，失冉切。王曰：「睒，視也。」

次四　食于劇，父母來餕，若。　測曰：食劇以若，爲順禄也。范、小宋本「來」作「釆」〔一〕，今從宋、陸、王本。餕，音俊。爲，于僞切。范曰：「餕，熟食也。若，順也。」光謂：四爲下禄而當晝，君子仕於亂世，求禄以食其親，不失於順者也。

次五　出野見虚，有虎牧猪，攐絝與襦。　測曰：出野見虚，無所措足也。王本「虎」作「唐」，今從諸家。「虚」與「墟」同。攐，音愆，取也。「絝」與「袴」同。襦，音儒，短衣也。王曰：「出于田野，而見丘墟。」光謂：五爲中禄而當夜〔二〕，小人乘亂世而居盛位，務爲貪暴以殘民，如虎牧猪然，民無所措其手足者也。

次六　四國滿斯，宅。　測曰：四國滿斯，求安宅也。（闕）

〔一〕「來」，明抄本無，此據大典本、道藏本、張士鎬本補。
〔二〕「禄」，明抄本作「福」，此據大典本、道藏本、張士鎬本改。

次七　麃而丰而，戴禍顏而。測曰：麃而丰而，戴禍較也。范本「丰」作「半」，王本作「牛」，小宋本作「羊」，今從宋、陸本。麃，普表切。丰，敷容切。較，音角。（義闕）

次八　餅纍于繘，貞顇。測曰：纍于餅，厥職迫也。范本測作「餅纍于繘」，今從諸家。繘，餘律切。（闕）

上九　海水羣飛，弊于天杭。測曰：海水羣飛，終不可語也。范本「弊」作「蔽」，王、小宋本「語」作「落」，今從宋、陸本〔一〕。王本「天」作「大」，今從諸家。（闕）

𝍒三方三州二部二家。馴。陽家，土，準坤。宋曰：「坤，順也。馴，亦順也。」陰氣大順，渾沌無端，莫見其根。宋曰：「謂陰成功於是，將大順時，歸之於陽。其事渾沌無有端際，莫能見其根源也。」

初一　黃靈幽貞，馴。測曰：黃靈幽貞，順以正也。土家，故黃。生神，故靈。下下，故幽。當晝，故貞。思慮之始，具此四德，順而能正者也。

次二　㛹其膏，女子之勞，不靜亡命。測曰：㛹膏之亡，不能清淨也。宋、陸本

〔一〕「從」下明抄本及大典諸本皆有「二」字，衍文，此據文意改。

「⿰女黽」作「繩」，小宋本作「婏」，音鴛，云「美好也」，今從范、王本。王本「亡」作「正」，今從諸家。吴曰：「『⿰女黽』，古『孕』字。」范曰：「膏，潤澤也。」(闕)

次三　牝貞常慈，衛其根。測曰：牝貞常慈，不忘本也。易曰：「恒其德貞，婦人吉。」坤爲母，三性仁，情喜〔一〕，又爲多子而當晝，故曰「牝貞常慈」。言常慈乃婦人之正道也。三爲木、爲思上、爲成意、爲自如，能不忘其本者也。

次四　徇其勞，不如五之豪。測曰：徇其勞，伐善也。小宋本作「不如五五之豪」，今從諸家。王曰：「德兼千人爲豪。」光謂：四爲下禄，其位當夜，小人事君則伐其功，不如五之靈囊大包，不敢自盛也〔二〕。

次五　靈囊大包，其德珍黃。測曰：靈囊大包，不敢自盛也。王本「靈」作「虚」，今從諸家。小宋本「靈囊」作「靈括巨橐」，今從諸家。王曰：「珍者爲物所貴，黄者得中之義。」光謂：五爲囊、爲包，地之爲物，含弘光大〔三〕，故曰「靈囊大包」。五居盛位而當晝，君子爲臣，位高而不驕，功大而不伐，故有是象。故坤六五曰：「黄裳元吉。」

〔一〕「性仁情喜」，明抄本作「性喜情仁」，此據道藏本、五柳居本及玄數改。

〔二〕「敢」，明抄本無，此據大典本、張士鎬本補。

〔三〕「弘」，明抄本作「洪」，此據大典本、道藏本、張士鎬本改。

次六　囊失括，泄珍器。　測曰：囊失括，臣口溢也。　小宋本「囊」作「橐」，今從諸家。六爲穴、爲竇，過中而當夜，小人不能含章以從王事，如囊之失結而泄珍器也。易曰：「臣不密，則失身。」

次七　方堅犯順，利臣貞。　測曰：方堅犯順，守正節也。　七離咎而犯菑，當晝，君子事上，獻可替否，行之以方，守之以堅，雖有犯而無隱，而不失其順，得爲臣之正道，故利也。

次八　馴非其正，不保厥命。　測曰：馴非其正，無所統一也。　八爲疾瘀、爲耗、爲剥落而當夜，小人事上，左右前卻，是非可否，惟君是順，不能守道執一，故不保其命也。

上九　馴義忘生，賴于天貞。　測曰：馴義忘生，受命必也。　九，禍之窮也，而當晝，君子事君盡節，有死無貳，順義忘生。所賴者，天之正命耳。

三方三州二部三家。　**將。**　陰家，水，準未濟。入將次八，日次星紀，大雪氣應，斗建子位〔一〕，律中黄鍾。　陸曰：「將者，陰陽窮上反下，甫當復升〔二〕。既濟曰：『物不可窮，故受之以未濟。』其誼同之。」　**陰氣濟物乎上，陽信將復始之乎下。**　王本「始」作「如」，今從諸家。　宋曰：「謂是時陰

〔一〕「斗建子位」，明抄本作「斗柄建子」，此據大典本、道藏本、張士鎬本改。
〔二〕「當」，張士鎬本作「降」。

成物於上，功成者退。故陽氣復始之於下也。」

初一　將造邪，元厲。測曰：將造邪，危作主也。范曰：「厲，危也。元，始也。」王曰：「居將之初，而失位當夜，將造於邪者也。以危爲本，故云作主。」光謂：一爲思始而當夜，故有是象。

次二　將無疵，元睟。測曰：將無疵，易爲後也。范曰：「睟，純也。」王曰：「得位當晝，將寡其過，故曰『將無疵』也。二之本質純睟，故云『元睟』。始而無疵，後必易繼也。」光謂：二爲思中而當晝，故有是象。

次三　鑪鈞否，利用止。測曰：鑪鈞否，化内傷也。宋、陸測作「鈞不化内傷也」，今從范、王本。范曰：「冶爲鑪，陶爲鈞。」王曰：「鑪鈞者，造物之始。始而不以其道，利在速止也。將道益盛而失位當夜，將而不以理者也。」光謂：否，音鄙，不善也。三爲成意而當夜，故有是象。

次四　將飛得羽，利以登于天。測曰：將飛得羽，其輔彊也。四爲下禄，爲外他而當晝，君子得位，人復輔之，如將飛而得羽也。

次五　大爵將飛，拔其翮，毛羽雖衆，不得適。測曰：大雀拔翮，不足賴也。王曰：「五居盛位，當爲首主，而失位當夜，乖於其宜。如大鳥將飛，而拔其六翮，雖有毛羽之衆，安得有所往哉？」光謂：晉平公曰：「吾食客三千餘人，尚可謂不好士乎？」古桑曰〔一〕：「鴻鵠冲天，所恃者六翮耳！夫腹下之毳，背上之毛，增去一把，飛不爲高下。不知君之食客，其六翮耶？將腹背之毳耶？」

次六　日失烈烈，君子將衰降。測曰：日失烈烈，自光大也。宋、陸本「衰降」作「襄隆」，王本「降」亦作「隆」〔二〕，今從范、小宋本。小宋本「失」作「昃」，今從諸家。范曰：「降，下也。五爲日中，故六爲日昳也。烈烈，盛也。日之熱常在中之後，故言烈烈也。」光謂：「失」與「昳」同，徒結切。六爲上祿〔三〕，然過中而當晝，雖有烈烈之盛，君子知其將衰，能自降抑，故不失其光大也。

次七　趹舡跋車，其害不遐。測曰：趹舡跋車，不遠害也。王本「舡」作「肱」，「遐」作「遠」，今從宋、陸、范本。趹，古穴切。跋，蒲撥切。范曰：「七爲失志。舡車，載治之具。賢者亦治世之具也〔四〕。失志之主，故蹋趹之〔五〕。棄治之具，害自己招，故不遠也。」光謂：七爲禍始而

〔一〕「古」，明抄本作「故」，此據大典本、道藏本、張士鎬本改。
〔二〕「王本降亦作隆」，明抄本無，此據大典本、道藏本、張士鎬本補。
〔三〕「祿」，明抄本作「福」，此據大典本、道藏本、張士鎬本改。
〔四〕「世」，明抄本無，此據大典本、道藏本、張士鎬本補。
〔五〕「趹」，明抄本作「跌」，此據大典本、道藏本、張士鎬本及萬玉堂范本改。

當夜，故有是象。國之將敗，先棄賢輔者也。

次八　小子在淵，丈人播舡。測曰：丈人播舡，濟溺世也。范曰：「小子，謂百姓也。在禍難中，若在淵也。丈人播舡而濟之。」光謂：八爲禍中而當晝，故有是象。

上九　紅蠶緣于枯桑，其繭不黄。測曰：緣枯不黄，蠶功敗也。范本測「緣枯不黄」作「緣于枯桑」，王本作「枯桑不黄」，今從宋、陸本。范曰：「蠶之初生，有毛爲老，故爲紅〔一〕。」王曰：「九居亢極而失位當夜，無所復將。紅蠶，蠶之病者，而緣于枯桑，則何由成其繭矣。不黄，謂不中用也。」

𝍖三方三州三部一家。**難**。乃旦切。陽家，火，準蹇。**陰氣方難，水凝地坼，陽弱於淵。**小宋本「陰氣方難」作「太陰難」，今從諸家。小宋曰：「陰氣窮極，陽信來復。陰懼於陽，大作險難。」

初一　難我冥冥。測曰：難我冥冥，見未形也。范本作「未見形也」，今從二宋、陸、王本。難者，阻抑之象。一，思之微也，而當晝，阻抑禍惡於未形之時，夫何病哉！

次二　凍于冰瀆，狂馬揣木。測曰：狂馬揣木，妄生也。范本無「于」字，「揣」作

〔一〕「爲」，明抄本作「曰」，此據大典本、道藏本、張士鎬本及萬玉堂范本改。

「椯」〔一〕，今從二宋、陸、王本。（闕）

次三　中堅剛，難于非常。測曰：中堅剛，終莫傾也。王本「傾」作「顧」，今從諸家。三爲成意而當晝，心能堅剛，以阻抑非常者也〔二〕。

次四　卵破石毈〔三〕。測曰：卵破之毈，小人難也。宋、陸、王本「難」作「雜」，今從范、小宋本。毈，徒玩切。王曰：「當難之時，失位當夜，不知難之道，是欲以卵破石，則其毈壞而不生也必矣。」

次五　難無間，雖大不勤。測曰：難無間，中密塞也。王曰：「得位處中，爲難之主，是能窒塞其端而無間，則禍難無自入矣。雖處大難之際，不勞勤力而遂免焉。」

次六　大車川川，上輆于山，下觸于川。測曰：大車川川，上下軔也。宋、陸、王本「川川」作「巛巛」，吴曰：「『巛』，古『川』字。」范、王、小宋本「上下軔」作「上下輆」，今從宋、陸本。吴曰：「輆，苦海切〔四〕，礙也。軔，而振切。」范曰：「川川，重遲之貌。」王曰：「六居盛滿而失位當

〔一〕「椯」，明抄本作「揣」，此據五柳居本改。

〔二〕「抑」，明抄本作「枊」，此據大典本、道藏本、張士鎬本改。

〔三〕「卵、毈」，明抄本作「卯、毈」，今「卵」據道藏本改，「毈」據注文所出反切改。下并同此。

〔四〕「苦」，明抄本作「古」，此據大典本及廣韻改。

夜，不得免難之宜也。」

次七　拔石⿰石㐱⿰石㐱，力没以引。測曰：拔石⿰石㐱⿰石㐱，乘時也。范本「引」作「盡」，今從二宋、陸、王本。⿰石㐱，之人切。宋曰：「時謂晝也。」范曰：「石以諭難。⿰石㐱⿰石㐱，難致之貌。」王曰：「力没謂盡力而引，將出於難也。勞而僅免，以得位當晝之故也。」

次八　觸石決木，維折角。測曰：觸石決木，非所治也。王曰：「難道轉極，而失位當夜，無以自免，是觸石決木，必遇折角之凶。」光謂：遇難當循理以免，乃與木石爲敵，非所以治難也。

上九　角觟觽，終以直，其有犯。測曰：角觟觽，終以直之也。范本「觟觽」作「解豸」，范、王本「其有犯」作「其有施」，小宋本作「有所施」，今從宋、陸本。「觟觽」與「解豸」同。觟，音蟹。觽，直介切。王曰：「處難之極，而得位當晝，是以直免禍。若用其解豸之角以直之[一]，終必有所施，而不至於咎悔也。」光謂：解豸之角，所犯必以直也。

三方三州三部二家。**勤**。陰家，木，亦準蹇。太陰凍沍𢡑創於外[二]，微陽邸冥膂力於

[一]「之」，明抄本作「而」，此據大典本、道藏本、張士鎬本改。

[二]「沍」，明抄本作「泫」，此據大典本改。明抄本「互」皆作「玄」，知「泫」即「沍」之誤，據文意當是「沍」字，下同此。

內。諸家無「太」字，今從小宋本。小宋本「冥」作「寘」，今從諸家。戁，奴板切。吳曰：「悚懼也。「邸」與「抵」同。」王曰：「陰氣已極，雖凍沍凝閉，而戁恐創艾於外，陽氣尚微而將抵觸冥昧之中，以見其膂力於內。陰極陽生之漸〔一〕，故象勤勞也。」

初一　勤謀于心，否貞。測曰：勤謀否貞，中不正也。諸家無「謀」字，今從宋、陸本。王曰：「處勤之初，而失位當夜，勤而不以其道者也。否貞，不正之謂也。」光謂：一爲思始而爲勤勞，居勤家而當夜〔二〕，故有是象。

次二　勞有恩，勤悾悾，君子有中。測曰：勞有恩勤，有諸情也。悾，音空。王曰：「二得位當晝，得勤之道，勞而有恩，勤不虛施者也。悾悾猶款款也〔三〕。勤而款款，不倦其勤者也。又得君子之中道，則何咎悔之能及乎！」光謂：中，衷情也。二爲思中而當晝，君子盡忠於人，恩斯勤斯，至誠悾悾，非徒有於外者也。

次三　羈角之吾，其泣呱呱，未得繦扶。測曰：羈角之吾，不得命也。小宋本「未得」作「未有」，今從諸家。二宋、陸、范本「扶」皆作「杖」，今從王本。繦，居兩切。宋曰：「羈角

〔一〕「生」，明抄本作「主」，此據大典本、道藏本、張士鎬本改。
〔二〕「家」，明抄本作「勞」，此據大典本、道藏本、張士鎬本改。
〔三〕「悾悾」，明抄本作「空空」，此據道藏本改。

謂童幼也。」王曰：「男角女羈，孩子之飾也。吾者，吾吾然無所歸之貌。呱呱，泣聲。繦，抱；扶，持也。若孩童之吾吾而泣，不得長者抱持之，雖勤勞怨苦〔一〕，終無所歸〔二〕。以諭三當勞苦之時，而失位當夜，無所復歸，故云然也。」

次四　勤于力，放陪忘食，大人有克。測曰：勤力忘食，大人德也。范本「陪」作「倍」，今從諸家。宋、陸本「德」作「得」，今從范、王、小宋本。放，甫罔切。王曰：「勤道轉盛而得位當晝，不失其宜。是當勤難之時，而能勤其力，放乎陪隸之事，而忘其禄食之報，有大人之德乃能之〔三〕，以至于成功也。」光謂：四爲下禄而當晝，故有是象。

次五　狂蹇蹇，禍邇福遠。測曰：狂之蹇蹇，遠乎福也。宋、陸、范本「狂」作「往」，今從王、小宋本。王曰：「五居盛位而失位當夜，勤而大失其宜，故象狂而蹇蹇，宜其遠福而近禍矣。」

次六　勤有成功，幾于天。測曰：勤有成功，天所來輔也。宋、陸、王本作「天夾也」。宋曰：「夾，近也。近之所以福也。」陸曰：「夾者，洽也。」小宋本作「天所夾輔」，今從范本。

〔一〕「勤」，明抄本無，此據大典本、道藏本、張士鎬本補。
〔二〕「歸」，明抄本無，此據大典本、道藏本、張士鎬本補。
〔三〕「能」下大典本有「用」字。

王曰：「六居盛位而得位當晝，故曰勤有成功。幾，近也。」

次七　勞牽，不其鼻于尾，弊。測曰：勞牽之弊，其道逆也。范曰：「牽牛不其鼻而尾，故勞弊也。」光謂：七爲索、爲繩，又爲失志，而當夜，故有是象。

次八　勞踖踖，心爽蒙柴不却。測曰：勞踖踖，躬殉國也。踖，吳：「資昔切」，小宋：「音鵲」。（闕）

上九　其勤其勤，抱車入淵，負舟上山。測曰：其勤其勤，勞不得也。王曰：「九居亢極之地，而又失時當夜，勤而不以其道者也。」

☷三方三州三部三家。養。陽家，金，準頤。九之末，天度氣餘，猶有六十分二十四秒，踦當四十分十六秒，嬴當二十分八秒。陰弸于野，陽蘁萬物，赤之于下。宋、陸本「弸」作「⿰弓台」，王本作「殆」〔二〕，小宋「赤」作「殷」，今皆從范本。⿰弓台字字書無之。弸，蒲萌切。蘁，陳：「吳侯切」，吳：「音敷」。宋曰：「盛極稱殆。蘁，隱也。物之初生，其色赤。謂是時陰氣盛極於田野，故陽隱藏萬物，赤之於下。」陸曰：「蘁，讀與漚菅之漚同。言陽養漚萬物之根，使皆赤也。」光謂：弸者，滿也。

〔二〕「王本作殆」，明抄本無，此據大典本、道藏本、張士鎬本補。

初一　藏心于淵，美厥靈根。測曰：藏心于淵，神不外也。小宋本「美厥靈根」作「芙厥靈元」，今從諸家。光謂：一爲思下，存神固本，所以養生。

次二　墨養邪，元函匪貞。測曰：墨養邪，中心敗也。范本「匪」作「否」，今從二宋、陸、王本。吴曰：「『墨』與『默』同。函，胡男切。」王曰：「失位當夜，失養之宜，默然養其邪僻之道。」光謂：元，始也。二爲思中而當夜，小人之惡，雖未著於言行，養其邪端，内含非正，終不能入於君子之塗〔一〕。

次三　糞以肥丘，育厥根荄。測曰：糞以肥丘，中光大也。荄，古哀切。王曰：「得位當晝，善於養道，故象糞於肥丘之上，以育草木之根荄，則其滋茂蕃昌可立而待矣。」

次四　燕食扁扁，其志傻傻，利用征賈。測曰：燕食扁扁，志在賴也。小宋本「在」作「有」，今從諸家。扁，音篇。傻，居蠖切。賈，音古。宋曰：「賴，利也。」光謂：四爲下禄而當夜，小人得位，志在求利以自養。如燕之飛，扁扁然獵食而已。此乃行賈之道耳。

次五　黄心在腹，白骨生肉，孚德不復。測曰：黄心在腹，上德天也。范本「上德」作「上得」，今從諸家。宋曰：「言上德如天施也。」光謂：黄，中也。骨，枯槁之物也。孚，信之洽者也。五爲福中而當晝，爲養之主，允執其中，以養天下，雖白骨可以生肉，況於人乎！況於鳥

〔一〕「終」，明抄本無，此據大典本、道藏本、張士鎬本補。

獸草木乎！其德如天，雲行雨施，洽乎四方，萬物不可德之而報復也〔一〕。

次六　次次，一日三餼，祇牛之兆，肥不利。測曰：次次之餼，肥無身也。王本無「次次」字，小宋本作「沉沉睢睢」，又曰：「肥没身也。」今從宋、陸、范本。吴曰：「『次』與『趑』同，音咨。」范曰：「次次，不安之貌。已卜之牛，待肥則用，故無身也。」陸曰：「六居過滿，失位當夜，養之太過而不得其宜者也，故象一日三餼，以豐其食。若神祇郊廟之牛，芻秣過常，已應卜郊之兆，然而體益肥，則益不利於身矣。」光謂：六爲上福而當夜，故有是象。

次七　小子牽象，婦人徽猛，君子養病。測曰：牽象養病，不相因也。宋、陸本「徽」作「微」〔二〕，今從諸家。王曰：「七居過滿之地，理近於危，然得位當晝，君子處之則吉，小人婦人處之則凶。若小子牽象，力不服制，必有顛危之患。惟君子知時之極，以道養其病，乃可以得終吉焉〔三〕。一吉一凶，二道相反，故曰不相因也。」光謂：徽，大索，謂縻縶也。猛，猛獸也。七爲敗損，爲禍階，故曰病。時當晝，故爲君子。養之太過，福極禍來，小人不量其力，尚欲固其所養。君子知時，與之消息，如養病然，故無咎也。

〔一〕「德之」，明抄本作「得」，此據道藏本、張士鎬本改。
〔二〕「微」，張士鎬本作「徽」。
〔三〕「焉」，明抄本無，此據大典本、道藏本、張士鎬本補。

次八　鯁不脱，毒疾發，鬼上壟。測曰：鯁疾之發，歸于墳也。八爲禍中當夜，小人固養不已，如骨鯁其咽〔一〕，不能自脱，以致大禍，如毒疾之發，而不可救藥也。

上九　星如歲如，復繼之初。測曰：星如歲如，終養始也。范本作「終始養」，今從宋、陸、王本。養之上九，居首贊之末，日窮于次，月窮于紀，星回于天，歲將更始。以終養始，以初繼末，循環無端，此天道之所以無窮也。

踦贊一。水。踦，不足也。朞三百六十五日四分日之一，玄七百二十九贊當三百六十四日半，其不足者，半日爲踦贊。踦，居宜切。凍登赤天，晏入玄泉。測曰：凍登赤天，陰作首也。范曰：「凍，至寒也。而天至高也。晏，至熱也。而泉至深也。凍在天上，故爲首也。」光謂：赤，陽之盛也。玄，陰之極也。凡物極則反，自始以來，陰陽之相生，晝夜之相承〔二〕，善惡之相傾，治亂之相仍，得失之相乘，吉凶之相反〔三〕，皆天人自然之理也。

〔一〕「鯁」，明抄本作「硬」，此據大典本、道藏本、張士鎬本改。
〔二〕「承」，大典本、道藏本、張士鎬本作「成」。
〔三〕「反」，大典本、道藏本、張士鎬本作「承」。

羸贊二。火。羸，有餘也。三百六十五日之外有餘者四分日之一爲羸贊。**一虚一羸**〔一〕**，踦踦所生。**測曰：**虚羸踦踦，僮無已也。**范、小宋本「踦踦」作「踦奇」，范本「僮」作「禪」，今從宋、陸、王本。「僮」，古「禪」字，時戰切。陸曰：「陰極陽生，更相禪代，無窮已也。」光謂：數之踦羸，雖天地不能齊也。夫惟不齊，乃能生生變化無窮〔二〕。是故日二十九日有踦而還次，月二十七日有踦而周天，然後有晦朔、十干、十二支，然後有六甲，此其所以爲長久也。

〔一〕「一」，明抄本無，此據大典本、道藏本、張士鎬本補。
〔二〕「生生變化」，大典本、道藏本、張士鎬本作「變化生生」。

太玄集注卷第七

襄陵許翰注

玄首都序

正文已在前，序不復重出。玄象渾天，一陰一陽，相比而參三之也。玄有三統，而中以一陽乘一統，生萬物焉。而方州部家皆有一有二有三，是謂「三位疏成」。「曰陳其九九，以數生」者，九營周流，有虛設闕，以數生生而無已也。「贊上羣綱」，首辭也。「乃綜乎名」，繫玄姓也。

玄首

首文各散在經下，不復重出。易之分卦御歷，爻直一日，更六十卦而日周三百六十。坎離震兑，爲之方伯，用事分至之日。又四時，爻直一氣，更四卦而周二十四氣焉。傳曰：「甲子卦氣起中孚六日八十分日之七。」此玄經之泰始也。中孚統冬至初候，所謂「蚯蚓結」者。自中之初至周之三，而復受之。復統次候，所謂「麋角解」者。自周之四至礥之六，而屯受之。屯統末候，所謂「水泉動」者。自礥之七至閑上九，而三卦之氣備矣。又卦各有所餘八十分日之七，參差相錯而成歲終。卦以六十而統玄八十一首，氣玄涉入如此，是以卦有重出。蓋氣數流於天地之間，有艱難系礙而未解，或發揮隕淮而不禦，則卦亦象之。爲之仍累而相屬，是以八十一首類自相若也〔一〕。說者不虛四時之卦，而謂以應準離，以疑準震，以沈準兑，以勤準坎，則亦不察於歷矣。

玄測都序

正文已在前，序不復重出。

一日一晝一夜，通乎晝夜之道而知者，日之神明也，故測象焉。晝則「陽推五福以類升〔二〕」，夜則「陰幽六極以類降」。「升降相關」，是以首貞而測變通之。一與六爲北，二與七爲南，經也。三與八爲東，四與九爲西，緯也。中五以極，亦爲之經。六甲繫焉於其間，而日逆乘之。「與斗相逢」，斗順故也。斗正月以定四時，而日一逢之，三百有六旬有六日而成歲焉，歲月日時無易而百穀成。故玄測用世，則乂用明，俊民用章，家用平康矣。

玄　測

測文各散在諸贊下，不復重出。（許解闕。）

〔一〕「八」，明抄本作「二」，當作「八」，此據文意逕改。

〔二〕「升」，明抄本作「外」，此據五柳居本改。

玄衝

中則陽始，應則陰生。周復乎德，迎逆乎刑。礥大戚，遇小願。閑孤，而竈鄰。陽爲德，陰爲刑。德先艱而後易，刑先利而後蹇。大戚而孤，正未勝也。小願而鄰，利方生也。少微也，大肥也。戾内反，廓外違也。内戚外孤而不能微之則傷，微之乃能反觸天之道也。遇竈而肥，張而益虚，則獨正弗勝而多故生之。諸家無「也」字，唯宋本有。

上觸素，文多故。多故必飾而曲成之，是以文。至於繫素而直之者，質勝也。

干狂也，禮方也。狩則來，而逃則亡也。干而不讓，進取之狂，非禮方也。而君子有時而干，則以救世而已。孟子所謂「説大人則藐之」，爲狂者言也。來尚徐，亡欲速。上干生狂，狩羡生曲。記曰：「禮以地制。」自應至禮，盡於王制矣。而有弗勝則逃，嘉遯是也。禮文生於外，違則强世焉。諸家無「也」字，宋有。

羡私曲，唐公而無欲。差過也，而常縠。由羡私曲，動差而過。由唐公而無欲，守常而縠。是以養心者戒焉。唐，大心也。常則萬世君臣之道。魯僖君臣有道之頌曰：「自今以始，歲其有。君子有縠，詒孫子。」言常縠之應，物以類格，而歲有秋也。禮退己而公天下，至於逃唐之運已往，而君臣之方不變，而後見禮强世之功。是謂以退爲進，以無私成其私。

童寡有，而度無乏。寡有，顯也。無乏，節也。童利復過，度善持穀。

增始昌，而永極長。銳執一，而昆大同。達日益其類，減日損其彙。交相從也，唫不通也。耎有畏，守不可攻也。宋有「也」字，又「守」上有「而」字，諸家無之。**傒也出，翕也入。從散也，而聚集也。**諸家有「也」字，丁無。**進多謀，積多財。**狂簡扶狩，羨爽差忒，反乎其真，童之吉也。童以寡有，顯而鮮失。自童而增，純德方昌。執一而達之，以與類交，則至動起焉。故必有畏而出羨差，戒夫失而耎傒保其德。傳以爲有而爲之則易之者，皡天不宜，取諸此也。後厥民析物亦如之，發慮憲散道德者象焉。進而多謀，然無敢設於一之間也。推之以格，其至而已矣。大學之治，所以至天下平。而樂作者，此其物也。失方而逃，忘憂而唐，然而常度未替，禮之功也。度以持穀，至於極長。大同乃變，而減與物各唫，反己自守。守又弗固，則入而聚積，庶民事也。衰周之詩所謂「如賈三倍，君子是識」者，與時化也。貪利既勝，德義既衰，則世所藉以行者，唯飾而已。非厎至齊信之所以昭明天下者也。是以虛僞疑民，是非相亂，使外眩於雕離，而中失其靖止，天下傾矣。此君子沈藏之世也。天下之生，一治一亂，其道蓋如此。

釋推也，飾衰也。物將去累，推之使釋，質衰而致飾焉。推自中發，飾自外設，人之真積力久，則懸解暉發，時至而不自知矣。聚積衰也，故老則戒之在得。

格好也是，而疑惡也非。格是已定，疑非而或之，好惡著焉，所謂格物取此。

夷平，而視傾。夷則各得其平，而自如，視相傾也。春秋傳曰：「猶有觀焉。」持平而慎傾，可以修德，可以養生。

樂上揚，沈下藏。爭士齊也，內女懷也。物止其平，乃樂其發而爭其守。士齊，公之至也。女懷，私之至也。公勝則萬物皆相見也，私勝則萬物各相去也。

務則喜，諸家作「喜」，許、黄作「憙」。而去則悲，宋無「則」字。事尚作，晦尚休。更變而共笑，曹久而益憂。斷多事，窮無喜。因有樂有爭，以有務有事。變而通之爲天下正，唯平格之。大人爲能任此，我斷則衆聽焉，而事萃之。和豫通物而不可窮者，喜也。喜必有務，務必有辜，事必有更。更時行而斷正勝也。

毅敢，而割憊。裝徙鄉，止不行。衆温柔，堅寒剛。毅大用事，裝而欲去。若周營洛邑是已，四方民大和會者，温柔之象也。盛衰相極，必至之幾。是以上毅敢行，下衆豫附之時也，而裝在其中。治當成王之隆極，而圖及平王之衰世，裝以候時。此周公之所以獨見於眇綿者也〔一〕。憊止不行，堅而持之，則以定傾焉。

密不可間，成不可更。敢以毅行，則裝而温柔，相得于密，以類升也。憊受割極，則止而

〔一〕「此」，明抄本作「北」，此據五柳居本改。

寒剛，反保其成以考降也。密不可間，情也。成不可更，性也。情，天性也。性，天命也。情則毅而不害，善親親也。性則割而不絕，能生生也。

親親乎善，闞闞乎恩。斂也得，失亡福。彊善不倦，劇惡不息。睟君道也，馴臣保也。盛壯，而將老也。親而後可斂也，斂而後能彊也，則君道正，居有盛時，爲法天下。闞既受成，失劇而反，馴保其得，則陰以老變，陽以兆來。爲艱爲勤，微之艱也。諸家「而」作「也」，宋作「而」字。

居得乎位，難遇乎詘。得位則莫之難也。而信，「詘道致信」者也。難則竢時而已。**法易與天下同也，勤苦而無功也。**自中至夷，大人之正也。自樂至法，聖人之治也。法唯與天下同，故易。且非易也，則天下孰能同之？勤如天道，勞功無苦也。道非其時，苦而無功，則就養而已矣。

養受羣餘，君子養吉，小人養凶也。八十一首七百二十九贊，事類之委，有慶有殃，此羣餘也，而養受之以爲種，吉凶蓄焉。

玄錯

中始，周旋。羨曲，毅端。睟文之道，或淳或斑。中始周旋，道德也。羨曲毅端，時物也。中始而道生之，周旋而德反焉。羨曲者，迷乎周旋之運。毅端者，守乎中始之則也。端生睟，曲生文。

彊也健，傒也弱。或「傒」字上有「而」字。積也多，而少也約。視也見，晦也瞀。童無知，而盛有餘〔一〕。去離故，而將來初。童之無知，如見有瞀，雖或晦之，見在其中。欲昭明者，發之而已。盛而有餘，反寡有矣。弱而傒強，約而無積，此寡有之蒙，未離於一者也。去離故，而將來初，學所輔也。

大也外，而翕也內。犳也進，耎也退。樂佚遏，古蕩字。勤蹶蹶。達思通，窮思索。宋本作「達思也通窮而思也索」。干在朝，而內在夕。樂佚遏者，無爲之適。勤蹶蹶者，有爲之艱。詩所謂「蹶蹶生」者，文王之勤止也。武王之詩所謂「王在在鎬，豈樂飲酒」，此佚遏之時也。思利變通，思索而未如之何〔二〕，則有窮而已。朝氣鋭尚干，夕氣歸好內。諸家作「席」，林作「夕」。

差自憎，飾自好。差內訟惡，飾外見美。

〔一〕「盛」，明抄本無，大典本、萬玉堂范本作「盛而」，吴汝綸謂「盛而」當作「而盛」，此從之。
〔二〕「未」，明抄本作「末」，蓋「未」之形誤，此逕改。

格不容，而昆寬裕。增日益，而減日損。馴奉令，而戾相反，釋也柔，而堅也靷[一]。堅如履革，失柔和矣。靷[二]，音昂，革履屬。黄作「⿰罣刂」。

夷平易，而難頡頏。斷多決，而疑猶與。逃有避，爭有趣。進欲迂，諸本作「進欲行」，蓋當作「迂」。止欲鶩。進非迂則傷，止非鶩則達。是以君子其進也安道悠遠也，其止也厲德正勝也。

廓無方，務無二。應也今，而度也古。應與時行，唯今之宜。度由數起，因古而已矣。

迎知前，永見後。從也牽，守也固。礥拔難，劇無赦。微陽方動，則雖在盛陰，能拔於難。獨陰絶陽，則其窮無赦矣。

唐蕩蕩，而閑瘞塞[三]。更造新，常因故。失大亡，斂小得。寵好利，法惡刻。禮也都，而居也室。都非鄙之野，室無都之容。

聚事虛，衆事實。聚以陰收，故其事虛。衆以陽宣，故其事實，虛則易消，實則難免也。武

[一]「靷」，萬玉堂范本作「剛」。

[二]「靷」，明抄本無，此據五柳居本補。

[三]「瘞」，明抄本作「塈」，諸子褒異本作「瘞」，吴汝綸謂「『塈』當作『㙞』」，大典引「鄭云：『瘞』舊音『翳』，埋藏也。或作『塈』者，俗書訛繆也。」此據鄭説改。

王之頌曰：「實維爾公允師」，此實衆也。受有牧野之旅、鹿臺之財、巨橋之粟，此虛聚也。

闕也皆合二，而密也成用一。二，人屬也。一則天精天粹。萬物作類，其密無間，咸見已焉。

上志高，沈志下。交多友，唫少與。銳鏩鏩，瞢劗跙〔一〕。鏩，宋：音讒。劗，徂感切。釋文：「⿰朁刂，割剪出也。一作⿰朁刂，一作⿰朁刂。」〔二〕宋作「剿」，音鏁。跙，才與切。先儒以爲「劗跙，行不進也」。以瞢無見，故其行如此。

親附疏，割犯血。遇逢難，裝候時。事自竭，養自茲。親至於附疏，割至於犯血，此仁不仁之反也，治亂之極也。遇逢難，務早辨也。裝候時，謹先幾也。事自竭者，施諸外也。養自茲者，蓄諸中也。

成者功就不可易也。范望玄錯末有「格也乖，而昆也同。增有益，而減有損。成者功就不可易也。」云宋衷補此。而或謂陸績自有成首，今以祕館所藏陸本考之〔三〕，無有。近世宋惟幹別

〔一〕「劗」，明抄本作「⿰朁刂」，注作「劗」，據注文及反切知當作「劗」。「劗」爲「劗」之俗體，此皆改作「劗」。

〔二〕萬玉堂范本所附釋文云：「⿰朁刂，徂感切，割剪也。一作『⿰朁刂』，一作『⿰朁刂』。」范本玄錯作「瞢⿰朁刂跙」。此據釋文所出音義知當是「劗」字，⿰朁刂、⿰朁刂、⿰朁刂皆形譌者。

〔三〕「今」，明抄本作「令」，蓋「今」之形譌，此據五柳居本改。

得古本，亦缺此五首。而今本又有「格不容，而昆寬裕。增日益，而減日損」，莫知何從得之。故獨刪宋衷所補四首，餘皆疑弗敢去，以俟討論者考焉。

玄　攡音攡，張也。

玄者，幽攡萬類而不見形者也。資陶虛無而生乎規，攔音關神明而定摹，通同古今以開類，攡措陰陽而發氣。一判一合，天地備矣。天日回行，剛柔接矣。還復其所，終始定矣。一生一死，性命瑩矣。天分剛上，則日月五星麗之者，皆其柔也。仰以觀乎象，俯以視乎情，察性知命，原始見終。三儀同科，厚薄相劘。圜則杌棿，杌，音兀。棿，吾結切。方則嗇吝。噓則流體，唫則疑形〔一〕。是故闔天謂之宇，闢宇謂之宙。闔天，宇也。闢宇，宙也。一陽一陰，乾坤之變也。

日月往來，一寒一暑。律則成物，曆則編時。律曆交道，聖人以謀。晝以好之，夜以醜之。一晝一夜，陰陽分索。夜道極陰，晝道極陽。牝牡羣貞，以攡吉凶。而

〔一〕「疑」，范本作「凝」，「疑」「凝」可通。

君臣父子夫婦之道辨矣。是故日動而東，天動而西，天日錯行，陰陽更巡。死生相樛〔一〕，音交。萬物乃纏，故玄聘取天下之合而連之者也。「連」，章、林作「運」。綴之以其類，占之以其觚，曉天下之瞶瞶，瑩天下之晦晦者，其唯玄乎！「晦」字釋文作「膴，音武。一作晦」。云「當作膴膴，微視也」〔二〕。今唯丁別本作「膴膴」，諸家作「晦晦」。

夫玄晦其位而冥其畛，深其阜而眇其根，攘其功而幽其所以然也。故玄卓然示人遠矣，曠然廓人大矣，淵然引人深矣，渺然絕人眇矣。「渺」，宋作「仯」，黄作「渺」。嘿而該之者，玄也；擢而散之者，人也。稽其門，闢其户，叩其鍵，然後乃應，況其否者乎！夫爲玄者，外稽其門弗應，内闢其户弗應，密叩其鍵然後乃應，而況不爲者乎！人之罙深，索之益薄，於是玄感應焉。非玄應之也，至精之通也。

人之所好而不足者，善也；人之所醜而有餘者，惡也。君子日彊其所不足，而拂其所有餘，則玄之道幾矣。仰而視之在乎上，俯而窺之在乎下，企而望之在乎前，棄而忘之在乎後，欲違則不能，默而得其所者，玄也。日强其善而拂其惡，以成德器而

〔一〕「樛」，范本作「摎」，皆糾纏義。
〔二〕萬玉堂范本所附釋文作「膴，音武。當作膴膴，微視也」。與此所引者有異。

已。若玄則竣嘿契焉，善幾於道，不足者充而發祥，有餘者去而弗翳，是以入于玄之平也。

故玄者用之至也。見而知之者，智也。視而愛之者，仁也。斷而決之者，勇也。兼制而博用者，公也。能以偶物者，通也。無所繫輆者，聖也。時與不時者，命也。虛形萬物所道之謂道也，「虛形」，章、丁作「虛無形」，宋、林、許、黄作「虛無形」〔一〕。「所道」，宋作「通」。「之謂道也」，宋、許、黄本至「陰」「陽」皆有「也」字，章、丁無有。因循無革，天下之理得之謂德也，「因循」，林作「因緣」。理生昆羣兼愛之謂仁也，「昆」，丁、宋作「混」。列敵度宜之謂義也，秉道德仁義而施之之謂業也，瑩天功、明萬物之謂陽也，幽無形、深不測之謂陰也。陽知陽而不知陰，陰知陰而不知陽，知陰知陽、知止知行、知晦知明者，其唯玄乎！自「幽攡萬類」至於「曉」、「瑩天下」者，玄之術也。自「晦」、「冥」、「深」、「眇」到於「知陰知陽」者，玄之道也。其於玄也，見而知之，視而愛之，斷而決之，兼制而博用，能以偶物，無所繫輆，則當時命而行乎天下。能秉道德仁義而施之，業格于皇天矣。

縣之者權也，平之者衡也。濁者使清，險者使平。離乎情者，必著乎僞。離乎僞者，必著乎情。情僞相盪，而君子小人之道較然見矣。玄者，以衡量者也。高者

〔一〕此「虛無形」與上之「虛無形」必有一誤。

下之，卑者舉之，饒者取之，罄者與之，明者定之，疑者提之。規之者思也，立之者事也，説之者辯也，成之者信也。言玄之正勝人事如此。

夫天宙然示人神矣，夫地他然示人明矣。天地奠位，神明通氣。有一、有二、有三，位各殊輩，回行九區，終始連屬，上下無隅。察龍虎之文，觀鳥龜之理。運諸泰政，繫之泰始，極焉以通璇璣之統，正玉衡之平。圜方之相研，剛柔之相干。盛則入衰，窮則更生。有實有虛，流止無常。言玄之齊七政以象天地如此。

夫天地設，故貴賤序。四時行，故父子繼。律曆陳，故君臣理。常變錯，故百事析〔一〕。質文形，故有無明。吉凶見，故善否著。虛實盪，故萬物纏。陽不極，則陰不萌。陰不極，則陽不牙。極寒生熱，極熱生寒。信道致詘，詘道致信。其動也，日造其所無，而好其所新。其靜也，日減其所爲〔二〕，而損其所成。故推之以刻，參之以晷。反覆其序，軫轉其道也。以見不見之形，抽不抽之緒，與萬類相連也。其上也

〔一〕「析」，范本作「㧍」，大典本作「枋」。「㧍」，「枋」之訛。「析」「枋」古通。
〔二〕「爲」，范本作「有」，「爲」字義勝。

縣天，下也淪淵，纖也入蔵，音檅。廣也包軫〔一〕。其道游冥而挹盈，丁、宋作「押盈」。存存而亡亡，微微而章章，始始而終終。近玄者玄亦近之，遠玄者玄亦遠之。譬若天，蒼蒼然在於東面南面西面北面，仰而無不在焉，及其俛則不見也。天豈去人哉？人自去也！冬至及夜半以後者，近玄之象也。進而未極，往而未至，虛而未滿，故謂之近玄。夏至及日中以後者，遠玄之象也。進極而退，往窮而還，已滿而損，故謂之遠玄。日一南而萬物死，日一北而萬物生。斗一北而萬物虛，斗一南而萬物盈。日之南也，右行而左還。斗之南也，左行而右還。或左或右，或死或生。神靈合謀，天地乃并，天神而地靈。玄術如此。是以人倫物化，參諸天地，和同無間，而玄爲之宗。夏至致日，南在東井。冬至致日，北在牽牛。而斗正四時，各建其方。日曆西陸而東，斗軌東陸而西。萬物係焉，盈則兆死，虛則更生。夫玄散爲一陰一陽，維其運也。左右相逢，如此故能神靈合并，而反渾乎玄。曰「天神而地靈」，言合并而不相亂也。

〔一〕「軫」，范本作「畛」，「畛」字義勝。

玄瑩

天地開闢，宇宙拓坦。「拓」，本多作「祏」，章、林、黄作「拓」。天元咫步，日月紀數。周運曆統〔一〕，羣倫品庶。或合或離，或贏或踦。故曰假哉天地，啗徒濫切。函啟化，罔袞於玄。章及丁別本「罔」作「內」。終始幽明，表贊神靈。大陽乘陰，萬物該兼。周流九虚，而禍福絓羅。

凡十有二始，羣倫抽緒，故有一二三，以絓以羅，玄術瑩之。鴻本五行，九位重施，諸本作「施重」，宋作「重施」。上下相因，醜在其中，玄術瑩之。天圜地方，極殖中央，動以歷靜，時乘十二，以建七政，玄術瑩之。斗振天而進，日違天而退，或振或違，以立五紀，玄術瑩之。植表施景，榆與株切。漏率刻，昏明考中，作者以戒，玄術瑩之。東西爲緯，南北爲經，泠竹爲管，室灰爲候，以揆百度，百度既設，濟民不誤，玄術瑩之。

〔一〕「統」，范本作「紀」。

經，經緯交錯，邪正以分，吉凶以形，玄術瑩之。鑿井澹水，鑽火難木[一]，流金陶土，以和五美，五美之資，以資百體，玄術瑩之。奇以數陽，耦以數陰，奇耦推演，以計天下，玄術瑩之。六始爲律，六間爲吕，律吕既協，十二以調，日辰以數，玄術瑩之。方州部家，八十一所，畫下中上，以表四海，玄術瑩之。一辟、三公、九卿、二十七大夫、八十一元士，少則制衆，無則治有，玄術瑩之。

古者不霆不虞，「霆」，許、宋作「⿱雨遷」，音雩，諸家作「霆」。慢其思慮，匪筮匪卜，吉凶交瀆。於是聖人乃作蓍龜，鑽精倚神，箝知休咎[二]，玄術瑩之。是故欲知不可知，則擬之以乎卦兆。測深摹遠，則索之以乎思慮。二者其以精立乎！夫精以卜筮，神動其變，精以思慮，謀合其適。精以立正，莫之能仆。精以有守，莫之能奪。故夫抽天下之蔓蔓，散天下之混混者，非精其孰能之？瑩自度數，彈於諸法，而要以至精者，反乎一也。

夫作者貴其有循而體自然也。其所循也大，則其體也壯。其所循也小，則其體

[一]「難」，范本作「⿱難灬」。⿱難灬，燃也，義勝。或「難」「⿱難灬」通。
[二]「箝」，明抄本作「⿱竹柑」，此據太玄本旨本改。

也瘠。其所循也直，則其體也渾。其所循也曲，則其體也散。故不擢所有〔一〕，不彊所無。譬諸身，增則贅而割則虧。故質幹在乎自然，華藻在乎人事也。其可損益與？諸本皆作「華藻在乎人事。人事也其可損益與」，「人事」二字蓋衍。許、黄「其」作「具」字。

夫一一所以摹始而測深也，三三所以盡終而極密也，二二所以參事而要中也，人道象焉。務其事而不務其辭，多其變而不多其文也。不約則其指不詳，不要則其應不博，不渾則其事不散，不沈則其意不見。是故文以見乎質，辭以睹乎情，觀其施辭，則其心之所欲者見矣。言玄之事辭如此。表贊九度：一一、一二、一三、二一、二二、二三、三一、三二、三三。一一，初也。三三，上也。二二，中也〔二〕。此自然不可損益之約也，象策數焉。

夫道有因有循，有革有化。因而循之，與道神之。革而化之，與時宜之。故因而能革，天道乃得。革而能因，天道乃馴。夫物不因不生，不革不成。故知因而不知革，物失其則。知革而不知因，物失其均。革之匪時，物失其基。因之匪理，物喪

〔一〕「擢」，明抄本作「懼」，此據范本改。
〔二〕「中」，明抄本作「五」，此據文意改。

其紀。因革乎因革，國家之矩笵也。矩笵之動，成敗之効也。變通者，玄之事也。因象水木，革象金火。

立天之經曰陰與陽，形地之緯曰從與横，表人之行曰晦與明。陰陽曰合其判〔一〕，「陰陽」、「從横」、「晦明」，丁、宋皆無「曰」字。從横曰緯其經，晦明曰别其材。陰陽，該極也。經緯，所遇也。晦明，質性也。陽不陰無與合其施，經不緯無以成其誼，明不晦無以别其德。陰陽所以抽嘖也，宋作「極賾」。嘖與賾同。諸本作「抽」。從横所以瑩理也，明晦所以昭事也。嘖情也抽〔二〕，理也許作「抽情也抽」。瑩，事也昭，君子之道也。開而當名者，玄之辭也。自中爲陽，周爲陰，以極八十一首。九位在中，經緯相錯，時物唯其所遇而見誼焉。晦明之才，晝夜之事也。

往來熏熏，得亡之門。夫何得何亡？得福而亡既也。天地福順而既逆，山川福庳而既高，人道福正而既邪。故君子内正而外馴，每以下人，是以動得福而亡既也。福不醜不能生既，既不好不能成福。醜好乎醜好，君子所以亶表也。宋作「君子

〔一〕「曰」，明抄本作「日」，此據范本及校語改，下同此。
〔二〕「情」，吴汝綸謂「情字誤衍」，俞樾諸子平議亦倡此説，合此節文意觀之，二家説是，然無本據，姑存其舊。

之亶表」。**夫福樂終而亂憂始，天地所貴曰福，鬼神所祐曰福，人道所喜曰福，其所賤惡皆曰亂**〔一〕。章、許作「其所賤在惡」，丁作「其所在賤惡」，宋作「其所賤惡」。**故惡福甚者其亂亢。晝人之亂少，夜人之亂多，晝夜散者其亂福雜。**瑩以昭事，使人知亂福之歸者也。晝人之亂少，純於明也；夜人之亂多，純於晦也；晝夜散者其亂福雜，則或晦或明，不純故也。

〔一〕「賤」下范本有「在」字，與校語所謂章、許本同，吴汝綸謂「在當爲菑」，説是。「在」「菑」古通，此「在」即「菑」。「賤菑惡」與上文「貴」、「祐」、「喜」一一相對，是其證也。

太玄集注卷第八

玄數

昆侖天地而產蓍，參珍睟精以揲數，揲，釋文「音索」，宋：「蘇各切」。宋作「二以揲數」，許、黃作「三以揲數」，章、丁無「二」、「三」字。散幽於三重而立家，旁擬兩儀則覩事。逢遭並合，捍繫其名，而極命焉。捍，釋文「音憂」，陸作「傺」，宋作「撣」，今諸家皆作「捍」。精則經疑之事其質乎，令曰：「假太玄，假太玄，孚貞。章及丁別本作「假假太玄」，丁、宋、許、黃作「假太玄假太玄」。爰質所疑于神于靈。」休則逢陽，星、時、數、辭從，咎則逢陰，星、時、數、辭違。

凡筮有道：不精不筮，不疑不筮，不軌不筮，不以其占，不若不筮〔一〕。神靈之曜

〔一〕明抄本「占」下無「不」字，此據萬玉堂范本補。

曾越卓，章、許、黄「神靈之」三字複出。三十有六而策視焉。天以三分，終於六成，故十有八策。天不施，地不成，因而倍之。地則虚三，以扮天之十八也。扮，房吻切。諸本作「扮天十八」，宋有「之」字。別一挂于左手之小指，中分其餘，以三搜之，并餘於艻。艻與扐同。一艻之後，而數其餘：七爲一，八爲二，九爲三。六算而策道窮也。逢有下中上。下，思也。中，福也。上，禍也。思福禍各有下中上，以晝夜別其休咎焉。天以三分，則一二三，綜而爲六。以六因三，爲十有八。天施而地成之，是以倍爲三十有六。此神靈曜曾越卓之數也。地則虚三以受天，故策用三十有三。玄筮挂一者，至精也。中分而三搜之者，至變也。餘一二三則并於艻者，歸奇也。一艻而復數其餘，卒觀或七或八或九，則畫一二三焉。天以六成，故六算而策道窮，則數極而象定也。得方求州，得州求部，得部求家，是謂散幽於三重而立家。凡四撰。

極一爲二，極二爲三，極三爲推，推三爲贏贊，章、許及丁別本作「推三爲贏贊」，「贏」或作「嬴」，蓋通。贊贏入表，表贏入家，家贏入部，部贏入州，州贏入方，方贏則玄。范注「玄」或作「去」，陸云「當作玄」，今諸家作「玄」，唯宋作「去」，章作「入玄」。數自玄生，衍極而復歸於玄，此聖人同民吉凶，所以洗心于密者也，故間於筮法之中。昔者禹別九州，任土作貢，而錫堯玄圭，告厥成功，蓋以象此。

一從二從三從，是謂大休。一從二從三違，始中休，終咎。一從二違三違，始休，中終咎。一違二從三從，始咎，中終休。一違二違三從，始中咎，終休。一違二違三違，是謂大咎。占有四：或星、或時、或數、或辭。旦則用經，夕則用緯，觀始中，決從終。晝爲休，夜爲咎，而又以星、時、數、辭和乖盛衰義類相取而占其事。旦用經：一、五、七；夕用緯：三、四、八；旦夕之中，二經一緯，用二六九。是謂三表：旦象天，夕象地，中象人也。一五六也進乎七，三四七也進乎八，二六八也進乎九。觀始中，決從終者，考積之極而要其變也。是故餘艿之數一兆七，三兆八，二兆九也。占有終休而反咎，有終咎而反休者，要在審觀所質之事，以星時數參之而已矣。非忠信之事，則得黃裳元吉而更以凶。此占法也。

三八爲木，爲東方，爲春，日甲乙，辰寅卯，聲角，色青，味酸，臭羶，形詘信，生火，勝土，時生，藏脾，肺極上以覆腎，極下以潛心，居中央以象君德，而左脾右肝承之，以位五行。月令春祭先脾，夏祭先肺，中央祭先心，秋祭先肝，冬祭先腎，此玄符也。是故肺藏氣者火也，腎藏精者水也，心藏神者土也，脾藏思者木也，肝藏血者金也。其爲體也，則脾土、肺金、心火、肝木、腎水。其爲位也，則君養育而臣制畜。不與物合者，一而已矣。玄德之象也。侟志，音存，或作存。木侟志者立也，金侟魄者營也，火侟魂者變也，水侟精者潛也，土侟神者化也。志，水也而侉於木，魄，土也而侉於金，魂，木也而侉於火〔一〕，神，火也而侉於土，皆託乎其所生。老子所謂「弱其志，强其骨。虚其心，實其腹」者是已。唯精一之至也，是以其爲物不貳也。**性仁，情喜，事貌，用恭，撝肅，徵旱**，洪範庶徵，雨、暘取緯，燠、寒、風取經。玄數分類則以其正言而已矣，弗以衡氣相通也。**帝太昊，神勾芒，星從其位**，氐、房、心、尾、箕，位寅卯。**類爲鱗，爲靁，爲鼓，爲恢聲，爲新，爲躁，爲户，爲牖**，甲象爲鱗，秩秩次比。衆盛蓋極，則震而變爲雷，爲鼓、爲恢聲。發生爲新，決塞爲躁。大者爲户而出，小者爲牖而通也。凡物出必由户，入必由門。户，奇也。門，偶也。竈惕以養，而行流通，中霤土以冲虚函天，明受衆流，此福所集。故家主之門户闔闢有變緯也，竈行中霤有常經也。是故月令春祀户，夏祀竈，中央祀中霤，秋祀門，冬祀行，類求五物，與玄合符。**爲嗣，爲承，爲葉，爲緒**，震爲長子之變也，爲户牖則家立矣。**爲赦，爲解，爲多子**，税枯釋甲，震之功也，國事象焉。萌生孕字，時物方昌。**爲出，爲予**，帝出乎震，布德施惠，而物象之，爲赦爲解，出而予也。**爲竹，爲草，爲果，爲實**，秀拔而爲竹，滋蔓而爲草，酋斂而爲果，皆木氣也。果爲實象，果則將復生焉。**爲魚**，水生，鱗屬，蕃息之象。竹草至魚，皆多子類也。**爲疏器**，月令春則「其器疏以達」，刻而鏤之，象土之發生無所塞也。疏器致人力焉，以相天

〔一〕據上下文義，此句下當有「精金也而侉於水」一句。

時。**爲田，爲規，爲木工**〔一〕，許、黄作「爲規爲田」，宋、郭作「爲田爲規」。木治土爲田，木用事而稷官展采焉。爲規，象元之運。木土稽之木工，象致力于春，以相天物者也。**爲矛**，句兵曲直不殺。戈氏鏄，矛氏鏉，矛敦仁也。**爲青怪**，以正治國，以奇用兵。五行反常，則各以其物見異焉。**爲觓**，音求。春行秋令，則多觓，金沴木也。**爲狂**。弗恭弗肅，動蕩之過。

四九爲金，爲西方，爲秋，日庚辛，辰申酉，聲商，色白，味辛，臭腥，形革，生水，勝木，時殺，藏肝，侟魄，性誼，情怒，事言，用從，撝乂，徵雨，帝少昊，神蓐收，星從其位，胃、昴、畢、觜、參，位申酉。**類爲毛**，金革火而收之，其氣發散爲毛，庚辛象也。**爲醫，爲巫祝，爲猛**，唐人避諱，書多改「虎」爲「猛」。此字疑當作「虎」，而未有本證定。**爲舊，爲鳴**，醫攻疾，巫祝祓不祥，皆善革者也。爲猛蓋虎，甲毛類也。虎變異，龍因舊而炳。凡物堅成則鳴，如虎嘯風鳴之盛也。醫之革物使復舊常，而巫祝善鳴矣。物正爲新，物老爲舊。凡動，木也。凡聲，金也。動夬爲躁，聲揚爲鳴，鳴尚節焉。**爲門，爲山，爲限，爲邊，爲城，爲骨，爲石**，以堅立節，故爲門、爲山、爲限、爲邊、爲城。金以方止邊四方也，城四營之以爲險，故外象爲限、爲邊、爲城，内象爲骨。骨自堅生，此木氣也。而凡物之堅皆金爲之，故木質皆白。金類爲骨，其極爲石。**爲**

〔一〕「爲木工」，明抄本無，此據萬玉堂范本補。

環佩，爲首飾，爲重寶，爲大哆，丁、宋無此一句。**爲釦器，**釦，音口，金飾器口也。疑極而説見，質定而文生之。環佩，身之節也。加尊而爲首飾，又加貴而爲重寶。環佩象四，首飾象九，重寶體覺德焉。説生侈大，哆口之兑也。釦器以金飾口，致説焉，亦以立堅。**爲舂，爲椎，爲力，爲縣，**與「懸」同。**爲燧，爲兵，爲械，爲齒，爲角，爲螫，爲毒。**致飾以説而小過，治之釦器以受生。爲舂、爲椎、爲力，以堅勝也。力勝而後能勝物縣之縣，以權制其變。故以金變火爲燧，又火變金爲兵，其變如此，七九錯也。人有兵械，物有齒角螫毒，皆以勝物而立我焉。立我已甚，則可入可取，寇賊生之。**爲狗，爲入，爲取，爲罕，**呼旱切，章作「獵」。**爲寇，爲賊，爲理，爲矩，爲金工，爲鉞，**狗守其方，必或入之，爲入納日也。爲取，收歲也。爲罕，獵時也。獵取之極，爲寇爲賊。則理官治之而立方焉，是以爲理爲矩。革而從範，故爲金工。弗革而斷以義方，則有殺而已，故爲鉞。兵械以鉞，正爲金類專殺焉。武成左杖黄鉞者〔一〕，示無事於殺故也。**爲白怪，爲瘖，爲僭。**諸家作「譖」，丁作「僭」。金反常則在物爲白怪，在人爲瘖，在國爲僭。

二七爲火，爲南方，爲夏，日丙丁，辰巳午，聲徵，色赤，味苦，臭焦，形上，生土，勝金，時養，藏肺，侔魂，性禮，情樂，事視，用明，撝哲，徵熱，帝炎帝，神祝融，星從其

〔一〕「武成」，疑當作「武王」。

位，柳、星、張、翼、軫，位巳午。類爲羽，爲竈，爲絲，爲網，爲索，爲珠，爲文，爲駮，爲印，爲綬，爲書，北方之音爲羽，南方之類爲羽。昊天之氣以火烝水，自北冲南，而羽象生焉。其養爲竈，其揚爲絲，其交爲網，其糾爲索，其凝清明爲珠，其變參錯爲文。駮者，物相雜也。皆象竈氣上蒸[一]。爲印綬書，爲文象定焉。凡此爲羽之變也。爲輕，爲高，爲臺，爲酒，爲吐，爲射，爲戈，爲甲，爲叢，上炎之氣弗緼而發，則爲輕、爲高、爲臺，其緼而發，則爲酒、爲吐、爲射、爲戈、爲甲、爲叢。凡草木皆以火拔水，觸土而生者也[二]。爲司馬，爲禮，爲繩，爲火工，爲刀，爲射、爲戈、爲甲、爲叢，此司馬之所乘以務烈也。下武成履亂者理焉，故爲禮。禮以約物，使從正直，故爲繩。繩以人輔天而治之，故爲火工。戈，支兵也，象物萌牙，而刀正火類，刀制義也。爲赤怪，爲盲，爲舒。赤怪，災也。盲，喪其明。舒，豫咎也[三]。

一六爲水，爲北方，爲冬，日壬癸，辰子亥[四]，諸家作「子亥」，宋作「亥子」。聲羽，色黑，味鹹，臭朽，形下，生木，勝火，時藏，藏腎，侔精，性智，情悲，事聽，用聰，撝謀，徵

[一]「蒸」，明抄本作「烝」，此據五柳居本改。
[二]「生」，明抄本作「升」，此據五柳居本改。
[三]「咎」，明抄本作「各」，此據五柳居本改。
[四]「子亥」，依十二支配合四方之序，當作「亥子」，宋本是，下文注云「位亥子」可證。

寒，帝顓頊，神玄冥，星從其位，女、虚、危、室、壁，位亥子。類爲介，爲鬼，爲祠，爲廟，爲井，爲穴，爲竇，爲鏡，爲玉，陷乎險中，其象爲介、爲鬼、爲祠、爲廟〔一〕，以潛靈也。爲井、爲穴、爲竇，以深通也。爲鏡，以靜明也。爲玉，以潔清也。皆水之在原者也。爲履，爲遠行，爲勞，爲血，爲膏，其流爲履、爲遠行、爲勞、爲血，血凝其滋而膏生焉，則物著而貪起矣。爲貪，爲含，爲蟄，爲火獵，宋作「人獵」。爲閉，爲盜，翕取爲貪，懷藏爲含。翕取生寒，懷藏至伏，是以爲蟄。於物爲蟄、爲火獵，於人爲閉、爲盜，在險象也。含，有畏而圖存。貪，無度而力取也。貪以寒極，反爲火獵。金爲寇賊，善殘殺也。水爲盜者，没非其有而已矣。爲司空，爲法，爲準，爲水工，爲盾，司空居民取諸閉蟄，法以險持平焉，所以禁犯獵而謹攘盜也。水工治水，使不失其平者也。爲盾，自坊而已矣。周宣南征之詩曰：「師干之試，方叔率止。」爲黑怪，爲聾，爲急，自信弗稽其咎。爲急，則莫能聽德，是聾類也。

五五爲土，爲中央，爲四維，日戊己，辰辰未戌丑〔二〕，多作「辰戌丑未」，今從丁、宋本。聲宮，色黄，味甘，臭芳，形殖，生金，勝水，時該，藏心，侑神，性信，情恐懼，仁柔而好

〔一〕「廟」，明抄本作「廣」，此據五柳居本改。
〔二〕「戊」，明抄本作「戉」，十二支有戌無戊，此逕改，下同此。

生，故其情喜。義剛而時殺，故其情怒。禮與物嘉會相見，故其情樂。智獨不與物合而善救不已，故其情悲。書曰：「人心惟危，道心惟微，惟精惟一，允執其中。」中不失則所以定危也。中動則爲恐懼之情，如震二五，是己心震于物而無守則者，非情之正也。事思，用睿，撝聖，徵風，帝黃帝，神后土，星從其位，角、亢，位辰。奎、婁，位戌。斗、牛，位丑。井、鬼，位未。類爲裸，爲封，宋作「爲封爲壠」。爲餅，爲宮，爲宅，爲中霤，爲內事，爲織，爲衣，爲裘，爲繭，爲絮，爲牀，爲薦，裸無介鱗羽毛，體中而已。夫神無方而道未始有封，封已而此疆爾界生焉。封已則如餅焉而已矣。餅，凝土以爲器。宮，鑿土以爲室。宅，居之也。宮宅中霤之間有內事焉。土，積陰也，而功作成物。織法經緯，爲衣爲裘，皆內事也。裸思所以自燠，是以爲繭自封，此人衣裘之心也。藏諸衣裘而不足，於是因繭又索絮焉。自爲中霤，以虛變通，利用生之。至於爲牀爲薦，以寧厥正，安厚之極也。爲馴，爲懷，爲腹器，爲脂，爲漆，爲膠，爲囊，爲包，馴，婦道也。懷，母道也。以懷故爲腹器。中和之凝，爲脂、爲漆、爲膠。其保合之，爲囊、爲包。此母道之所以成物也。爲輿，爲轂，爲稼，爲嗇，爲食，爲宍，爲棺，爲櫝〔一〕，宋作「槨」。爲衢，爲會，爲都，爲度，爲量，爲木工，爲弓矢，輿以方載，轂以中運。爲稼、爲嗇、爲食、爲宍、爲棺、

〔一〕「櫝」，明抄本作「犢」，此據五柳居本改，下同此。

爲櫝，象地載之運也。書曰：「土爰稼穡。」食以自實而腴其生，是以有死也。棺，人之所以及於土也。夫百昌皆生於土，反於土而後生之。生於本者，是櫝類也。死生往復，如衢。衢，會通也。四達而中爲之都，度量之法謹焉，土工資之治國，至於弓矢極矣。故曰「五兵之運，德之末也」。物之萌生，離潛發伏，如弓之矢、弓之彀，率游於中央者也。**爲黄怪，爲愚，爲牟。**宋云：「牟當作瞀。」妖不自興，由人反德。爲愚也者，心之疾也。牟與蒙通，雺濁之咎也。玄數之推五行，昭事類焉。故以洪範五行爲序。深知五行之爲，而可與論道，可與制禮，非特尚其占而已也。

五行用事者王，王所生相，故王廢，勝王囚，王所勝死。其在聲也，宫爲君，徵爲事，商爲相，角爲民，羽爲物。其以爲律吕也，黄鐘生林鐘，林鐘生太簇，太簇生南吕，南吕生姑洗，姑洗生應鐘，應鐘生蕤賓，蕤賓生大吕，大吕生夷則，夷則生夾鐘，夾鐘生無射，無射生仲吕。事變通，相宰制。民生而和，物藏而化。君中心無爲也，以守至正。故凡聲，重不踰宫，輕不過羽。九九八十一以爲宫，三分去一，五十四以爲徵，三分益一，七十二以爲商，三分去一，四十八以爲羽，三分益一，六十四以爲角，此黄鐘之均五聲法也。十二律各以其數爲宫，而損益以生徵商角羽，而爲六十聲。黄鐘之管九寸，三分去一，下生林鐘。林鐘之管六寸，三分益一，上生太簇。太簇之管八寸，三分去一，下生南吕五寸三分寸之一。南吕上生姑洗，七寸九分寸之一。姑洗下生應鐘，四寸二十七分寸之二十。應鐘上生蕤賓，六寸八十一分寸之二十六。蕤賓又上生大吕，八寸二百四十三分寸之百四。大吕下生夷則，五寸七百二十九分寸之四百五十一。夷則上生夾鐘，七寸二千一百八十七分寸之千七十五。夾鐘下生無射，四寸六千五百六十一分寸之六千五百二十四。無射上生中吕，六寸萬九千六百八十三分寸之萬二千九百七十四。蓋皆損益之數不過三，生取之數不過八。是以統和三極而述行八風也。自子至巳者，皆陽紀也。大吕、夾鐘、仲吕，陽中之陰聲也。自午至亥者，皆陰紀也。蕤賓、南吕、應鐘，陰中之陽聲也。是以自子至巳皆下生，自午至亥皆上生也。凡樂，黄鐘爲宫，則林鐘爲徵，太簇爲商，南吕爲羽，姑洗爲角。林鐘爲宫，則太簇爲徵，南吕爲商，姑洗爲羽，應鐘爲角。太簇爲宫，則南吕爲徵，姑洗爲商，應鐘爲羽，蕤賓爲角。凡五聲六律十二管之旋相爲宫也，以三變通，此記所謂「播五行於四時，和而后月生」者也。五行更王用事，一正勝焉，而參以生和，此易所謂利貞之性情者哉！

子午之數九，丑未八，寅申七，卯酉六，辰戌五，巳亥四。故律四十二，吕三十六。并律吕之數，或還或否，凡七十有八，黄鐘之數立焉。其以爲度也，皆生黄鐘。

子午，天地之所以經皇極也，九數緼焉，而其殺至于巳亥。律綜子午寅申辰戌之數，爲四十二。吕綜丑未卯酉巳亥之數，爲三十六。并之凡七十有八。而律吕之數，黄鐘獨還得九，諸律否焉。是以黄鐘爲律吕之宗也。黄鐘之數八十有一，而立於七十有八，則虚其三以爲衆妙之玄，所以用九者也參三焉。十有二辰之數，至四而止，則以立方而已矣。其以爲度也，皆由黄鐘者，由九十黍之廣而生度，由九寸之管而生量，由其實一千二百黍之重爲十二銖，而生權衡也。

甲己之數九，乙庚八，丙辛七，丁壬六，戊癸五。聲生於日，律生於辰。聲以情質，律以和聲。聲律相協，而八音生。天數五，地數五，五位相得而各有合，是以十日如之。天地中孚，象見甲子。甲，一元也。一爲三，三爲九，而數究焉。故甲數九，己數亦九，從其合也。甲數九，降而爲乙、爲丙、爲丁、爲戊。己數九，降而爲庚、爲辛、爲壬、爲癸。數極於五，是故日以冲運也。甲乙爲角，丙丁爲徵，庚辛爲商，壬癸爲羽，戊己爲宫，故聲生於日，天之氣也。律生於辰，地之法也。聲直之以情質，律述之以和聲，而金石絲竹匏土革木之音生。聲可和而成文如此，凡以日各有合故也。

九天：一爲中天，二爲羡天，三爲從天，四爲更天，五爲晬天，六爲廓天，七爲減天，八爲沈天，九爲成天。

九地：一爲沙泥，二爲澤地，三爲沚厓，四爲下田，五爲中田，六爲上田，七爲下山，八爲中山，九爲上山。

九人：一爲下人，二爲平人，三爲進人，四爲下禄，五爲中禄，六爲上禄，七爲失志，八爲疾瘀，宋作「瘀疾」。九爲極。九天以行言，據始中終。九地以勢名，據下中上。九人以動觀，據思福禍。

九體：一爲手足，二爲臂脛，三爲股肱，四爲要，五爲腹，六爲肩，七爲喉嚨，喉，音呀。喖，釋文「音枯」，宋音胡。八爲面，九爲顙。

九屬：一爲玄孫，二爲曾孫，三爲仍孫，四爲子，五爲身，六爲父，七爲祖父，八爲曾祖父，九爲高祖父。

九竅：一六爲前、爲耳，二七爲目，三八爲鼻，四九爲口，五五爲後。觀九體、九屬之象，則知日辰之數。數自九差等而降者，蓋自然也。

九序：一爲孟孟，二爲孟仲，三爲孟季，四爲仲孟，五爲仲仲，六爲仲季，七爲季孟，八爲季仲，九爲季季。

九事：一爲規模，二爲方沮，三爲自如，四爲外它，五爲中和，六爲盛多，七爲消，八爲耗，九爲盡弊。

九年：一爲一十，二爲二十，三爲三十，四爲四十，五爲五十，六爲六十，七爲七十，八爲八十，九爲九十。以九屬要九體九竅者，體竅所以立人屬也。以九事要九序九年者，序年所以作人事也。序推三，年周十。

推玄算：家，一置一，二置二，三置三。部，一勿增，二增三，三增六。州，一勿增，二增九，三增十八。方，一勿增，二增二十七，三增五十四。法言曰：「易，數也，可數焉者也。」「書之不備過半，而習者不知」者，無數以爲之品式也。玄算使筮者知首贊日星之次，所以經天彝倫，而使勿亂也。如得一方一州一部三家𥗊，則家置三，方州部皆勿增，有三而已，是爲玄首之次三也。凡增者，皆其所因家數也。

求表之贊：置玄姓，去太始策數，減一而九之，增贊去玄數半之，則得贊去冬至日數矣。偶爲所得日之夜，奇爲所得日之晝也。許、黄作「明」，宋、郭作「得」。置玄姓去太始策數而減一者，去其所置玄姓之首。九之者，首各九贊也。去玄姓之首，則將計其贊而增之，贊一增一，二增二，三增三也。求日去玄數半之者，合二贊爲一日，故贊偶爲夜，贊奇爲晝也。如筮得應，自中至應，凡四十一，則置四十一。減一而九之，爲三百六十，而增所得贊焉。去三百六十半之，而得百八十，此去冬至日數也。增一則爲三百六十一贊，奇也，爲百八十一日之晝，增二則爲三百六十二贊，偶也，爲百八十一日之夜也。

求星：從牽牛始，除算盡，則是其日也。冬至日起牽牛一度，日運一度而成一日。故除星度盡，則得其日之所在何度也。

太玄集注卷第九

玄文

罔、直、蒙、酋、冥。罔，北方也，冬也，未有形也。直，東方也，春也，質而未有文也。蒙，南方也，夏也，物之修長也，皆可得而戴也。許、黄作「載」，章、丁、郭作「戴」。酋，西方也，秋也，物皆成象而就也。有形則復於無形，故曰冥。故萬物罔乎北，直乎東，蒙乎南，酋乎西，冥乎北。故罔者有之舍也，直者文之素也，蒙者亡之主也，酋者生之府也，冥者明之藏也。罔舍其氣，直觸其類，蒙極其修，酋考其就，范注「考物使咸成就」，而正文作「親」，蓋寫者誤。宋、郭作「就」。冥反其奥。罔蒙相極，直酋相敕，出冥入冥，新故更代。章作「貸」。陰陽迭循，清濁相廢。將來者進，成功者退。已用則賤，當時則貴。天文地質，不易厥位。

罔直蒙酋冥，言出乎罔，行出乎罔，禍福出乎罔，罔之時玄矣哉！行則有蹤，言則有聲，福則有膊，音剸，切肉也。又音竪兗切。禍則有形之謂直。有直則可蒙也，有蒙則可酋也，可酋則反乎冥矣。是故罔之時則可制也。八十一家，由罔者也。天炫炫出於無眕，炫，胡絢切。熿熿出於無垠，熿，户光切，與煌同。故罔之時玄矣哉！是故天道虚以藏之，動以發之，崇以臨之，刻以制之，終以幽之，淵乎其不可測也，耀乎其不可高也。故君子藏淵足以禮神，發動足以振衆，高明足以覆照，制刻足以竦儗，牛力切，一作「擬」。幽冥足以隱塞。君子能此五者，故曰罔、直、蒙、酋、冥。

或曰：「『昆侖旁薄幽』，何爲也？」曰：「賢人天地思而包群類也。昆諸中未形乎外，獨居而樂，獨思而憂，樂不可堪，憂不可勝，故曰幽。」「『神戰于玄』，何爲也？」曰：「小人之心雜，將形乎外，陳陰陽以戰其吉凶者也。陽以戰乎吉，陰以戰乎凶。風而識虎，雲而知龍，賢人作而萬類同。」「『龍出于中』，何爲也？」曰：「龍德始著者也。陰不極則陽不生，亂不極則德不形。君子修德以俟時，不先時而起，不後時而縮，動止微章，不失其法者，其唯君子乎！故首尾可以爲庸也。」「『庳虚無因，大受性命，否』，何爲也[一]？」曰：「小人不能懷虚處乎下，庳而不可臨，虚而不可滿，無而

[一]「爲」，明抄本無，此據上下文例補。

能有，因而能作，故大受性命而無辟也，故否。」諸本作「無辭辟也」，丁、章無「辭」字。「『日正于天』，何爲也？」曰：「君子乘位，爲車爲馬，車軨釋文「力丁切，車闌也」。馬駖，釋文「音介，馬尾髻結也」。可以周天下，故利其爲主也。」「『月闕其摶[一]，不如開明于西』，何爲也？」曰：「小人盛滿也。自虛毀者，水息淵，木消枝[二]，山殺瘦，澤增肥，賢人睹而衆莫知。」「『酋酋之包』，何爲也？」曰：「仁疾乎不仁，誼疾乎不誼。君子寬裕足以長衆，和柔足以安物，天地無不容也。不容乎天地者，其唯不仁不誼乎！故『水包貞』。」「『黃不黃』，何爲也？」曰：「小人失刑中也。諸一則始，「諸一」，章「諸」作「謂」。諸三則終，二者得其中乎！君子在玄則正，在福則冲，在禍則反。小人在玄則邪，在福則驕，在禍則窮。故君子得位則昌，失位則良，小人得位則橫，失位則喪。八雖得位，然猶『覆秋常』乎！」「『顛靈氣形反』，何爲也？」曰：「絶而極乎上也。極上則運，絶下則顛。靈已顛矣，氣形惡得在而不反乎？君子年高而極時者也歟！陽極上，陰極下，氣形乖，鬼神阻，賢者懼，小人怙。」

[一]「摶」，明抄本作「搏」，此據五柳居本改，下同此。

[二]「枝」，范本作「林」。

昆侖旁薄，大容也。神戰于玄，相攻也。龍出于中，事從也。庳虛之否，不公也。日正于天，光通也。月闕其摶，損贏也。酋酋之包，法乎貞也。黄不黄，失中經也。顛靈之反，窮天情也。罔直蒙酋，贊羣冥也。昆侖旁薄，資懷無方。神戰于玄，邪正兩行。龍出于中，法度文明。庳虛之否，臣道不當。日正于天，乘乾之剛。月闕其摶，以觀消息。酋酋之包，能任乎刑德。「能任」，監本「能」作「揹」，黄無「能」字，諸本否。黄不黄，不可與即。顛靈之反，時則有極。罔直蒙酋，乃窮乎神域。

天地之所貴曰生，物之所尊曰人，人之大倫曰治，治之所因曰辟。崇天普地，分羣偶物，使不失其統者，莫若乎辟。夫天辟乎上，地辟乎下，君辟乎中。仰天而天不惓，與倦同。俯地而地不怠。惓不天，怠不地，惓怠而能乎其事者，古今未諸〔一〕。是以聖人卬天則常窮神掘變，極物窮情，與天地配其體，與鬼神即其靈，與陰陽埏其化〔二〕，與四時合其誠。視天而天，視地而地，視神而神，視時而時，天地神時皆馴，而惡入乎逆！詩曰：「皇王維辟」，法勝也。中爲君德而辟統正此，是謂泰始，天地之運啓焉。

〔一〕「未」，明抄本作「末」，此據萬玉堂范本改。
〔二〕「埏」，范本作「挻」。

玄　掜研啓切

玄之贊辭，或以氣，或以類，或以事之骫卒。骫，音委。謹問其姓而審其家，觀其所遭遇，劘音摩之於事，詳之於數，逢神而天之，觸地而田之，則玄之情也得矣。故首者天性也，衝對其正也，錯絣也，絣，普耕切，又音并。元文綺也，雜也。測所以知其情，攡張之，瑩明之，數爲品式，文爲藻飾，掜擬也，圖象也，告其所由往也。

維天肇降生民，使其貌動、口言、目視、耳聽、心思，有法則成，無法則不成。誠有不誠，范、宋作「誠有不威」，丁作「不畏」，黄作「不誠」。掜擬之經。垂䘯爲衣，䘯，所交切，衣衽。襞幅爲裳，襞，音壁。衣裳之制，諸本「制」作「示」，宋但云「衣裳以示天下」，近監本作「制」。以示天下，掜擬之三八。比札爲甲，冠矜爲戟，被甲何戟，矜，釋文「巨巾切，矛柄也」。以威不恪，掜擬之四九。尊尊爲君，卑卑爲臣，君臣之制，上下以際，掜擬之二七。鬼神耗荒，想之無方，無冬無夏，祭之無度，故聖人著之以祀典，掜擬之一六。時天時，力地力，維酒維食，爰作稼穡，掜擬之五五。古者寶龜而貨貝，後世君子易之以金幣，國家以通，萬民以賴，掜擬之思。諸本皆作「思慮」，「慮」字蓋衍。建侯開國，渙爵般秩，以引百禄，掜擬之福。越隕不令，維用五刑，掜擬之禍。秉圭戴璧，臚湊羣辟，臚，力居切，陳序也。掜擬之八十一首。棘木爲杼，削木爲軸，杼軸既施，民得以燠，掜擬之經緯。⿰周刂割匏竹革木土金，擊石彈絲，以和天下，掜擬之八風。丁無「⿰周刂」字，別本唯「割」字，章作「刻」，釋文作「則」，音喧，云「一作割」，宋、許、黄作「⿰周刂割」。⿰周刂，音彫，蓋古字同。陰陽相錯，男女不相射，人人物物，各由厥彙，掜擬之虛嬴。日月相斛，星辰不相觸，音律差列，奇耦異氣，父子殊面，兄弟不孿，釋文「生患、所眷二切，雙生子也。」宋作「孿」。帝王莫同，掜擬之歲。嘖以牙者童其角，撣以翼者兩其足，無角無翼，材以道德，掜擬之九日平分。存見知隱，由邇擬遠，推陰陽之荒，考神明之隱，掜擬之晷刻。一明一幽，跌剛跌柔，知陰者逆，知陽者流，掜擬之晝夜。上索下索，遵天之度，往述來述，遵天之術，無或改造，遵天之醜，掜擬之天元。天地神胞，法易久而不已，當往者終，當來者始，掜擬之罔直蒙酋冥。故擬水於川，水得其馴。擬行於德，行得其中。擬言於法，言得其正。言正則無擇，行中則無爽，水順則無敗。無敗故可久也，無爽故可觀也，無擇故可聽也。可聽者，聖人之極也。可觀者，聖人之德也。可久者，天地之道也。章作「業」。是以昔者羣聖人之作事也，上擬諸天，下擬諸地，中擬諸人。

天地作函，日月固明，五行該醜，五嶽宗山，四瀆長川，五經括矩。天違地違人違，而天下之大事悖矣。玄之贊辭皆擬也。氣生類，類生事之骫卒，蓋法三摹。觀凡挩之所擬，則有以見贊之情，不盡其彙者，得比義焉，思以虛權禍福而變通之。如金幣之於天下，臚凑羣辟，挩擬八十一首，則唯體玄極，爲能莅此虛嬴，在一晝一夜之間，而歲統期道，皆相異而不相悖也。而體有小大，則擬有玄章。玄以二首平分九日，利不可專，天之道也。玄經象辭，蓋擬晷刻晝夜，而數擬天元。天元則歷章會統之所綜也。易「窮則變，變則通，通則久」。罔冥蓋神胞也，始終不已，法易如此。

太玄集注卷第十

玄圖

一玄都覆三方，方同九州，枝載庶部，分正羣家，事事其中。陰質北斗，章、許及丁別本「陰質」上有「則」字，丁、宋皆無。日月畛營，陰陽沈交，四時潛處，五行伏行，六合既混，七宿軫轉，馴幽曆微，六甲内馴，九九實有，律呂孔幽，曆數匿紀，范作「馴幽推歷，六甲内馴，九九實有，律呂孔幽，曆數匿紀」，宋作「馴幽曆微，九九實有，律呂採幽，曆數匿紀，六甲内馴」，林、郭同宋本。林唯「推曆孔幽」二字，郭「孔幽」字同范、許、黄本。圖象玄形，贊載成功。始哉中羨從，百卉權輿，乃訊感天，「訊」與「迅」同。雷椎㰝寘〔一〕，輿物旁震，寅

〔一〕「椎」、「㰝」明抄本正文作「推」、「歈」，而注文作「椎」「㰝」，萬玉堂范本亦作「椎」、「㰝」，許校不言異同，則當作「椎」、「㰝」，此據注文及范本改。

贊柔微，拔根于元，東動青龍，光離于淵，摧上萬物，天地輿新。霮，徒感切。震，音珍。「輿物」，丁「輿」作「與」，「拔根」，丁別本作「拔艱」，「摧上」，許、黄作「羅上」，宋、丁作「摧土」，田告云：「『摧』當作『催』，『土』當作『咄』」，蓋古「摧」與「催」同。中哉更睟廓，象天重明，靁風炫焕，輿物時行，陰酋西北，陽尚東南，内雖有應，外觝亢貞，龍幹于天，長類無疆，南征不利，遇崩光。章作「遇乎崩光」，宋作「遇於崩光」。終哉減沈成，天根還向，成氣收精，閱入庶物，咸首囏鳴，深合黄純，廣含羣生，泰柄雲行，時監地營，邪謨高吸，乃馴神靈，旁該終始，天地人功咸酋貞。玄圖三之變也，方州部家，一二三四而玄在其中，此之謂五之以合虛。雷椎欿霮，輿物旁震，屯也雉雊，季冬感此。寅贊柔微，拔根于元，太簇之氣。東動青龍，光離于淵，則解矣。亢貞之時，龍務蓄類而已，征則不利矣。天根還向，一之反也。自難勤養，深合黄純，則復乎中焉。泰柄雲行，時監地營，斗運而正五辰也。邪謨高吸，乃馴神靈，則贊載成功，謀而取之，無不至也。是以能馴神靈而不悖，旁周終始而功咸酋也。

天甸其道，地杝其緒，杝，直紙切。詩云：「析薪杝矣」，謂隨其理也。陰陽雜廁，有男有女，天道成規，地道成榘，規動周營，榘静安物，周營故能神明，安物故能聚類〔一〕，

〔一〕「聚類」，萬玉堂范本作「類聚」，下文言「類聚」，似當作「類聚」。

類聚故能富，神明故至貴。夫玄也者，天道也，地道也，人道也，兼三道而天名之，君臣父子夫婦之道。極君臣父子夫婦之道而與天合。

玄有二道，宋作「玄以一道，以三生，以一起，一以三生，以一起者，方州部家也。」一以三起，一以三生。以三起者，方州部家也。以三生者，參分陽氣，以爲三重，極爲九營，是爲同本離末，范作「是爲同本離生」，章「爲」作「謂」，「生」作「末」。林「生同本，離生末」。天地之經也。旁通上下，萬物并也。九營周流，終始貞也。始於十一月，終於十月。羅重九行，行四十日。誠有内者存乎中，宣而出者存乎羨，雲行雨施存乎從，變節易度存乎更，珍光淳全存乎晬，「淳全」章作「淳金」。虚中弘外存乎廓，削退消部存乎減，降隊幽藏存乎沈，隊，音墜。考終性命存乎成。是故一至九者，陰陽消息之計邪！反而陳之，子則陽生於十一月，陰終十月，可見也。午則陰生於五月，陽終於四月，可見也。生陽莫如子，生陰莫如午。西北則子美盡矣，東南則午美極矣。故思心乎一，反復乎二，成意乎三，條暢乎四，著明乎五，極大乎六，敗損乎七，剥落乎八，殄絶乎九。生神莫先乎一，中和莫盛乎五，倨勮莫困乎九。倨，音據，傲也。勮，音遽，疾也。郭元亨疏「勮」作「劇」。夫一也者，思之微者也；四也者，福之資者也；七也者，禍之階者也；三也者，思之崇者也；六也者，福之隆者也；九也者，禍之窮者也；二五八，三者之中也，福則往而禍則丞也〔一〕。九虛設闢，君子小人所爲宮也。自一至三者，貪賤而心勞；四至六者，富貴而尊高；七至九者，離咎而犯菑。五以下作息，五以上作消。數多者見貴而實索，數少者見賤而實饒。諸本作「虛饒」，許作「實饒」。息與消糺，貴與賤交。福至而禍逝，禍至而福逃。許、黃無「福至」一句，宋、丁「禍至」一句在上，今從章本。幽潛道卑，亢極道高。晝夜相丞，夫婦繫也。終始相生，父子繼也。日月合離，君臣義也。孟季有序，長幼際也。兩兩相闔，朋友會也。一晝一夜，然後作一日。一陰一陽，然後生萬物。晝數多，夜數少，章又有「晝數長，夜數短」者，衍也。宋作「晝數多而夜數少」。象月闕而日溢，君行光而臣行滅，君子道全，小人道缺。以三起者有方，位之所以建立也。以三生者無方，氣之所以造化也。參分陽氣爲始中終，而九天周營。始於十一月朔旦冬至，而中統之。行四十日半而大寒，則羨統之。又行四十日半而驚蟄，則從統之。更統穀雨，睟統小滿，廓統小暑，減統處暑，沈統秋分，成統立冬之氣，各行四十日半，九營凡三百六十四日半，而歲成焉。日行四十日者，其半參差不齊，天之所以運也。參摹而四分之，極於八十一。旁則三摹九據，極之七百二十九贊。是以由始中終著思福禍，以盡陰陽消息之計。玄凡三百

〔一〕「丞」，萬玉堂范本作「承」。

六十四夜，三百六十五晝，是爲晝數多，夜數少，陽饒而陰乏也。

一與六共宗，二與七共朋，三與八成友，四與九同道，五與五相守。玄有一規一榘，一繩一準，以從横天地之道，馴陰陽之數。擬諸其神明，闡諸其幽昏，則八方平正之道可得而察也。三八爲規，四九爲榘，二七爲繩，一六爲準，界辨而隅分，則八方平正之道可得而察。

玄有六九之數，策用三六，儀用二九，玄其十有八用乎！泰積之要，始於十有八策，終於五十有四，并始終策數，半之爲泰中。泰中之數三十有六策，以律七百二十九贊，凡二萬六千二百四十四策爲泰積。七十二策爲一日，凡三百六十四日有半，踦滿焉以合歲之日而律歷行。故自子至辰、自辰至申、自申至子，冠之以甲，而章、會、統、元與月食俱没，玄之道也。丁、宋作「與月食没，具玄道也」，章作「與月蝕没，俱玄之道也」。天以六爲節，陽中之陰也。地以九制會，陰中之陽也。陰陽變通而利用生也。策象天數，地儀天而匹之，人觀法焉。故其數始於十有八策，終於五十有四。天地人數始終相極，而玄以十有八用爲之宗。是以并五十有四而爲七十有二，此一晝一夜之策也。而一歲象此，故七百二十九贊律於泰中三十有六。凡贊之策三十有六，積是以爲二萬六千二百四十四策而成歲也。中、羨、從，自子至辰，更、睟、廓，自辰至申，減、沈、成，自申至子者，一歲之方也。而四千六百十有七歲象此。十九歲爲一章，二十七章爲一會，三會爲一統，三統爲一元。統凡千五百三十九歲。甲子朔旦冬至爲天統，甲辰朔旦冬至爲地統，甲申朔旦冬至爲人統，象玄三方。與月蝕俱没者，統合八十一章，元綜九會。每會則盡一月蝕之數。月蝕，數之盈也。陸績曰：「置一元之數以九會除之終盡焉，一章閏分盡，一會月蝕盡，一統朔分盡，一元六甲盡。」

玄告

玄生神象二，神象二生規，規生三摹，三摹生九據。玄一摹而得乎天，故謂之九天，諸本作「有」，宋作「九」，地、人同。再摹而得乎地，故謂之九地，三摹而得乎人，故謂之九人。天三據而乃成，故謂之始中終。地三據而乃形，故謂之下中上。人三據而乃著，故謂之思福禍。下欱上欱，呼合切。説文：「歠也。」出入九虚。小索大索，周行九度。

玄者，神之魁也。天以不見爲玄，地以不形爲玄，人以心腹爲玄。天奥西北，鬱化精也。地奥黄泉，宋作「黄淵」。隱魄榮也。人奥思慮，含至精也。丁、宋「含」作「合」。天穹隆而周乎下，地旁薄而向乎上，人㬈㬈而處乎中。㬈，釋文「音泯」，宋作「芪」。天渾而攡，宋作「攡」。故其運不已。地隤而静，故其生不遲。人馴乎天地，故其施行不窮。天地相對，日月相劇，山川相流，輕重相浮，陰陽相續，尊卑不相黷。是故地坎而天嚴，月遄而日湛，五行迭王，四時不俱壯。日以昱乎晝，月以昱乎夜，昴則登乎冬，火則登乎夏。南北定位，東西通氣，萬物錯離乎其中。玄一德而作五生，一刑而作五克。「一刑」丁、宋上有「玄」字。五生不相殄，五克不相逆。不相殄乃能相繼也，不相逆乃能相治也。相繼則父子之道也，相治則君臣之寶也。自玄冥而發乎神光，故神象二。二運無方，是以生規。規三摹之，而天玄地玄人玄得焉。摹必有據以建立，是以九據旁極七百二十有九。九贊之事，三極之道也。天奧西北，則化精冥於混沌無端。地奧黃泉，則信無不在乎中，萬物精氣隱焉。此魄榮也，罔之時也。所謂潛天而天，潛地而地，亦極此奧而已矣。玄象如此，而人將造之。非遺物離人，精思超詣，則莫能入。攡曰：「欲違則不能，默則得其所」，此玄要也。玄得而神明生之，則動靜之變皆玄事也，休咎好醜皆玄法也。天地闔闢，萬物並興，而玄不動。若琱若刻，生生化化，而玄無爲。析愿迪哲，詔姦隕慝，百度釐舉，而玄莫違。始終相糾，古今相盪，統元無盡，而玄不逝。豈非所謂「萬物皆備於我」，「道心惟微」者哉！不二者，玄之常。凡二者，神之變也。

玄日書斗書，章作「玄日斗書」。而月不書，常滿以御虛也。「常滿」丁、宋上有「日」字。

歲寧悉而年病，十九年七閏，天之僨也。陽動吐而陰靜翕，陽道常饒，陰道常乏，陰陽之道也。「寧悉」，諸本皆作「能悉」，唯張顥本作「寧悉」。「陽動吐」，宋作「陽動而吐，陰靜而翕，陽之道也常饒，陰之道也常乏」。天彊健而僑躆，僑，渠消切，高也。或與「蹻」通，居表切。躆，音據。一晝一夜，自復而有餘。日有南有北，月有往有來。日不南不北，則無冬無夏。月不往不來，則望晦不成。聖人察乎朓朒側匿之變，朓，勑了切。諸本無「朒」字，宋作「朓朒」，校張顥本亦然。而律乎日月雌雄之序，經之於無已也。故玄鴻綸天元，婁而拑之於將來者乎！「拑之」，丁、章作「拙」。「將來者乎」，「乎」或作「也」。三百六十五度四分度之一而周乎天，年十二月凡行三百五十四度，而十度四分度之一入于嗣歲。所謂閏者，積此奇也。行不足乎天度，此年病也。故以其閏償之，十九年七閏而歲寧悉。玄經象歲，故曰「八十一首，歲事咸貞」。寧無不安，悉無不足者，章之成也。朓，月行疾。朒，月行遲。晦見于西謂之朓，朔見于東謂之朒。側匿者，失正行也。

大無方，易無時，然後爲神鬼也。宋作「大無方無時，然後爲鬼神」，下無「也」字，以「神鬼」爲「鬼神」。神斿乎六宗，宋、許作「遊」，黄作「斿」，蓋古字通。魂魂萬物而常冲。故玄之辭也，沉以窮乎下，浮以際乎上，曲而端，散而聚，美也不盡於味，大也不盡其彙，上連下連，非一方也。遠近無常，以類行也。或多或寡，事適乎明也。故善言天地者以人事，善言人事者以天地。明晦相推而日月逾邁，歲歲相盪而天地彌陶，之謂神明不窮。原本者難由，流末者易從，故有宗祖者則稱乎孝，序君臣者則稱乎忠。實告大訓。玄之辭以盡神而已。玄神生忠孝，忠孝生仁義，孰不爲仁？孰不爲義？維其本之如此，是以能勿雜也。晝夜之道不明，君子小人之事相亂，則所謂仁者參不仁而不知，所謂義者入非義而不察，使出無復純德，此非天命之正也。玄告大訓而正勝矣。

右十一篇解，附以釋文，出許翰。音考曰：「王，即唐王涯。陳，即近世陳漸，著演玄。吴，即吴祕，作音義。郭，即郭元亨，作疏。丁，即丁謂。許，即許昂。章，即章詧。黄，即黄伯思。林，即林瑀本」云。

太玄曆附漢曆

太初上元正月甲子朔旦冬至無餘分〔一〕，後千五百三十九歲，甲辰朔旦冬至無餘分。又千五百三十九歲，甲申朔旦冬至無餘分〔二〕。又千五百三十九歲，還甲子朔旦

〔一〕「正」，據玄首司馬光注云：「太初上元十一月」，「正」當作「十一」。
〔二〕「又千」至「餘分」兩句十七字，明抄本無，此據玄首司馬光注補。

冬至無餘分。十九歲爲一章，二十七章五百一十三歲爲一會。會者，日月交會一終也。八十一章千五百三十九歲爲一統。從子至辰，自辰至申，自申至子，凡四千六百一十七歲爲一元。元有三統，統有三會，會有二十七章。九會而復元。一章閏分盡，一會月食盡，一統朔分盡，一元六甲盡。

漢曆以八十一爲日法。一歲三百六十五日，以日法乘之，得二萬九千五百六十五分。益以四分日之一二十分少，合二萬九千五百八十五分少。以二十四氣除之，每氣得一千二百三十二分，餘一十七分少。以三十二乘分，八乘少，通分内子爲五百五十二，又除之得二十三秒。

每氣一千二百三十二分二十三秒，以三十二爲秒母，每首得三百六十四分十六秒，每贊得四十分十六秒。

求氣所入贊法：置冬至一氣分秒，以首分秒去之，不滿首者以贊分秒去之，餘若干分秒，算外命之，得小寒所入首贊分秒。求次氣，置前氣所餘分秒，益以一氣分秒，如前法求之。

角十二度。亢九。氐十五。房五。心五。尾十八。箕十一。東七十五度。

斗廿六。牛八。女十二。虚十。危十七。營室十六。壁九。北九十八度。

奎十六。婁十二。胃十四。昴十一。畢十六。觜二。參九。西八十度。

井三十三。鬼四。柳十五。星七。張十八。翼十八。軫十七。南百十二度。

鶉尾，初張十六度，立秋。中翼十五度，處暑。

壽星，初軫十二度，白露。中角十度，秋分。

大火，初氐五度，寒露。中房五度，霜降。

析木，初尾十度，立冬。中箕七度，小雪。

大梁，初胃七度，穀雨。今曰清明。中昴八度，清明。今曰穀雨。

實沈，初畢十二度，立夏。中井初，小滿。

鶉首，初井十六度，芒種。中井三十一度，夏至。

鶉火，初柳九度，小暑。中張三度，大暑。

星紀，初斗十二度，大雪。中牽牛初，冬至。

玄枵，初婺女八度，小寒。中危初，大寒。

諏訾，初危十六度，立春。中營室十四度，驚蟄。今曰雨水。

降婁，初奎五度，雨水。今曰驚蟄。中婁四度，春分。

秒數少，散分爲三十二。

求星：置其宿度數，倍之以首去之，所餘算外，即日所躔宿之贊。又倍次宿度數以益之，去如前法。

中　中孚。初一〔一〕冬至氣應，陽氣始生，日舍牽牛初度。

周　復。次八，日舍婺女。

礥　屯。

閑　屯。次四，十八分，二十四秒，小寒，日次玄枵，斗建丑位，律中大吕。

少　謙。五，虚。

戾　睽。

上　升。七，三十六，十五，大寒，七，危。

干　升。

狩　臨。

羨　小過。

差　小過。三，十三，二十二，立春，諏訾，寅，大簇，五，營室。

〔一〕「初一」，明抄本作「一初」，此據注例乙。

童　蒙。
增　益。
鋭　漸。五，三十一，十三，驚蟄。
達　泰。一，東壁。
交　泰。
耎　需。一，奎，九，八，二十，雨水，降婁，卯，夾鍾。
傒　需。
從　隨。
進　晉。六，婁。
釋　解。三，二十六，十一，春分。
格　大壯。
夷　豫。三，胃。
樂　豫。七，三，十八，穀雨，大梁，辰，姑洗。
爭　訟。
務　蠱。四，昴。

事 蠱。

更 革。一，二十，九，清明，八，畢。

斷 夬。

毅 夬。

裝 旅。四，三十八，三十二，立夏，實沈，巳，仲吕。

衆 師。四，觜觿，八，參。

密 比。

親 比。八，井，八，十六，七，小滿。

斂 小畜。

彊 乾。

睟 乾。

盛 大有。二，三十三，三十，芒種，鶉首，午，蕤賓。

居 家人。

法 井。

應 咸。六，十八，五，夏至，陰生。

迎　咸。二，鬼。
遇　姤。一，柳。
竈　鼎。九，二十八，二十八，小暑，鶉火，未，林鐘。
大　豐。
廓　豐。四，星。
文　渙。九，張。
禮　履。四，六，三，大暑。
逃　遯。
唐　遯。
常　恒。七，二十三，二十六，立秋，鶉尾，申，夷則，九，翼。
度　節。
永　節。
昆　同人。
減　損。一，四十一，十七，處暑，九，軫。
唫　否。

守　否。

翕　巽。五，十八，二十四，白露，壽星，酉，南吕。

聚　萃。七，角。翰考：軫角之間一度與太玄錯，此曆蓋本漢志。

積　大畜。

飾　賁。八，三十六，十五，秋分。

疑　觀。四，亢。

視　觀。

沈　歸妹。四，氐。

内　歸妹。三，十三，二十二，寒露，大火，戌，無射。

去　無妄。

晦　明夷。七，房。

瞢　明夷。六，三十一，十三，霜降，八，心。

窮　困。九，尾。

割　剥。

止　艮。

堅　艮。一，八，二十，立冬，析木，亥，應鐘。

成　既濟。九，箕。

闕　噬嗑。

失　大過。四，二十六，十一，小雪。

劇　大過。四，斗。

馴　坤。

將　未濟。八，三十八，大雪，星紀，子，黄鐘。

難　蹇。

勤　蹇。

養　頤。養九之末，天度氣餘猶有六十分二十四秒，踦當四十分十六秒，嬴當二十分八秒。

右許翰傳太玄曆，出温公手録經後，不著誰作。本疑準賁，沈準觀，翰更定爲觀、爲歸妹云。

附録

諸家題跋

弘治乙卯臘月，莳溪邢参觀于皋橋唐伯虎家。

此本舊藏唐子畏家，後以贈錢君同愛，更無副本，唯賴此傳誦耳，錢君幸珍藏之。丁巳冬徐禎卿識。

温公集注太玄，見於宋藝文志，而世罕傳本。至許崧老之玄解，則宋志無之，唯直齋所録與此本正同。崧老本續温公而作，而卷第相承，蓋用韓康伯注易之例。太玄曆，不著撰人，許氏云「出温公手録」，則温公以前已有之。其以六十卦配節氣，不及坎離震兑者，京氏六日七分法，四正爲方伯，不在直日之例也。此本字畫古樸，又多避宋諱缺筆，相傳爲南宋人所鈔。明中葉唐子畏及吾家孔周先後藏庋，一時名士，多有題識，好事者誇爲枕中之祕。

去冬雲濤舍人始購得之，招予審定，嘆其絶佳。越明春，借讀畢，因題。時癸丑二月廿七日錢大昕。

右太玄注并解，宋鈔凡十册，因籍一大紳家得之，以觸廟諱字特多，不進内府。考明時藏吾家六如家，余嘗弆之。後仕於州縣，不解藏書，而蕘圃主政精考訂，且曾見此書，時時念之，因舉以相贈。亦以其舊藏吴中，今仍置之皋橋吴越間，抑亦吾家六如所心許也。買櫝還珠，吾無悔焉。主政其善寶之。嘉慶六年九月既望陶山唐仲冕識。

述玄

〔吴〕陸績

績昔嘗見同郡鄒邠字伯岐與邑人書，嘆揚子雲所述太玄，連推求玄本，不能得也。鎮南將軍劉景升遣梁國成奇修好鄙州，奇將玄經自隨，時雖幅寫一通，年尚暗稚，甫學書、毛詩，王誼人事，未能深索玄道真，故不爲也。後數年，專精讀之半歲，間粗覺其意，於是草創注解未能也。章陵宋仲子爲作解詁，後奇復銜命尋盟，仲子以所解付奇〔一〕，與安遠將軍彭城張子布，續得覽焉。仲子之思慮誠爲深篤，然玄道廣遠，淹廢歷載，師讀斷絶，雖可一備，故往往有違本錯誤。續智意豈能弘裕，顧聖人有所不知，匹夫誤有所達，加緣先王詢于芻蕘之誼，故遂卒有所述，就以仲子解爲本，其合於道者，因仍其説，其失者，因釋而正之。所以不復爲一解，欲令學者瞻覽彼此，論其曲直，故合聯之爾。夫玄之大義，揲蓍之謂，而仲子失其旨歸，休咎之占，靡所取定，雖得文間義説，大體乖矣。書曰：「若網在綱，有條而弗紊。」今綱不正，欲弗紊，不可得已。續不敢苟好著作以虚譽也〔二〕，庶合道真，使玄不爲後世所尤而已。

昔揚子雲述玄經，而劉歆觀之，謂曰：「雄空自苦，今學經者有禄利，然尚不能明易，又如玄何？吾恐後人用覆醬瓿。」雄笑而不應。雄卒，大司空王邑、納言嚴尤聞雄死，謂桓譚曰：「子嘗稱揚雄書，豈能傳於後世乎？」譚曰〔三〕：「必傳。顧君與譚不及見也。」班固贊序雄事曰：「凡人貴遠賤近，親見揚雄禄位容貌不能動人，故輕其書。揚子雲之言，文誼至深，論不詭於聖人，若使遭遇時君，更閲賢智，爲所稱善，則必度越諸子矣。自雄之没，至

〔一〕「仲」，原作「佚」，此據大典本及明郝梁本太玄解贊改。
〔二〕「以」下大典本有「治」字。
〔三〕「子嘗稱」至「譚曰」十五字原脱，此據何焯校及漢書揚雄傳補。

今四十餘年，其法言大行，而玄終未顯。」又張平子與崔子玉書曰：「乃者以朝賀明日披讀太玄經〔一〕，知子雲特極陰陽之數也，以其滿汎故，故時人不務此，非特傳記之屬，心實與五經擬。漢家得二百歲卒乎，所以作興者之數〔二〕其道必顯，一代常然之符也。玄四百歲其興乎！竭己精思以揆其義，更使人難論陰陽之事。足下累世窮道極微，子孫必命世不絶，且幅寫一通，藏之以待能者。」〔三〕續論數君所云，知揚子雲太玄無疆也。歆云經將覆没，猶法言而今顯揚，歆之慮事於是爲漏〔四〕。固曰「法言大行而玄終未顯」，固雖云終不必其廢，有愈於歆。譚云「必傳，顧譚與君不及見也〔五〕」，而玄果傳，譚所思過固遠矣。平子云漢之四百其興乎，漢元至今四百年矣，其道大顯，處期甚効，厥迹速，其最復優乎〔六〕！且以歆

〔一〕「賀」，原作「駕」，此據盧文弨太玄校正及張衡集改。

〔二〕盧文弨校正云：「『興』疑衍。」

〔三〕此段張衡語，又見王先謙後漢書集解所引張衡集，文字基本相同。而後漢書張衡傳的記載頗爲不同，今録之以資對照：「（衡）謂崔瑗曰：『吾觀太玄，方知子雲妙極道數，乃與五經相擬，非徒傳記之屬，使人難論陰陽之事，漢家得天下二百歲之書也。復二百歲殆將終乎！所以作者之數必顯，一世常然之符也。漢四百歲玄其興矣！』」

〔四〕「事」，原作「尋」，此據大典本改。

〔五〕「及」，原脱，此據上文所引及漢書揚雄傳補。

〔六〕盧文弨校正云：「『復』衍，或當在『速』字上。」

曆譜之隱奧，班固漢書之淵弘，桓譚新論之深遠，尚不能鏡造玄經廢興之數，況夫王邑、嚴尤之倫乎！覽平子書令子玉深藏以待能者，子玉爲世大儒，平子嫌不能理，但令深藏，益明玄經之爲神妙[一]。雖平子焯亮其道，處其熾興之期，人之材意相倍如此。雄解難曰[二]：「師曠之調鍾，俟知音之在後；孔子作春秋，冀君子之將睹[三]。」信哉斯言，於是乎驗。

雄受氣純和，韜真含道，通敏叡達，鉤深致遠，建立玄經，與聖人同趣。雖周公繇大易，孔子修春秋，不能是過。論其所述，終年不能盡其美也。考之古今，宜曰聖人。昔孔子在衰周之時，不見深識，或遭困苦，謂之佞人，列國智士，稱之達者，不曰聖人，唯弟子中言其聖耳。逮至孟軻、孫卿之徒及漢世賢人君子，咸并服德歸美，謂之聖人，用春秋以爲王法，故遂隆崇，莫有非毁。揚子雲亦生衰亂之世，雖不見用，智者識焉。桓譚謂之「絶倫」[四]，稱曰聖人。其事與孔子相似，又述玄經。平子處其將興之期，果如其言。若玄道不應天合神，平子無以知其行數。若平子瞽言，期應不宜效驗如合符契也。作而應天，非

〔一〕「神妙」，原作「乎驗」，此據大典本改，「乎驗」蓋涉下文「於是乎驗」而譌。
〔二〕「解」，原脱，此據盧校及揚雄傳補。
〔三〕漢書揚雄傳「冀」作「幾」，「將」作「前」，師古曰：「幾讀曰冀。」
〔四〕「謂」，原脱，此據盧校補。

聖如何？昔詩稱「母氏聖善」，多方曰：「惟聖罔念作狂，惟狂克念作聖」，洪範曰：「睿作聖」，孟軻謂柳下惠作聖人。由是言之，人之受性聰明純淑，無所繫軫，順天道，履仁誼，因可謂之聖人，何常之有乎！世不達聖賢之數，謂聖人如鬼神而非人類，豈不遠哉！凡人賤近而貴遠，聞績所云，其笑必矣，冀值識者，有以察焉。

録自明萬玉堂刊范望太玄解贊本

太玄解贊序

〔晉〕范望

贊曰：揚子雲處前漢之末，值王莽用事，身縶亂世，遜退無由，是以朝隱，官爵不徙。昔者文王屈抑而繫易，仲尼當衰周而述春秋，爲一代之法，以彰聖人之符。子雲志不申顯，於是覃思，耦易著玄，其道以陰陽爲本，比於庖犧之作，事異道同，福順禍逆，無有主名。桓譚謂之「絶倫」，張衡以擬五經，非諸子之疇也。自侯芭受業之後，希有相傳受者。乃到建安年中，故五業主事章陵宋衷、鬱林太守吴郡陸績各以淵通之才，窮核道真，爲十篇解釋，足以根其祕奧，無遺滯者已。然本經三卷，雖有章句，辭尚婉妙，並宜訓解。且此書也淹廢歷久，傳寫文字，或有脱謬。宋君創之於前，鬱林釋之於後，二注并集，或相錯雜，或相理致，文字猥重，頗爲繁多，於教者勞，於誦者勸。望以闇固，學不博識，昔在吴朝，校書臺觀，後轉爲郎，讎講歷年，得因二君已成之業，爲作義注四萬餘言，寫在觀閣，亡其本末。今更通率爲注，因陸君爲本，録宋所長，捐除其短，并首一卷本經之上，散測一卷注文之中，訓理其義，以測爲據，合爲十卷，十萬餘言。意思褊淺，猶懼不能發暢揚氏幽微之旨，裨闓後學未覺也。

録自明萬玉堂刊范望太玄解贊本

説玄

〔唐〕王涯

明宗一

玄之大旨可知矣〔一〕，其微顯闡幽，觀象察法，探吉凶之朕，見天地之心，同夫易也。是故八十一首，擬乎卦者也，九贊之位，類夫爻者也。易以八八爲數，其卦六十有四，玄以九九爲數，故其首八十有一。易之占也以變，而玄之筮也以逢，是故數有陰陽，而時有晝夜，

〔一〕「大」，原作「太」，此據盧文弨太玄校正改。

首有經緯，而占有旦夕，參而得之謂之逢，考乎其辭，驗乎其數，則玄之情得矣。

或曰：「玄之辭也有九，玄之位也有四，何謂也？」曰：觀乎四位，以辯其性也。推以柔剛，贊之辭也。別以否臧，是故四位成列，性在其中矣；九虛旁通，情在其中矣。譬諸天道，寒暑運焉，晦明遷焉，合而連之者易也，分而著之者玄也。四位之次，曰方曰州曰部曰家。最上爲方，順而數之至於家。家一一而轉，而有八十一家。部三三而轉，故有二十七部。州九九而轉，故有九州。一方二十七首而轉，故三方而有八十一首〔一〕，三方之變，歸乎一者也。一謂一玄也〔二〕。是故以一生三，以三生九，以九生二十七，以二十七生八十一，三相生，玄之數也。三長直亮切者，七、八、九得一、二、三揲法備：一爲天，二爲地，三爲人。其數周而復始於八十一首，故爲二百四十三表也〔三〕。一首九贊，故有七百二十九贊，其外踦、贏二贊，以備一儀之月數。立天之道有始、中、終，因而三之，故有始始、始中、始終及中始、中中、中終及終始、終中、終終。立地之道有下、中、上，立人之道有思、福、禍，三三相

〔一〕此句原作「故有三方」，此據盧校及郝梁本删補。
〔二〕盧校云「一玄」之「一」字衍。
〔三〕「三」，原作「二」，此據郝梁本及文意改。

乘，猶終始也。以立九贊之位，以窮天地之數，以配三統之元〔一〕。故玄之首也始於中，中之始也在乎一，一之所配，自天元甲子朔旦冬至推一晝一夜，終而復始，每二贊一日，凡七百二十九贊而周爲三百六十五日半〔二〕，節候、鐘律、日運、斗指於五行所配咸列著焉〔三〕，以應休咎之占，説陰陽之數。故不觀於玄者，不可以知天，不窮渾天之統，不可以知人事之紀。故善言玄者之於天人變化之際，其昭昭焉。故倀倀而行者，不避川谷，瞶瞶而聽者，不聞雷霆。其所不至於顛殞者，幸也，非正命也。

立例二

夫玄深矣廣矣遠矣大矣，而師讀不傳者何耶？義不明而例不立故也。夫言有類而事有宗。有宗，故可得而舉也；有類，故可得而推也。故不得於文，必求於數；不得於數，必求於象；不得於象，必求於心。夫然故神理不遺，而賢哲之情可見矣。自揚子雲研機桸數，創制玄經，唯鉅鹿侯芭子常親承雄學，然其精微獨得，章句不傳，而當世俗儒拘守所聞，

〔一〕「統」，原作「流」，此據郝梁本改。

〔二〕「半」，原脱，此據郝梁本補。

〔三〕「律日運」，原作「津生踵」，此據郝梁本改。「於」當讀作「與」。

迷忽道真，莫知其説，遂令斯文幽而不光，鬱而不宣，微言不顯，師法殆絶，道之難行也若是。上下千餘載，其間達者不過數人，若汝南桓譚君山，南陽張衡平子，皆名世獨立，拔乎羣倫，探其精必〔一〕，謂其不廢。厥後章陵宋衷始作解詁，吴郡陸績釋而正之，於是後代學徒得聞知其旨，而玄體散剥，難究其詳，余因暇時，竊所窺覽，常廢書而嘆曰：「將使玄經之必行世也，在於明其道使不昧，夷其途使不躓，編之貫之，皭若日月，則揚雄之學其有不興者乎？」始於貞元丙子，終於元和己丑，而發揮注釋，其説備矣。夫極玄之微〔二〕，盡玄之道，在於首贊之義，推類取象，彰表吉凶，是故其言隱，其旨遠〔三〕，案之有不測之深，抽之有無窮之緒，引之有極高之旨，至於瑩、攡、錯、衝、文、數、圖、告，此皆互舉以釋經者也。則夫首贊之義，根本所繫，枝葉華藻，散爲諸玄。而先儒所釋，詳其末，略其本，後學觀覽，不知其言〔四〕，殫精竭智〔五〕，無自而入，故探玄進學之多，或中道而廢，誣往哲以自爲切問，學淺道缺，而賢人志士之業不嗣也。故因宋、陸所略，推而行之，其所詳者則從而不議也。所釋

〔一〕此二句「拔」原作「校」，此據盧校及大典本改。「必」盧「疑心」。
〔二〕「玄」，原作「元」，「之」原脱，此據盧校及郝梁本改補。
〔三〕「旨」，原作「方」，此據盧校及郝梁本、大典本改。
〔四〕「言」，郝梁本、大典本作「然」。
〔五〕「殫」，原作「彈」，此據大典本改。

止於首贊，又并玄測而列之，庶其象類，曉然易知，則玄學不勞而自悟矣。玄之贊辭推本五行，辯明氣類，考陰陽之數，定晝夜之占，是故觀其施辭而吉凶善否之理見矣。苟非其事，文不虛行，觀其舊注，既以闕而述，雖時言其義，又不本其所以然〔一〕。蓋易家人例有得位失位無位之説〔二〕，以辯吉凶之由，是故玄本數一晝一夜，剛柔相推，晝辭多休，夜辭多咎。奇數爲陽，耦數爲陰，首有陰陽，贊有奇耦，同則吉，戾則凶。自一至九，五行之數，首之與贊，所遇不同，相生爲休，相克爲咎，此其大較也。至於類變，因時制誼，至道無體，至神無方，亦不可以一理推之。然則審乎其時，察乎其數，雖紜紛萬變，而立言大本可得而知。又吉凶善否，必有其例晝休夜咎，至有文似非吉而例則不凶，深探其源，必有微旨，此最宜審者也。至於「準繩規矩，不同其施」，舊説以爲非吉，然此首爲戾，其辭皆始戾而終同，如規矩方圓之相背而終成其用，若琴瑟之專一，孰聽其聲？圓方之共形，豈適於器？此其以戾而獲吉也。其有察辭似美而推例則乖者，至如「土中其廬，設其輿」〔三〕，居土之中，乘君之乘，吉之大者也，而考於其例當夜，理則當凶。推其所以然，則廬者小舍也，漢制：宿衛者有直

〔一〕「不」，原脱，此據盧校補。
〔二〕「人」，盧校「人字衍」，大典本作「大」，疑當作「之」。「失位」下原有「有」字，此據盧校删。
〔三〕此乃引周首次五贊辭，「輿」上當有「金」字。

廬，在殿庭中。「土中」正位也，小人而居正位，又乘君子之器，禍其至焉，故下云「厥戒渝」也。凡此之例，略章一事以明之，餘則可以三隅返也。又如中之上九，既陽位又當晝時，例所當吉，而羣陽亢極，有顛靈之凶，與易之「亢龍」，其義同驗。如此之類，又可以例推。所謂玄之又玄，衆所不能知也。又一首之中，五居正位，當爲首主，宜極大之辭，究而觀之，又有美辭去六者，然則陰首以陰數爲主，陽首以陽數爲主〔一〕，其義可明。玄之大體，貴方進，賤已滿。七與八九皆居禍中，而辭或極美者，窮則變，極則反也。大抵以到遇之首爲天時，所逢贊爲人事，居戾之時則以得戾爲吉，處中之時則以失中爲凶，消息盈虛，可以意得。其餘義例，分見注中。庶將來君子以覽之也。

揲法三

經曰：「凡筮有法：不精不筮，不軌不筮，不以其占，不若不筮。」當其致精誠，厥有所疑，然後陰言其事，呵策訖，乃令蓍曰：「假太玄，假太玄，孚貞，爰質所疑于神于靈，休則逢陽，星時數辭從，咎則逢陰，星時數辭違。」此已上並令蓍辭。天之策十有八，地之策十有八，地

〔一〕「主」，原作「首」，此據大典本改。

虛其三以扮天[一]，扮，配也。猶大衍之數五十，其用四十有九，故玄筮以三十三策。令蓍既畢，然後別分一策以掛于左手之小指，中分其餘，以三揲之，并餘於艻，此餘數欲盡時，餘三及二一也。又三數之，並艻之後，便都數之，不中分矣，前餘及艻不在數限。數欲盡時，至十已下，得七爲一畫，餘八爲二畫，餘九爲三畫。凡四度畫之，而一首之位成矣。玄之有七八九，猶易之有四象也。易卦有四象之氣，玄首有三表之象。

占法四

首位既成，然後有陰陽晝夜經緯所逢，占之欲識首之陰陽，从中至養以次數之，數奇爲陽，數耦爲陰。數晝夜者，九贊之位於陽家則一三五七九爲晝，二四六八爲夜，於陰家則一三五七九爲夜，二四六八爲晝。經者謂一二五六七也，旦筮用焉。緯者三四八九也，夕筮用焉。日中夜中，雜用二經一緯[二]。凡旦筮者，其占用經[三]，當九贊之一五七也。遇陽家則一五七並爲晝，是謂一從二從三從，始中終皆吉。遇陰家則一五七並爲夜，是謂一違

[一]「天」，原作「三」，此據玄數改。
[二]「二」，原作「一」，此據下文及玄數改。
[三]「其」，原作「旦」，此據大典本改。

二違三違，始中終皆凶。旦筮則一五七，爲所逢之贊，而占決焉。二六九爲日中，故經云：「晝夜散者，禍福雜也。」凡夕筮者，其占用緯〔一〕，當九贊之三四八也，遇陽家始休中終咎。若日中夜中筮者，二經一緯，當九贊之二六九也，遇陰家始中休終咎。所用贊，下爲始，次爲中，上爲終。故經曰：「觀始中，決從終。」大抵吉凶休咎在晝夜從違。若欲消息其文，則當觀首名之義及所遇贊辭與所筮之事，察其象，稽其美惡，則玄之道備矣。或有晝夜既從，而首性贊辭遇於迓戾，則可用也。經云：「星時數辭從。」星者，所配之宿各以其方與本五行不相違克也。假如中首所配牽牛北斗水行，與首同德，是星從也。時者，所筮之時與所遇節氣相逆順也。假如冬至筮遇十月已前首爲逆，冬至已後首爲順也。數者，陰陽奇耦之數以定所遇之晝夜，夜爲咎，晝爲休。辭者，九贊之辭與所筮之意相違否也。凡此四事，並當參而驗之，從多爲休，違多爲咎。

辯首五

天玄二十七首：中、周、礥、閑、少、戾、上、干、狩、羨、差、童、增、鋭、達、交、耎、徯、從、

〔一〕「其占」，原作「占其中」，此據上文例改。

進、釋、格、夷、樂、爭、務、事。

地玄二十七首：更、斷、毅、裝、衆、密、親、斂、彊、睟、盛、居、法、應、迎、遇、竈、大、廓、文、禮、逃、唐、常、度、永、昆。

人玄二十七首：減、唫、守、翕、聚、積、飾、疑、視、沈、内、去、晦、瞢、窮、割、止、堅、成、闕、失、劇、馴、將、難、勤、養。

中者萬物之始且得中，辯首之辭具在經注。九雖當晝，亢極凶。狩者臨也進，萬物扶陽而進，九雖當晝，終亦凶也。應者應時施宜，五七九當晝，吉，自此後陰生，故有戒也。大者陽氣盛大，象豐卦，九爲大極，雖得晝，而微凶。唫者陰陽不通，象否卦，二四六八當晝，當唫之時，不能無咎，極亦凶也。窮者萬物窮極，思索權謀自濟也，九處窮極，晝亦凶。親者貴以其身下人，則親交之道著，八雖當晝而處亢，不能下人，故君子去之也。

録自明萬玉堂刊范望太玄解贊本